DURCH STARTEN

FRANZÖSISCH GRAMMATIK

COACHINGBUCH

Verfasserin: Beatrix Rosenthaler
MitarbeiterInnen: Christa Breiter, Véronique Chartier-Tchoumta, Florian Ehebruster

Diesem Buch ist ein Lösungsheft zu den Übungen beigelegt.

Bibliografische Information der Deutschen Bibliothek:
Die Deutsche Bibliothek verzeichnet diese Publikation in der Deutschen Nationalbibliografie; detaillierte bibliografische Daten sind im Internet über http://dnb.ddb.de abrufbar.

VERITAS-VERLAG, Linz
www.veritas.at

Lektorat: Klaus Kopinitsch
Grafische Gestaltung: Gottfried Moritz
Illustrationen: Helmut „Dino" Breneis
Satz: Anton Froschauer
Herstellung: Julia Bamberger

Auf umweltfreundlichem Papier gedruckt bei:
siehe https://produkt.veritas.at/16436#additional

9. Auflage 2023
ISBN 978-3-7058-7570-8

Inhaltsverzeichnis

1. KAPITEL: *L'ACCORD DU PARTICIPE PASSÉ* – Die Übereinstimmung des Mittelworts der Vergangenheit (Partizip Perfekt)

1

1. écrit **2.** allées **3.** arrivés **4.** rangé **5.** restés **6.** devenue **7.** appris **8.** montée **9.** venue **10.** restée

2

1. êtes arrivée **2.** n'ont pas mis **3.** es descendu **4.** n'est pas venu – n'a plus rencontré **5.** ont dit **6.** est morte **7.** sont partis **8.** sont restés **9.** suis né(e) **10.** est restée

3

1. se sont promenées **2.** s'est appelée **3.** se sont échang**é** (kein *accord*, weil das *obj. direct* nachher kommt) **4.** se sont rencontrés **5.** nous nous sommes écrit **6.** nous nous sommes revu(e)s **7.** se sont mariés **8.** nous nous sommes préparé

4

1. acheté **2.** disputé(e)s **3.** cassé **4.** écrit **5.** vu(e)s **6.** absentés **7.** donné **8.** préparée **9.** levé(es) **10.** acheté

5

1. lus **2.** vues **3.** ouvertes **4.** comprise **5.** mangée **6.** trouvées **7.** cachées

6

1. achetées **2.** écrit **3.** rendu **4.** montrés **5.** essayées **6.** passé **7.** données **8.** acheté

7

1. vus **2.** acheté **3.** préparées **4.** essayées **5.** faite **6.** jouée **7.** commencé **8.** choisis

8

1. a perdu – a oubliées **2.** sommes resté(e)s – avons regardé **3.** avez passé **4.** l'avez achetée **5.** vous vous êtes bien amusées – avez bu **6.** s'est cassé – est tombée **7.** n'ont pas compris – l'a posée **8.** j'ai empruntés **9.** Vous ne vous êtes pas revu(e)s **10.** avez faits **11.** vous vous êtes échangées **12.** vous a-t-il offertes

2. Kapitel: *LES ADJECTIFS* – Die Eigenschaftswörter (Adjektive)

9

1. chinoise **2.** grande – bleus **3.** fascinante **4.** riches **5.** grande – claires **6.** intelligents **7.** jolie **8.** triste – déprimée **9.** concrets **10.** facile **11.** différents **12.** maigres **13.** chère **14.** froid **15.** française – difficile **16.** premiers **17.** lourde **18.** américains **19.** bon **20.** haute **21.** sûre **22.** sauvages **23.** polis **24.** jaune **25.** entier **26.** fières **27.** fraîches **28.** croquant **29.** petite **30.** dangereux

10

1. *incompris*. Die Kinder dieses Alters fühlen sich oft unverstanden. **2.** *importants*. Ich finde diese Filme wichtig. (Diese Filme, ich finde sie wichtig.) **3.** *invisibles*. Die Diebe glaubten, dass sie unsichtbar waren / unsichtbar zu sein. (Die Diebe hielten sich für unsichtbar.) **4.** *belle*. Bei David fühlt sie sich schön. **5.** *heureuse*. Juliette schätzt sich glücklich, in der Provinz zu wohnen. **6.** *inapte*. Sie halten diese Kandidatin für den Posten ungeeignet. **7.** *ouverte*. Der Präsident der Festspiele von Cannes hat die Zeremonie für eröffnet erklärt. **8.** *belles*. Diese Mädchen halten sich für schön. **9.** *laides*. Aber ich halte sie für hässlich wie Thunfische … **10.** *ouverte*. Muriel erklärt sich für alle Vorschläge offen. **11.** *prêts*. Die beiden Brüder erklären sich bereit, Frieden zu schließen. **12.** *idiotes*. Sie halten ihre Auseinandersetzungen/Streitigkeiten für zu dumm/idiotisch.

11

1. jaune – jaune – jaunes – jaunes
2. secret – secrète – secrets – secrètes
3. triste – triste – tristes – tristes
4. moyen – moyenne – moyens – moyennes
5. américain – américaine – américain – américaines
6. muet – muette – muets – muettes
7. actuel – actuelle – actuels – actuelles
8. pareil – pareille – pareils – pareilles
9. classique – classique – classiques – classiques
10. complet – complète – complets – complètes
11. long – longue – longs – longues
12. cher – chère – chers – chères

12

1. fières **2.** spacieuse **3.** ancien **4.** épais **5.** longues **6.** bleu ciel **7.** grecque – jalouse **8.** inquiets **9.** demi **10.** publique **11.** demie **12.** concrète **13.** douce **14.** dangereuse

13

1. Elle aime porter des pantalons marron et des pullovers orange. Ils lui vont bien. **2.** Aujourd'hui, Max porte un pantalon bleu foncé et une chemise jaune. **3.** Où sont mes chaussures blanches et mon écharpe bleu ciel? **4.** Les filles de ma classe portent seulement des vêtements noirs. **5.** Il attend déjà depuis une heure et demie. **6.** Au lieu de porter des jeans, elle avait les jambes nues. **7.** Est-ce qu'il a vraiment mangé trois croissants et demi?

14

1. la grande valise – les grandes valises, l'animal vert – les animaux verts **2.** le mari jaloux – les maris jaloux, la vie dangereuse – les vies dangereuses **3.** la foule curieuse – les foules curieuses, le gros ventre – les gros ventres **4.** le conseil amical – les conseils amicaux, le manteau orange – les manteaux orange **5.** le cas banal – les cas banals, le jeux vidéo brutal – les jeux vidéo brutaux **6.** l'ordinateur rapide – les ordinateurs rapides, l'élève paresseux – les élèves paresseux **7.** le VTT bleu – les VTT bleus, le bon professeur – les bons professeurs **8.** la rue grise – les rues grises, la femme idéale – les femmes idéales **9.** le chemin secret – les chemins secrets, l'hôtel exclusif – les hôtels exclusifs **10.** une fille soigneuse – des filles soigneuses, une jupe marron – des jupes marron **11.** un homme parfait – des hommes parfaits, un film ennuyeux – des films ennuyeux **12.** une fausse adresse – de(s) fausses adresses, l'examen final – des examens finals

15

1. folles **2.** fol – folle **3.** vieil **4.** vieux – nouveau **5.** calme – agréable **6.** nouvel – vieil **7.** nouveaux **8.** vieille – vieil **9.** nouveaux – nouvelle **10.** vieille – belle **11.** vieux

16

1. Ils n'ont trouvé rien d'intéressant. **2.** J'ai appris quelque chose d'important. **3.** Monique raconte souvent de drôles d'histoires. **4.** Je me suis mariée à un drôle d'homme. **5.** Ma tante aimerait faire la connaissance de quelqu'un de gentil. **6.** Je ne connais personne d'amusant dans cette maison. **7.** Il n'a dit rien de méchant, mais elle est fâchée. **8.** Il n'y a rien de beau dans ce magasin. **9.** Tu as appris quelque chose de nouveau à l'école? **10.** J'ai mal au cœur, j'ai mangé quelque chose de perimé.

17

1. une belle voiture – Une grande voiture américaine – ses vieilles amies – un petit tour – Les vieilles femmes – des jeunes filles **2.** Le sixième sens – des films intéressants – les documentaires sérieux – des journaux actuels **3.** de (des) (Hinweis: Beides möglich, früher war nur de erlaubt) gros problèmes – des drogues dures – des blessures profondes – de larges pulls – à manches longues (oder à longues manches) **4.** une femme sympathique – le moindre bruit – ces personnes hystériques – cette profession merveilleuse – la possibilité permanente – des jeunes gens modernes – de petits bavardages **5.** son beau David – Cette rencontre folle – ... heureuse – Il est gentil – une femme parfaite et idéale – la première fois – un si bel homme **6.** des bottes très hautes – des jupes courtes ou longues – de grandes jambes – le style classique – le style branché – les marques connues

18

1. Könntest du mir ein sauberes Taschentuch geben? – Nein, ich habe kein eigenes Taschentuch. **2.** Lise ist letzte Woche angekommen. Sie hat ihre letzte Prüfung bestanden. **3.** Eine einzige Frau in Frankreich ist Jagdfliegerin. **4.** Ich finde, dass die letzten Tage der Ferien immer traurig sind. **5.** Ich habe einen neuen Computer, aber er ist nicht fabriksneu. **6.** Ich habe verschiedene Kochbücher voll von unterschiedlichen Rezepten. **7.** Ich habe es mit eigenen Ohren gehört. **8.** Ein gewisser Pierre Cardin hat angerufen. Kennst du ihn? **9.** Meine Tante lügt gerne. Sie erzählt fast nie wahre Geschichten. **10.** Das ist wirklich eine arme Familie. Der Vater ist arbeitslos und die Mutter ist seit vier Monaten krank. **11.** Ich wohne in einer neuen Wohnung, einem großen Loft. **12.** Vincent hat ein altes Auto, aber es ist bequem. **13.** Mein Haus ist modern. Alles ist elektrisch und ferngesteuert. **14.** Sein Zimmer ist nie sauber.

19

1. Ta voiture est aussi vieille qu'une cathédrale. **2.** Mais elle n'est pas aussi spacieuse qu'une cathédrale. **3.** Dans notre classe nous sommes aussi serrés que les sardines. **4.** Tu es aussi rapide qu'une tortue. **5.** Mon chat n'est pas aussi fidèle que notre chien. **6.** Mon frère est aussi rusé qu'un renard. **7.** Tes parents ne sont pas aussi sévères que les miens. **8.** Quelquefois ma grand-mère est aussi têtue qu'un âne. **9.** Madame, vous êtes aussi douce qu'un agneau.

20

1. Les tomates sont plus chères que les courgettes. Les courgettes sont moins chères que les tomates. **2.** Moi et toi, nous sommes moins actifs (actives) que Véronique. Véronique est plus active que moi et toi. **3.** Valérie est plus lourde que Delphine. Delphine est moins lourde que Valérie. **4.** Justine est moins bonne que Chloé. Chloé est meilleure que Justine. **5.** Victor est aussi grand que Marc. **6.** Géraldine est plus joyeuse qu'Annie. Annie est moins joyeuse que Géraldine. **7.** Zidane est plus efficace qu'Henry. Henry est moins efficace que Zidane. **8.** Max est plus obéissant qu'Alex. Alex est moins obéissant que Max.

21

1. Le jeu qu'on appelle *Pétanque* est moins populaire chez nous qu'en France. **2.** Le nouveau roman de Hakan Nesser est meilleur que tous ses autres romans. **3.** J'ai trouvé la dernière pièce de cette troupe moins bonne que l'avant-dernière. **4.** Sa façon de traiter ses enfants est aussi insupportable que sa façon de parler à sa femme. **5.** Ta soupe est meilleure que la soupe aux légumes de ma mère, dit-il. **6.** Nathalie avait les professeurs les plus engagés de l'école. Je crois que ses résultats ont été meilleurs pour cette raison. **7.** Elle voulait nous vendre les moins bons pneus. **8.** J'ai beaucoup de pommes à la maison, mais demain je vais t'apporter les meilleures.

22

1. Tu connais les pays les plus chers du monde? **2.** Tarek et Gérard sont les joueurs les moins doués du club. **3.** Nina aime porter son pull le plus large. **4.** Mémé conserve encore les lettres les plus vieilles. **5.** Alonso est le meilleur pilote du championnat. **6.** Marc a travaillé dans les restaurants les plus chics. **7.** Je pense que ma mère est la plus conservatrice de la famille. **8.** Les recettes d'Evelyne sont les moins bonnes. **9.** Pour lui, David Oistrak est le plus grand violoniste de tous les temps. **10.** La boxe est le sport le plus violent. **11.** Cette émission est la plus bête de la télévision.

23

1. sont moins chers que **2.** sont les plus élevées de l'année **3.** aussi gros qu'Obélix **4.** la plus secrète des stars **5.** est plus naturelle et aussi talentueuse. **6.** est une drogue plus dangereuse que **7.** est la drogue la plus acceptée dans notre société. **8.** Les adultes devraient être les meilleurs modèles. **9.** mon meilleur vin parce que tu es ma meilleure amie. **10.** Ses résultats ne sont pas aussi catastrophiques que

24

1. Pour beaucoup d'élèves, les traductions sont les exercices les plus difficiles dans ce livre. **2.** C'est juste (c'est vrai), mais je pense que ce sont les exercices les plus importants. **3.** Mon père était le meilleur père qu'on puisse imaginer. **4.** Madeleine écrit les meilleurs textes que j'aie lus jusqu'à maintenant. **5.** Quel était le film le plus amusant que tu aies vu cette année? **6.** J'aimerais aller avec vous dans le bar le plus branché. **7.** Avec ce regard, norte chien semble être le plus pauvre chien du village **8.** Elle est l'élève la plus douée à qui je n'aie jamais enseignée.

3. Kapitel: *LES ADVERBES* – Die Umstandswörter (Adverbien)

25

facile – facilement; mauvaise – mal; franche – franchement; dangereuse – dangereusement; méchante – méchamment; gentille – gentiment; certaine – certainement; première –premièrement; absolue – absolument; complète – complètement

26

1. patiemment **2.** discrètement **3.** bien **4.** élégamment **5.** confortablement **6.** fièrement **7.** poliment **8.** rapidement/vite **9.** gentiment **10.** apparemment

27

1. d'une façon hésitante **2.** d'une façon agaçante **3.** d'une façon turbulente **4.** d'une façon saine et intuitive **5.** d'une façon bruyante **6.** d'une façon légère **7.** d'une façon fascinante **8.** d'une façon folle.

28

1. Tu sens si bon. **2.** Ce nouveau projet est intéressant. **3.** Nous dînons régulièrement chez lui. **4.** C'est absolument nécessaire. **5.** ... je vois clair ... le déstabilise terriblement. **6.** Ce livre m'a simplement donné ... **7.** Luc est complètement malheureux ... qui est extrêmement jolie. **8.** Ton fils est joliment calme. Il a certainement fait ... **9.** ... parler fort ... ne te comprend pas bien. **10.** Les filles sont particulièrement agressives. Elles se comportent mal. **11.** Il est un vrai ami. Son avis compte immensément ... **12.** Sa voiture neuve a totalement brûlé dans son vieux garage. **13.** Je vais vous expliquer brièvement ... **14.** Elle a sûrement oublié ... a changé rapidement ...

29

1. Nous ne nous disputons jamais vraiment méchamment. **2.** Les deux vont dîner ensemble régulièrement. **3.** La mère explique patiemment aux enfants pourquoi ils ne doivent pas encore regarder la télé à 5 heures du matin. **4.** Cela m'est complètement égal. **5.** J'ai mal dormi aujourd'hui. **6.** J'aimerais parler couramment plusieurs langues. **7.** Parle bas, parce que le bébé ne dort pas encore profondément. **8.** Ils attendent impatiemment sa réponse. **9.** Réagis-tu quelquefois spontanément? Ou bien réfléchis-tu toujours longuement? **10.** Il ne nous dit jamais ouvertement ce qu'il pense vraiment.

30

1. ... aime s'habiller élégamment. **2.** Eve m'a dit franchement (m'a franchement dit) ... ne lui plaisent absolument pas. **3.** Il a travaillé dur. **4.** Manon a répondu sèchement (a sèchement répondu) au prof qui l'a (immédiatement) renvoyée immédiatement. **5.** ... pèse très lourd ... elle sera (probablement) refusé probablement **6.** Elle vient régulièrement ... **7.** ... il discute sérieusement ... **8.** La voiture a (légèrement) heurté légèrement l'arbre. Papa va se fâcher certainement. **9.** Le politicien parle ouvertement ... **10.** ... devrait aider effectivement

31

1. Evidemment, tout le monde ... est énormément curieux. **2.** Il voyage gratuitement ... est sûrement riche. **3.** Heureusement, ma mère ... **4.** Elle dormait tranquillement quand je suis rentré prudemment. **5.** Malheureusement, il perd constamment ... **6.** Elle a totalement oublié ...

32

1. très – beaucoup **2.** très – très – beaucoup – très **3.** beaucoup – très **4.** beaucoup – très **5.** très – beaucoup

33

1. Le docteur Glocheux écoute ses patients le plus patiemment. **2.** ... elle ne court pas moins rapidement que moi. **3.** Il est drôlement poli ... qui me salue le plus poliment du monde. **4.** ... n'a pas travaillé plus sérieusement que son frère. **5.** ... s'habiller le plus joliment. **6.** Il agit moins discrètement ... **7.** ... dort plus profondément que ... **8.** ... n'était pas facile, nous avons fait l'autre plus facilement. **9.** ... ce chapitre le mieux?

34

1. pis/moins bien – plus **2.** plus – le plus **3.** bien – mieux **4.** mal – pis/moins bien **5.** beaucoup – plus (le plus) **6.** bien/mieux **7.** mal **8.** bien – le pis **9.** bien – (le) mieux

4. Kapitel: *LES ARTICLES* – Die Artikel

35

1. le – l' (m) – le
2. l' (f) – la – le
3. le – l' (m) – le
4. la – les (f) – le
5. l' (f) – les (m) – le
6. l' (m) – la – l' (f)

36

1. Les – de l' – le **2.** les – aux **3.** à la – la **4.** des – du **5.** les – de la **6.** la – de l' **7.** La – les **8.** le – la – la **9.** les – le – le

37

1. J'ai les cheveux marron, de grandes oreilles et toujours les joues rouges. **2.** Tu as les cheveux blonds, mais tu préférerais avoir les cheveux noirs. **3.** Valérie aime le rap et la soul, son frère préfère la musique classique. **4.** Justine déteste la plage et la chaleur, elle préfère les montagnes. **5.** Elle aime faire du sport et faire la cuisine. **6.** Nelsone a les yeux bleus et le teint clair. **7.** Elle aime le lait et le chocolat et elle adore les pâtes avec de la sauce tomate. **8.** Tu n'a jamais le temps de faire les courses avec moi. **9.** Quand je rentre (à la maison), je dois faire la cuisine et faire la vaisselle. **10.** Pourquoi est-ce que tu fais la tête?

38

1. la – la **2.** les – le **3.** la – à la **4.** du – au **5.** le – le – du **6.** au – de l' **7.** Au – les – les **8.** à la – le **9.** de – au – de **10.** à la – la

39

1. Le lundi, je suis toujours fatigué(e) parce que je fais du sport le dimanche. **2.** Nos amis français, les Chartier, veulent venir fin avril. **3.** J'aimerais vous inviter à venir (chez moi) vendredi, le 14 novembre. **4.** Comme je serai (vais être, suis) à une fête le 13 novembre, je ne vais me lever qu'à midi le lendemain. **5.** Ma mère préfère le printemps tandis que mon père aime l'automne. **6.** Mon amie dit qu'elle se sent beaucoup mieux en été qu'en automne. **7.** Dis-moi les jours de la semaine en français. **8.** Tu es rentré(e) peu après minuit? **9.** Hier soir, j'avais mal à la tête. Quand même je me suis levé(e) ce matin à 6 heures. **10.** Pourquoi est-ce que tu arrives en retard au bureau le vendredi?

40

1. de la – à **2.** la – à la **3.** au – aux **4.** la – d' – 0 **5.** de – le – en **6.** En – à – un – des – une **7.** Le – un – à – la – la – le – la – la **8.** Le – l' – le – de **9.** du – à **10.** de – au **11.** au – les – à la

41

1. J'irai (vais aller) en France en été. **2.** Cécile vient de France, mais elle habite en Angleterre. **3.** D'où vient la fille au-pair? – Elle vient de Hongrie. **4.** Salut, Véronique! Où es-tu? – Je suis au Havre chez mes parents. **5.** Connaissez-vous Prague? – Oui, c'est la capitale de la Slovaquie. – Mais non, c'est la capitale de la Tchéquie. **6.** La Belgique doit être belle. – Irène ira à Bruxelles avec sa classe en mars. **7.** Quels pays est-ce que tu connais déjà? – Je connais l'Italie, l'Espagne et la France. J'ai aussi déjà été en Hollande, au Portugal, en Tunisie et en Hongrie. **8.** En Grande-Bretagne et en Irlande on conduit du côté gauche de la rue. C'est un problème pour les gens qui viennent d'Allemagne et d'Autriche. **9.** L'année dernière l'oncle Tim est allé au Luxembourg en avion. De là, il a loué une voiture pour aller en Allemagne. **10.** La musique qui est très populaire / très aimée au Portugal s'appelle le Fado. **11.** Else a déjà visité beaucoup de pays sud-américains, mais elle n'a pas encore été au Mexique, au Brésil et en Argentine.

42

1. un – un – des
2. un – une – un
3. des – un – un
4. une – des – une
5. des – un – une
6. une – un – un
7. un – un – un

43

1. des – de(s) **2.** une **3.** des **4.** un – des **5.** un – une **6.** un – des **7.** des – de(s) **8.** un – un **9.** des – une **10.** Un – des – une

44

1. / – une **2.** / – un – un **3.** des – / **4.** / – une **5.** / – un **6.** des **7.** / – / **8.** une – une **9.** une – un – une **10.** une – des **11.** un – une

45

1. Ich brauche dich. **2.** Er hat den Mut verloren. **3.** Du hast Recht. **4.** Das macht mir Freude. **5.** Das Auto hat Feuer gefangen. **6.** Er gehört zu einer Punkgruppe. **7.** Papa wird bald die Geduld verlieren. **8.** Du hast ihm/ihr weh getan! **9.** Das Baby hat Hunger. **10.** Er (es) schreit, wenn er (es) Durst hat. **11.** Dieser Apparat ist außer Dienst. **12.** Der Patient ist unter medizinischer Kontrolle. **13.** Sie hat das Bewusstsein wiedererlangt. **14.** Er hat das Bewusstsein verloren.

46

1. du **2.** Du – du **3.** de la – du – de l' **4.** de l' **5.** des – de la – du **6.** des – du **7.** des – du **8.** des – de la **9.** de la

47

1. les – les **2.** / – / – des – du – le – les **3.** du – des **4.** du – du – de la – des **5.** / – des **6.** des – de **7.** du – du – des **8.** du – des **9.** les **10.** / **11.** Un – la **12.** la – de – de **13.** le – des **14.** Le – le – / **15.** L' – / – les

48

1. d' – d' **2.** du – des **3.** des – des **4.** de – des **5.** de la – des **6.** de – des **7.** de – de **8.** les – des – de **9.** des – de

49

1. d' – les/des **2.** des – des **3.** des – de **4.** de **5.** du – de **6.** des **7.** des **8.** un – des – Les **9.** Les **10.** Les – les – les **11.** les/des – / **12.** des – des **13.** de – des – de – / – de **14.** Un – un – un – un – de – Un – un – du – de la

50

1. des **2.** de la **3.** des **4.** d' **5.** des **6.** d' **7.** de – une **8.** les – de **9.** des – de – un

51

1. Samedi matin, on m'a apporté un paquet. Dans ce paquet, il y avait beaucoup de CD. J'avais acheté ces CD sur eBay. J'aime la techno et le hip-hop, mais ma mère écoute toujours des opéras. La moitié des airs sont horribles. Trop de bruit pour mes petites oreilles. **2.** Pendant les vacances d'automne, j'irai en France. Je dois apprendre le français. Je connais déjà beaucoup de chapitres de grammaire, mais trop peu de vocabulaire. **3.** Le matin, il boit beaucoup de tasses de café, mais il ne mange pas de pain. **4.** Prends de la farine, du sucre, des œufs et de l'huile et fais un bon gâteau. **5.** Les tartes chez le pâtissier sont bonnes et belles à regarder.

5. Kapitel: *LE CONDITIONNEL* – Die Möglichkeitsform (Konjunktiv)

52

1. je serai, tu aurais, il a pensé, il serait parti, tu écrivais (tu écrirais) **2.** il aura pris, il serait, tu es venu(e), elle est **3.** nous aurons oublié, elle avait été, elle finissait (elle finirait), tu as **4.** il travaillait (il travaillerait), il aura été, j'aurais vu, tu es parti(e) **5.** nous disions (nous dirions), tu as quitté, nous aimons, tu verras, elle verrait **6.** il donnerait, tu seras sorti(e), tu serais parti(e), il sortirait **7.** il avait eu, tu avais, j'étais arrivé(e), j'aurais ri

53

1. vous penseriez **2.** nous prendrions – tu apprendrais **3.** ils choisiraient – il finirait **4.** vous diriez – je sortirais **5.** je boirais – je lirais **6.** il passerait – je terminerais **7.** je vivrais – tu croirais **8.** je monterais – je montrerais **9.** elle mettrait – vous travailleriez **10.** j'écrirais – tu peindrais **11.** il partirait – elle essaierait

54

1. ils attendraient – vous diriez – il raconterait **2.** je suivrais – je choisirais **3.** vous prendriez – tu écrirais **4.** je monterais – il partirait **5.** nous payerions (paierions) – ils peindraient **6.** elle rendrait

55

1. je serais, tu aurais **2.** nous prendrions, il pleuvrait **3.** vous diriez, ils feraient **4.** ils devraient, vous pourriez **5.** tu verrais, vous feriez **6.** ils partiraient, nous saurions **7.** ils iraient, il faudrait **8.** elle rirait, nous écririons **9.** je comprendrais, je dormirais **10.** je mourrais, ils voudraient **11.** ils auraient, j'ouvrirais **12.** il courrait, on verrait

56

1. ferais – apprendrais **2.** j'aiderais – seraient **3.** nettoierais – aurait **4.** je me promènerais – je me lèverais **5.** ne boirais jamais – ne fumerais pas **6.** travaillerais – serais **7.** j'aimerais – j'irais **8.** payerais – gagnerais **9.** lirais – j'apprendrais **10.** dormirais – Vous ne me trouveriez pas

57

1. J'aimerais assister à … **2.** J'aurais besoin … **3.** Elle serait une … **4.** Tu devrais essayer encore … **5.** Tu devrais aller voir … (j'irais) **6.** … tu pourrais me prêter (tu me prêterais …) **7.** J'aimerais bien aller … **8.** Tu devrais essayer le ski.

58

1. ne dirais rien **2.** ferions **3.** serions – n'aurions pas **4.** lirais **5.** louerais **6.** pourrais **7.** n'y irais pas **8.** ne pourrions aller **9.** rentreraient **10.** passerait **11.** l'apprendrait **12.** ferais

59

1. J'ai dit que pendant les vacances, je dormirais plus longtemps, je lirais beaucoup et je courrais ... **2.** Mes parents lui ont dit qu'ils iraient en Italie et qu'il les accompagnerait. Ils ont aussi dit qu'ils lui paieraient l'hôtel et qu'il serait content. **3.** Le banquier a dit que nous apporterions (que j'apporterais) notre (ma) pièce d'identité, que nous remplirions (je remplirais) un formulaire et qu'il nous (m') ouvrirait ... **4.** L'hôtesse nous a dit que nous déposerions nos bagages, que nous nous enregistrerions et que nous prendrions notre carte ...

60

1. je serais allé, *ich wäre gegangen* – il aurait su, *er hätte gewusst* – ils auraient eu, *sie hätten gehabt* – ils auraient été, *sie wären gewesen*

2. il aurait choisi, *er hätte gewählt* – j'aurais bu, *ich hätte getrunken* – ils auraient ouvert, *sie hätten geöffnet* – elle serait partie, *sie wäre weggegangen*

3. ils auraient voulu, *sie hätten gewollt* – tu te serais appelé(e), *du hättest geheißen* – ils auraient couru, *sie wären gelaufen* – j'aurais nagé, *ich wäre geschwommen*

4. nous aurions pris, *wir hätten genommen* – tu te serais lavé(e), *du hättest dich gewaschen* – j'aurais été, *ich wäre gewesen* – j'aurais vu, *ich hätte gesehen*

61

1. Moi, je n'aurais pas bu de thé et je n'aurais pas mangé de miel pour me soigner. J'aurais appelé le médecin et j'aurais pris des antibiotiques. **2.** La grand-mère de Fabien n'aurait pas organisé de fête, elle serait restée seule à la maison. **3.** Nous ne serions pas partis dans les Alpes. Nous serions allés à la mer. **4.** Ma sœur n'aurait pas gardé mon chat et je n'aurais pas pu partir en vacances. **5.** Je ne serais pas allé(e) voir le dernier film de Luc Besson. J'aurais lu un bon roman.

62

1. Si le film n'avait pas été ..., nous aurions quitté... **2.** Si Liane ne s'était pas trompée ..., elle n'aurait pas fait ... **3.** Si tu avais lu ..., tu aurais su (tu savais) ...

63

1. Il m'a dit qu'il m'achèterait cette voiture dès qu'il aurait gagné ... **2.** Je leur ai dit que nous aurions bientôt appris assez ... **3.** Nous lui avons promis que le Père-Noël passerait dès qu'elle se serait endormie. **4.** Elle a dit qu'ils partiraient dès que les enfants auraient assez mangé.

6. Kapitel: *LES ADJECTIFS ET LES PRONOMS DÉMONSTRATIFS* – Die hinweisenden Begleiter und Fürwörter (Demonstrativpronomen)

64

1. ce **2.** cette – cette femme-ci – cette jeune fille-là **3.** ces **4.** cette **5.** ce **6.** ce **7.** ce **8.** cette **9.** cet **10.** Cette – cet **11.** Cette – ce

65

1. ceux/celui **2.** Celles **3.** celui **4.** ceux **5.** celui **6.** ceux **7.** Cela **8.** celle **9.** ceux-là **10.** celui **11.** celle

66

1. cet – celui **2.** Ce – celui-là **3.** cette – celle **4.** ce – celui **5.** cette – celle-ci **6.** ces – celui **7.** ceci **8.** cet – cela **9.** Cette – C' **10.** Ce **11.** cet – cette – celle **12.** Cela (Ça) – Cela (Ça) **13.** cette – cela **14.** Cette **15.** C' – cela **16.** Ce **17.** celle-ci.

67

1. Les problèmes de ce pays sont surtout ceux d'un pays pauvre. **2.** Nous pouvions choisir entre deux destinations. Celle qu'il a choisie était la bonne. **3.** Nous ne voulons pas ces chambres. Celles qui donnent sur la rue sont trop bruyantes. **4.** Nos parents et ceux de nos amis vont rester à la maison la nuit de la Saint-Sylvestre. **5.** Ce CD plaît à mon mari, celui-là plaît probablement à ma mère. **6.** Ces enfants nous agacent, surtout celui-là. **7.** J'aimerais avoir un nouvel ordinateur. Mais celui que je veux coûte trop cher.

7. Kapitel: *LE DISCOURS INDIRECT* – Die indirekte Rede und die indirekte Frage

68

1. … qu'ils achèteront un … **2.** … que c'est bien parce qu'il pourra y passer ses vacances avec ses amis. **3.** … que c'est eux qui vont y passer leurs vacances et que c'est moi/lui qui gardera(i) la maison et leurs animaux. **4.** …qu'elle a envie de manger un brownie. Elle demande s'il peut aller lui en acheter un et elle dit qu'elle voudrait … **5.** … qu'elle doit le chercher elle-même. **6.** qu'elle a pris le thé avec sa grand-mère la veille et qu'elle lui demande toujours comment je vais. **7.** … qu'ils sont allés au cinéma et qu'ensuite ils ont mangé une glace et que Caroline a eu peur des monstres.

69

1. Jacques dit: «Je ne veux plus jamais revoir Nathalie. Elle m'a insulté hier.» **2.** Nathalie lui dit: «J'en ai assez de cette vie. Je veux te quitter.» **3.** Leur chef leur dit: «Je ne m'intéresse pas à vos querelles privées. Vous devez être au bureau avant huit heures. Sinon, vous aurez des problèmes.» **4.** Véro annonce: «Je vais vous rendre visite avec mon mari et mes cinq enfants.» Je lui dis: «Je serai ravie de vous voir. Nous avons assez de place pour vous.» **5.** Christophe téléphone et dit: «Je suis en panne sur l'autoroute. Je ne pourrai sûrement pas être à l'heure à mon mariage. »

70

1. … «Fais tes devoirs!» **2.** … «Achetez cet immeuble!» **3.** … «Baissez le son!» **4.** … «Donne-moi le ballon!» **5.** … «Ne descendez pas avant l'arrêt!» **6.** … «Cours et saute dans le train!»

71

1. … d'apprendre plus et de lui montrer tes cahiers. **2.** … de nous donner plus d'exemples. **3.** … de se dépêcher, de s'habiller et de venir avec lui. **4.** … d'écrire cette lettre encore une fois, de la montrer à son associé et de lui dire que c'est elle qui l'a envoyé. **5.** … de le présenter à ses parents. **6.** … de l'attendre dans le café et de commander un scotch pour lui.

72

1. … de garder Max et de ne pas le laisser seul. **2.** … de faire leur travail, de ne pas bavarder et d'être polis. **3.** … de ne plus séparer le corps et l'esprit. **4.** … de ne plus être spectateurs de leur vie. **5.** … de ne pas se méfier des hommes politiques. **6.** … de ne pas les considérer comme des martiens. **7.** … de ne pas s'approcher trop du quai. **8.** … de ne pas acheter de croissants. **9.** … de ne plus faire de régime.

73

1. Simon demande de lui apporter du coca et de lui servir son repas. **2.** Obélix demande à Astérix de l'emmener quand il sort. **3.** Madame Charbon (nous) recommande de ne pas faire de bruit. **4.** Sabrina propose de prendre sa voiture … **5.** Ils nous conseillent de ne pas t'accompagner chez toi. **6.** Le prof leur interdit de mâcher du chewing-gum.

74

1. … si nous sommes toujours satisfaits de notre vie. **2.** … s'ils connaissent Agrippine. **3.** … si nous avons réservé nos tickets à l'avance. **4.** … si les Verts sont un groupe de peintres impressionnistes. **5.** … si j'ai découvert un magasin et si je me suis acheté cette jupe. **6.** … si c'est un roman policier et s'il tire son inspiration de sa vie à Tahiti.

75

1. … pour qui elle a préparé ce repas. **2.** … qui il a rencontré hier soir./la veille soir. **3.** … à qui ils ont acheté ces fleurs. **4.** … qui son père a épousé. **5.** … sur qui je vais écrire ma thèse. **6.** … qui il est et, qui il connaît et qui il cherche. **7.** … avec qui je sors/elle sort encore ce soir. **8.** … pour qui elle se prend. **9.** … de qui ils se souviennent sur cette photo.

76

1. Je veux savoir à qui tu as montré les photos. **2.** Il lui demande de quoi le conférencier a parlé et ce qu'il a dit sur ce problème particulier. **3.** Elle nous demande qui nous voulons inviter et ce que nous allons offrir aux invités. **4.** J'aimerais savoir ce qui plaît à Ludovic la-bas. **5.** Elle ne veut pas dire au commissaire ce qu'elle a fait hier soir (=la vielle au soir) entre 7 et 9 heures et qui elle a vu après. **6.** Je me demande qui est cette femme tout en rouge. **7.** Il se demande ce qu'elle va lui offrir pour Noël cette année.

77

1. Il veut savoir: «Quand est-ce que tu arriveras chez moi et qui est-ce que tu emmèneras?» **2.** Lionel me demande: «Qu'est-ce qui t'intéresse dans la vie?» **3.** Les gendarmes demandent: «Où sont les papiers du véhicule?» **4.** Ma sœur veut savoir: «Combien de temps est-ce que tu laisses ta quiche au four?» **5.** Les touristes nous demandent: «Comment est-ce que nous allons au Mont Saint-Michel?» **6.** Le journaliste s'étonne: «Je ne vois aucune photo dans ce livre». **7.** Il demande à l'écrivain: «De quel sujet s'agit-il dans votre roman?» **8.** Je demande à Nathan: «Sur quoi es-tu monté pour attraper la confiture?»

78

1. Je veux savoir où ils habitent? Je veux savoir depuis quand ils habitent à Lyon. **2.** Il me demande comment je trouve cet auteur. **3.** Vous me demandez combien d'élèves il y a dans cette classe. **4.** Je lui demande pourquoi il ne s'est pas amusé. **5.** Je demande à Eve jusqu'où elle veut aller en été. Je demande à Eve quand elle veut aller jusqu'en Grèce. **6.** Pouvez-vous me dire ce qu'il a acheté cinq mois plus tôt? Pouvez-vous me dire quand il a acheté cette voiture? **7.** Je me demande d'où le dernier train part à 22h30. Je me demande quand le dernier train part de la Gare St Lazare.

79

1. étions – savaient – devaient **2.** avait déjà réservé – y était arrivée – m'écrirait **3.** ne lui permettait/ permettrait pas **4.** n'était pas – y avait – ne serait pas venue – avait su – se trouvait **5.** avions trouvé – avions cherché **6.** s'étaient retrouvés – s'était approchée – avait arraché.

80

1. … qu'il avait pris seulement deux cours de tennis et qu'il jouait déjà comme un dieu. Il a ajouté qu'il avait déjà battu le prof et que maintenant personne ne voulait jouer avec lui. **2.** … qui allait arriver, combien de personnes elle avait invitées, ce qu'on leur servirait et où nous pourrions trouver assez de chaises pour elles. **3.** … qu'elle espérait qu'il/elle allait bien et que son fils n'était plus malade. Elle a ajouté que s'ils avaient su qu'il était si malade ils auraient apporté des médicaments pour lui qui soulageaient souvent son mari qui souffrait de la même maladie. **4.** … qu'elle ne pouvait plus corriger certains de leurs travaux parce que son chien les avait déchirés. Elle a raconté que quand elle était rentrée il était si heureux qu'il l'avait renversée. Les cahiers étaient tombés par terre, il les avait pris et certains étaient illisibles. Elle a dit qu'ils allaient refaire le travail encore une fois et elle a demandé s'ils étaient d'accord. **5.** … s'il pouvait m'apporter la carte, si je pouvais déjà avoir l'apéritif et où les toilettes étaient situées.

8. Kapitel: *LE FUTUR* – Die Zukunft (Futur)

81

1. Elle va entrer tout de suite. **2.** Nous n'allons pas écrire cette lettre. **3.** Tu vas voir le bébé … **4.** Vous allez le faire tout seul. **5.** Ils ne vont pas leur demander quand ils vont arriver. **6.** Il va m'offrir un verre … **7.** Nous n'allons pas sortir ce soir. **8.** Il va revenir tout de suite et il va lui donner le paquet. **9.** Maman va essayer de m'envoyer un e-mail.

82

1. Quand allez-vous rentrer? **2.** Qu'est-ce que tu vas porter ce soir? **3.** Il va certainement aimer nous écouter. **4.** Tu vas aller à l'hôpital avec lui? **5.** Ils vont certainement y trouver rapidement des amis. **6.** Je vais m'occuper de vous dans quelques minutes. **7.** Après on va nous demander pourquoi nous n'avons rien dit.

83

1. je dirai – vous sortirez – nous prendrons
2. ils aideront – tu inviteras – je partirai
3. il apportera – nous applaudirons – je finirai
4. nous écrirons – tu devineras – nous croirons
5. nous plairons – vous lirez – nous rirons
6. il suivra – je vivrai – elles offriront

84

1. mourrai – feras **2.** faudra **3.** irez **4.** ne comprendra jamais **5.** viendrai **6.** devra **7.** aurons **8.** voudras **9.** enverrons **10.** pleuvra – resterai **11.** prétendra – saura **12.** verrons **13.** pourras **14.** connaîtrez **15.** payeront – quitteront

85

1. dirai – apportera – auras – vivras – mèneras – ne seras pas – travaillera – achètera – désireras – feront – habiteront – verras **2.** jettera – perdrez – payerez – expulsera – mènerez – essayerez – arrêtera – irez – conjurerai – sauverai – épouserai – aurons **3.** serez – seront – obtiendrez – ferez – aurez – deviendrez – construirez – aimerez

86

1. il s'appellera – nous payerons – tu ajouteras **2.** tu auras – il offrira – il viendra – il pleuvra **3.** j'achèterai – il attendra – tu devras – il dira **4.** nous enverrons – on verra – j'irai – tu seras **5.** je courrai – ils voudront – il essayera – tu tiendras **6.** j'obtiendrai/je récevrai – il plaira – tu choisiras **7.** je m'ennuierai – il se lèvera – elle s'appellera

87

1. S'il me téléphone je lui demanderai, s'il va au bal avec moi. **2.** Comme ma sœur n'a pas encore de travail de longue durée (oder CDI, contrat à durée indéterminée), elle devra accepter de travailler en intérim. **3.** Si nous n'apprenons pas plus, il nous donnera de mauvaises notes. **4.** Tu appelleras tout de suite ta mère et tu lui diras que tu es chez nous. **5.** Comme je la connais, elle aura encore de folles idées. **6.** L'année prochaine, je ferai des études de français. **7.** Maintenant, je me lèverai et je ferai du café pour nos amis. **8.** Quand est-ce que vos invités viendront? **9.** Cette équipe ne deviendra jamais championne du monde.

88

1. imparfait, avoir, j'aurai eu – impf., pouvoir, j'aurai pu – présent, vouloir, ils auront voulu
2. futur, venir, tu seras venu(e) – futur, partir, nous serons parti(e)s – p.c., prendre, j'aurai pris
3. plus-que-parfait, vendre, elle aura vendu – cond. I, arriver, tu seras arrivée – présent, dire, ils auront dit
4. impf., être, nous aurons été – impf., voir, ils auront vu – cond. I, devoir, vous aurez dû
5. futur, faire, elle aura fait – présent, écrire, nous aurons écrit – cond. I, boire, ils auront bu **6.** futur, passer, on aura passé – cond. II, apprendre, il aura appris – présent, aller, je serai allé(e)
7. présent, se promener, je me serai promené(e) – présent, manger, nous aurons mangé – plus-que-parfait, conseiller, j'aurai conseillé
8. p.c., organiser, il aura organisé – p.c., sortir, nous serons sorti(e)s – plus-que-parfait, se lever, tu te seras levé(e)
9. cond. II, téléphoner, tu auras téléphoné – futur, connaître, elle aura connu – p.c., trouver, elle aura trouvé
10. présent, rester, elles seront restées – p.c., nager, vous aurez nagé – impf., recruter, on aura recruté
11. présent, mentir, tu auras menti – impf., coudre, j'aurai cousu – p.c., peindre, il aura peint
12. p.c., entendre, nous aurons entendu – impf., répondre, j'aurai répondu – p.c., danser, elles auront dansé

89

1. Dès que j'aurai réçu les resultats, je te les transmettrai. **2.** Tu me le diras aussitôt que tu auras fini ton travail. **3.** Quand ma mère aura pris sa retraite, elle retournera vivre à la campagne. **4.** Dès que tu auras lu ce roman, tu comprendras mieux comment nos parents ont vécu. **5.** Quand vous aurez planté les fleurs, je viendrai les arroser. **6.** Une fois qu'elle aura eu son bac, elle s'inscrira à l'université. **7.** Dès que je serai revenu(e) du travail, nous nous mettrons à table. **8.** Quand les plans auront été terminés, la construction commencera.

90

1. Demain à cette heure-là, mon père aura déjà rencontré son interlocuteur. **2.** Elle ne sera plus allée à l'école. **3.** Mes filles sont rentrées avant minuit. Elles ne se seront pas amusées dans ce bar. **4.** J'irai à Paris quand j'aurai terminé ce livre. **5.** Il avait du succès. Il n'aura plus été nerveux. **6.** Ta grand-mère aura fait son shopping sur Internet. **7.** Mon oncle aura vendu sa voiture. **8.** Bientôt beaucoup de maladies auront disparu. **9.** En 2020, tous les gens auront acheté une petite voiture électrique. **10.** Des catastrophes naturelles auront enfin donné l'idée aux responsables de changer quelque chose.

9. Kapitel: *LE GÉRONDIF ET LE PARTICIPE PRÉSENT* – Der *gérondif* und das Mittelwort der Gegenwart (Partizip Präsens)

91

1. lisant – sachant **2.** étant – chantant **3.** ouvrant – finissant **4.** prenant – mentant **5.** ayant – écrivant **6.** plaisant – faisant **7.** mettant – suivant **8.** descendant – disant **9.** venant – sortant **10.** voyant – allant **11.** devant – buvant

92

1. ... en étant de mauvaise humeur. 2. – 3. Tout en semblant être intéressée, Christine pense à autre chose. 4. Elle ne perdra ... en continuant à manger comme ça. 5. – 6. ..., en téléphonant à sa mère. (Oder: En faisant la cuisine, elle téléphone ...) 7. En arrivant après la fin de l'opéra, vous verrez ... 8. En ne le prenant pas au sérieux, on peut ... 9. – 10. Tout en étant un homme intelligent, ce chef n'est pas capable ... 11. Tout en étant doué, il ne réussit pas ... 12. ..., en disant toujours et à tout prix la vérité. 13. Elle m'a aidé en m'expliquant le problème.

93

1. Obwohl er nicht mehr jung ist, hat mein Onkel noch Erfolg bei den Frauen. 2. Er schläft schnarchend. 3. Ich sage ihr, dass sie sich nicht die Haare mit einem Haartrockner trocknen soll, während sie ein Bad nimmt. 4. Sie bügelt die Wäsche, während sie fernsieht (beim Fernsehen). 5. Während sie auf ihren Freund (auf ihn) wartete, schickte Nicole ihm (ihrem Freund) mehrere SMS. 6. Weinend erzählte sie mir, dass sie einen wichtigen Preis gewonnen hatte. 7. Während er den armen Mann operierte, (Beim Operieren des armen Mannes) plauderte der Arzt mit den Krankenschwestern.

94

1. En aimant faire du sport, on devrait essayer ces vacances de club. 2. J'apprends de nouveaux mots en lisant des romans policiers français. 3. Il agace/énerve ses amis en les interrompant toujours quand ils veulent lui raconter quelque chose. 4. Il n'a rien écrit aujourd'hui tout en sachant, qu'il doit terminer le livre ce weekend. 5. J'ai parlé du projet avec lui tout en pensant à autre chose. 6. En n'étant pas si fatigué, il repasserait encore quelques chemises. 7. En écoutant ce CD, elle s'est souvenue qu'elle avait fait la connaissance de son mari sur cet air. 8. Il a trouvé ce livre en fouinant chez un bouquiniste. 9. Elle connaîtrait le sujet d'examen en me demandant.

95

1. ... tout en ne portant pas de jupe. 2. En prenant deux douches par jour, mes filles ... 3. Marie avait oublié son mobile en l'ayant posé sur une table... 4. ..., en n'ayant laissé aucune trace. 5. Tout en ignorant l'identité des coupables, il ... 6. ..., en emportant toujours son MP3. 7. Géraldine repasse en regardant la télé. 8. On peut apprendre en s'amusant. 9. En ayant avancé l'heure ...

96

1. En habitant 2. ... des correspondants habitant en France. 3. Les visiteurs possédant un ticket ... 4. En possédant un ticket ... 5. Ma grand-mère ne pouvant plus fermer sa porte ... 6. ... la nouvelle en regardant le journal télévisé. 7. Parmi les CD se trouvant chez nous ... 8. ... mon examen en étudiant durant ... 9. ... un prof sachant enseigner ... 10. Martine se levant toujours trop tard ... 11. Tout en faisant un effort, ...

97

1. Joseph faisant beaucoup de gymnastique est devenu très fort. 2. Mes parents aimant la montagne se sont acheté ... 3. Ces livres racontant des histoires macabres ne lui plaisent pas. 4. Cette pluie tombant depuis trois jours va causer des inondations. 5. Les invités ne sachant rien de notre projet seront surpris de notre idée. 6. ... notre maison n'ayant plus de toit. 7. Tante Davida ne voulant décevoir personne a acheté ... 8. Il adore lire des romans finissant bien. 9. Demandant à la jeune fille ... le jeune homme a rougi. 10. Négligeant nos études, nous ne passerons pas ... 11. Il a caché les tâches sur le canapé en s'asseyant dessus. 12. Nathalie s'est blessée on ouvrant une boîte ...

98

1. Marchant elle récite ses ... 2. L'oncle Mathieu connaissant «Les Misérables» appelle sa nièce ... 3. Ayant vu le film ... 4. Amélie ayant oublié ses clés n'a pas pu ... 5. Étant arrivée dans la rédaction, ... 6. Les restaurants ne fermant que le matin ... 7. Gilles s'est fait arrêter téléphonant et conduisant en même temps. 8. Ma voisine désirant maigrir a fait un régime. 9. Les gens criant trop fort ne sont jamais entendus. 10. Les Min repartant ont oublié leurs enfants. 11. La police leur ramenant les enfants, leur a donné une contravention.

99

1. intéressant – intéressantes 2. provocants – provoquant 3. fatigant 4. précédant 5. Sachant 6. savant 7. différentes 8. différant

10. Kapitel: *L'IMPARFAIT* – Die Mitvergangenheit (Präteritum)

100

1. elle prenait, prendre – vous disiez, dire – il faisait, faire – ils venaient, venir
2. je choisissais, choisir – tu tombais, tomber – elle buvait, boire – vous écriviez, écrire
3. je lisais, lire – tu avais, avoir – elle suivait, suivre – il pleuvait, pleuvoir
4. il mettait, mettre – vous riiez, rire – nous vivions, vivre – ils allaient, aller
5. je voulais, vouloir – il devait, devoir – je connaissais, connaître – nous croyions, croire
6. il se taisait, se taire – ils bavardaient, bavarder – je conduisais, conduire – elle connaissait, connaître

101

1. il riait **2.** je voulais – je cherchais **3.** elle plaisait – ils étaient **4.** il pleuvait – nous avions **5.** tu connaissais – vous coiffiez **6.** elle buvait

102

1. cherchaient – était **2.** se reposait **3.** s'amusait **4.** faisait – était **5.** travaillait – s'écrivait **6.** se souvenait **7.** portait **8.** fumions **9.** ne me plaisait pas – se maquillait **10.** aimait **11.** essayait

103

1. ja, Gewohnheit **2.** zweimal nein, jeweils einmalige, beendete Handlung **3.** ja, Gewohnheit **4.** ja, wiederholte Handlung **5.** *remarquais* nein, einmalige Handlung; *observait* ja – Hintergrundhandlung, Anfang und Ende nicht bekannt **6.** ja, Gewohnheit **7.** *savaient* ja, Bedingungsgefüge Nebensatz – *étaient* nein, Bedingungsgefüge Hauptsatz (*seraient*) **8.** ja, wiederholte Handlung **9.** ja, Gewohnheit **10.** nein, einmalige Handlungen

104

1. que notre père aimait – jouait – qu'il préférait – connaissait – qu'elle l'écoutait – qu'il l'énervait quelquefois – elle avait **2.** qu'il était interdit – que nous ne devions pas amener – que nous étions obligés – que nos parents devaient signer **3.** qu'il faisait – que, pour être en forme, il se levait – qu'il courait – qu'il se douchait ensuite – qu'il s'habillait et qu'il déjeunait avec ses parents – qu'il partait – qu'il aimait rencontrer ses amis – qu'ils s'entendaient bien

105

1. ne portais pas – serais **2.** était – vendrait **3.** serait – lisait **4.** viendrions – avions **5.** apprenait – pourrait **6.** ne parlait pas – le comprendrais **7.** n'appellerais pas – n'habitait pas

106

1. a appelé – faisais – j'ai tout oublié – je parlais – a brûlé/brûlait **2.** ne pleuvait pas – n'avait pas **3.** courions – allions **4.** lisais – est entrée **5.** avait – savait – toussait **6.** causaient – sont arrivées – n'était plus **7.** était – écrivait **8.** J'ai présenté – enseignait – nous a invités **9.** a quitté – a brûlé – concernaient – s'en est fait **10.** est passée (vorbeigehen) – a vu – a appelé – sont venus – n'était pas **11.** prenait – s'est levé – l'a raté – s'en est voulu

107

1. voyageait – mettait – arrivait – voulait – s'achetait – avait – *wiederholte Handlungen* **2.** lisait, *andauernde Handlung* – a entendu – a ouvert – a vu, *Haupthandlung* – se battaient, *Hintergrundhandlung* – s'appelaient – étaient, *Beschreibung* – se disputaient, *wiederholte Handlung* – a fermé – a dit, *Hautpthandlung* **3.** a fait, *einmalige Handlung* – vivait – admirait – a espéré – ne s'intéressait pas, *andauernde Handlung* **4.** portait – devenaient, *Beschreibung* **5.** allait, *wiederholte Handlung* – s'est promenée – a vu – est entrée – lui a lavé – a essayé, *Haupthandlung* – c'était, *Zustand* – a fait, *Haupthandlung* **6.** suis allé(e) – j'ai entendu – me suis levé(e) – J'ai cherché, *Haupthandlung* – ne mangeait – respectait, *Beschreibung*

108

1. pleuvait – étions – ne pouvions pas **2.** attendait – parlait – aimait **3.** a sorti – l'a donné – était – a dit – voulait **4.** ne savait pas – habitais – l'a demandé **5.** sommes allés – avons vu – plaisait – avons pris – connaissions **6.** était – a glissé – avait – a fait – l'a retenu – lui a dit – portait – sont entrés – a marché – attendait

11. Kapitel: *LES ADJECTIFS ET LES PRONOMS INDÉFINIS* – Die unbestimmten Begleiter und Fürwörter (Indefinitpronomen)

109

1. Qui est l'autre? **2.** Je veux faire autre chose. **3.** Tu devrais lire d'autres livres, pas seulement des bandes dessinées. **4.** Il fume une cigarette après l'autre. **5.** J'ai découvert d'autres romans de Romain Gary. **6.** Mettez-vous l'un derrière l'autre. **7.** Dans ce bureau, l'un colle sur l'autre. **8.** Réjouis-toi du succès des autres. Il y en a assez. **9.** Ce sont les serviettes des autres clients. **10.** Les deux s'entraident l'un l'autre où ils peuvent. **11.** Il y a des gens qui pensent que ce sont toujours les autres qui ont plus de chance.

110

1. des autres **2.** un autre/l'autre **3.** d'autres **4.** Les uns – les autres **5.** les uns les autres **6.** d'autres **7.** les autres **8.** un autre **9.** Les uns – les autres

111

1. Die Hölle sind die anderen. **2.** Man muss die anderen respektieren. **3.** Er hat viele andere Ideen. **4.** Er schätzt die Ideen der anderen nicht. **5.** Mein Liebling, ich liebe keine andere.

112

1. *certaines* – Unser Chemieprofessor scheint gewisse/bestimmte unserer Fragen nicht zu verstehen. **2.** *certain* – Ein Roman von Françoise Sagan heißt „Ein gewisses Lächeln". **3.** *certaines* – Es gibt gewisse/bestimmte Sätze, die ich schlecht ertrage. **4.** *Certains* – Gewisse CDs sind zerkratzt. **5.** *certaine* – Eine gewisse Françoise hat dich angerufen. **6.** *certains* – Schau dieses Klassenfoto an, unter/von diesen Schülern sehe ich gewisse/bestimmte noch.

113

1. Chaque enfant a reçu un petit cadeau. **2.** Chacun doit montrer une carte d'identité. **3.** Tu le rencontres chaque jour? **4.** Elle demande à chaque élève si tout est clair. **5.** On ne doit pas gagner chaque fois. **6.** Chacun son goût. (*Sprichwort*)

114

1. chacun **2.** Chacun **3.** Chaque **4.** Chacune **5.** certains **6.** chaque **7.** Certains **8.** chacune **9.** chacun **10.** Chaque **11.** Certains **12.** autre **13.** Chaque

115

1. Sie putzt ihr Haus nicht selbst. **2.** Man muss es vermeiden, dieselben Fehler zu machen. **3.** Sie waren alle gekommen: sogar der Bürgermeister. **4.** Ihr Ehemann bügelt seine Hemden selber. **5.** Sogar krank (als Kranke) wird sie arbeiten. **6.** Ich möchte dieselben Dinge nicht dreimal wiederholen. **7.** Dieses Mädchen ist die Schönheit selbst. **8.** Niemand wusste die Antwort. Nicht einmal Yves. **9.** Ich werde dir eine andere Hose geben. Du trägst immer dieselbe. **10.** Ich selbst habe das Haus angemalt. **11.** Warum stellt ihr mir immer dieselben Fragen? **12.** Diese Frau ist der Mut selbst (in Person). **13.** Alle haben gesungen. Sogar Sophie, die es entsetzlich findet („die einen Horror davor hat").

116

1. quelques **2.** Quelqu'un **3.** quelques-unes **4.** Quelques-uns **5.** quelque **6.** Quelqu'un **7.** quelque/un certain **8.** quelques **9.** autres **10.** même **11.** quelques (certaines) **12.** mêmes **13.** Chaque – même **14.** quelque **15.** quelqu'un **16.** chacun **17.** chacun

117

1. Je crois qu'il a compris chaque mot. **2.** Certaines personnes m'ennuient, parce qu'ils ne s'intéressent à rien. **3.** Je vais vous montrer plusieurs photos et vous en prenez quelques-unes. **4.** Il vient d'avoir la même idée que quelques amis. **5.** Quelquefois on rencontre quelqu'un avec qui on s'entend tout de suite bien. **6.** Chacune de nous avait plusieurs possibilités. **7.** Elle s'est plainte auprès de quelqu'un qu'elle devait faire tout seule. **8.** Dans son texte, il décrit quelques désavantages du tourisme de masse. **9.** Bien que mon grand-père raconte toujours les mêmes histoires, j'aime l'écouter. Je connais déjà quelques-unes de ces histoires par cœur. **10.** Certaines voitures sont équipées d'un airbag, d'autres ont en plus la climatisation. **11.** Je lui ai dit plusieurs fois que j'avais fait le devoir moi-même. **12.** Il y a beaucoup d'autres choses à faire que de regarder la télé.

118

1. toute la **2.** tous ces **3.** tout mon **4.** toute la **5.** tout ce **6.** tous leurs **7.** toute la **8.** toute notre

119

1. tout son **2.** Tout **3.** tout (*ganz*) / tous (*alle*) **4.** tout **5.** toutes **6.** tous les **7.** tout le **8.** tout heureuse – toutes les – tout le **9.** toute la **10.** tout – toute la **11.** Tous les – tous **12.** tout son – tous **13.** tout (*ganz*) / tous (*alle*) – tous les/leurs

120

zu streichen: **1.** toutes les – plusieurs **2.** les mêmes / plusieurs – quelques-unes / tous **3.** même – quelque / plusieurs **4.** Chacun /certains **5.** les mêmes – toutes / mêmes **6.** quelque / tous **7.** quelque / une autre – plusieurs / chacune **8.** tous / même – chaque / même **9.** plusieurs fois **10.** toutes / entre autres

12. Kapitel: Nennformkonstruktionen (Infinitivkonstruktionen)

121

1. Olaf s'imagine gagner... **2.** Maman avoue travailler trop. **3.** Nous espérons arriver à l'heure. **4.** Je préfère marcher pour aller à l'école. **5.** L'accusé jure ne jamais travailler à deux. **6.** Le manager admet avoir vraiment besoin de vacances. **7.** Claude croit ne pas avoir d'amis dans son entreprise. **8.** Elle prétend apprendre beaucoup pour l'interrogation. **9.** Ils souhaitent aller en France avec les enfants. **10.** Il affirme connaître ses droits.

122

1. Sa mère l'entend pleurer. **2.** Je la regarde travailler dans la cuisine. **3.** Sylvie croit devoir les corriger. **4.** Il ose l'embrasser et lui dire qu'il l'aime. **5.** Marie ne les y voit plus jouer. **6.** Sabine affirme ne pas les connaître. **7.** Nous comptons ne pas pouvoir faire du ski la semaine prochaine. **8.** Il a longtemps prétendu les faire à Vienne avec succès. **9.** Les enfants l'écoutent jouer du piano. **10.** Je la sens arriver.

123

1. –/– **2.** – **3.** à **4.** à **5.** – **6.** à **7.** – **8.** – **9.** à **10.** –

124

1. à **2.** – **3.** à **4.** à **5.** à **6.** à **7.** – **8.** – **9.** à **10.** –

125

1. Je n'ai pas l'intention de faire mes devoirs. **2.** Il rêve d'épouser une femme riche et de ne plus jamais travailler. **3.** Pépé a l'habitude de sonner cinq fois … . **4.** Nous promettons de t'aider … . **5.** Nos amis choisissent de ne pas nous accompagner au Tyrol. **6.** Je permets à Tom et Mehdi d'aller voir ce film. **7.** On est heureux d'assister à un concert … . **8.** Elle est contente d'avoir beaucoup de succès … . **9.** Je m'excuse de vous déranger.

126

1. Il jure être rentré avant minuit et ne pas l'avoir vue. **2.** Elle est déçue de l'avoir raté. **3.** Nous sommes fiers de l'avoir finie. **4.** Je suis heureuse de l'avoir terminé avant les autres. **5.** Céline est désolée de l'avoir raté. **6.** Je crois les avoir oubliées dans la voiture. **7.** Eric et Arielle sont malheureux de s'être disputés. **8.** Nous nous rappelons les avoir rencontrées et les avoir accompagnées chez elles. **9.** Tu admets ne pas être tombé mais avoir sauté volontiers du mur. **10.** Bernadette est désolée de ne pas lui avoir donné à manger. **11.** Agnès rêve de faire un voyage en Australie. **12.** … sont horrifiés de voir tant d'attentats.

127

1. J'ai voulu regarder le film après avoir lu le roman … . **2.** Valérie ferait tout pour avoir ce pantalon. **3.** Au lieu de faire la vaisselle, il est parti avec ses amis. **4.** A la place de prendre du dentifrice, Nathan a utilisé de l'antiride. **5.** Nous allons en France pour parler mieux le français. **6.** Loin d'être parfait en français, il fait même de graves fautes.

128

1. Avant de retourner chez elle, la voisine nous a raconté toute sa vie. **2.** Philippe n'a pas acheté de voiture pour faire des économies. **3.** Après avoir bu du cognac, Mémé s'est endormie tout de suite. **4.** Je me suis inscrit(e) à un cours de danse sans demander à ma mère. **5.** Marc écoutait de la musique dans son lit sans que sa mère le sache/l'aie su.

129

1. Tu as failli oublier l'anniversaire de grand-mère, n'est-ce pas? **2.** Je suis en train de vous écouter. **3.** Elle vient de le quitter. **4.** Les élèves n'ont pas arrêté/n'ont pas cessé de se quereller avec lui. **5.** Ce professeur de mathématiques continue à travailler dans la même école. **6.** Fabienne aime s'occuper des enfants de la voisine. **7.** Nous aurions préféré avoir l'autre chambre. **8.** Max a failli se casser la jambe.

130

1. Anne regrette de ne pas avoir réussi son permis de conduire. **2.** Les voisins ferment tous leurs volets avant de partir en vacances. **3.** Laetitia suit un régime pour devenir mannequin. **4.** Elle a réussi son contrôle sans avoir révisé sa leçon. **5.** Je me souviens très bien de lui avoir donné au moins 700 Euros. **6.** Elle refuse absolument de coopérer pour ce travail. **7.** Leur mère interdit aux enfants de dire des grossièretés. **8.** Après avoir pris son bain, Mélanie utilise du lait hydratant.

13. Kapitel: *LES ADJECTIFS ET LES PRONOMS INTERROGATIFS* – Die Fragewörter (Interrogativpronomen)

131

1. quelle **2.** quelle **3.** Quelle **4.** quelle **5.** quelle **6.** Quel **7.** Quelle **8.** Quels **9.** quelles **10.** quelle

132

1. Quelle musique est-ce que vous préférez? **2.** Vous avez quel âge? **3.** Quelle bière voulez-vous boire? **4.** Il exerce quel métier? **5.** Il me demande quel cadeau je choisis. **6.** Elle demande sans cesse à sa mère quelle heure il est. **7.** Nous aimerions savoir dans quelle maison le compositeur a vécu. **8.** Elle lui demande dans quel pays il habite et quelle est sa langue maternelle.

133

1. Tu as quel âge? **2.** Quel jour sommes-nous? **3.** Quels romans est-ce que ta mère préfère? **4.** Quel est votre chien? **5.** Quel est le nom de ta/votre fille? (Comment est-ce que ta/votre fille s'appelle?) **6.** Quelle est la dernière chanson de Patricia Kaas? **7.** Tu es quel signe? **8.** Quelle voiture avez-vous?

134

1. ... lesquels de ces auteurs as-tu choisis au bac? **2.** ... lesquelles de ces matières préfères-tu? **3.** ... lesquels de ces sports pratiques-tu? **4.** ... lesquelles de ces musiques écoutes-tu le plus souvent? **5.** ... lesquels de ces fromages manges-tu volontiers? **6.** ... lesquelles de ces villes as-tu déjà visitées. **7.** ... auxquels de ces jeux jouez-vous?

135

1. Lesquelles **2.** laquelle **3.** quel **4.** Duquel **5.** Auquel / Auxquels **6.** Laquelle **7.** Auxquels **8.** À laquelle **9.** Desquels / Duquel

136

1. De qui / De quoi **2.** Que **3.** De quoi / De qui **4.** Qui-est-ce que **5.** À quoi / À qui **6.** Quel **7.** À quoi **8.** Auquel

137

1. Les clients nous demandent: Qui avez-vous choisi? Pour qui vous êtes-vous décidé(e)s? Qui doit être le nouveau chef du personnel? ... qui nous avons choisi ... pour qui nous nous sommes décidé(e)s ... qui doit être le nouveau patron du personnel. **2.** Max lui demande: Qu'est-ce que tu m'achètes? Qui m'apporte un cadeau? De qui est-ce que je vais avoir des jouets? Avec qui et à quoi est-ce que je peux jouer? ... ce que je lui achète ... qui lui apporte un cadeau ... de qui il va avoir des jouets ... avec qui et à quoi il peut jouer. **3.** Je demande: De quel film parlez-vous? Dans quel cinéma est-ce que vous l'avez vu? Avec qui avez-vous parlé du film? ... de quel film nous parlons ... dans quel cinéma nous l'avons vu. ... avec qui nous avons parlé ...

138

1. qui – laquelle 2. Lesquels – quel – qui – de quoi 3. quelle – Laquelle – Quels – lequel 4. Quel – quelle – Lequel – 5. quel – Lesquels – Auquel 6. Lesquels/Lequel – quel – quel – quel

14. Kapitel: *L'INTERROGATION* – Die Frage

139

1. Est-ce que tu es arrivée? Es-tu arrivée? 2. Il va avec nous? Est-ce qu'il va avec nous? 3. Est-ce qu'on prend un apéritif? Prend-on un apéritif? 4. Est-ce qu'ils se sont ennuyés? Se sont-ils ennuyés? 5. Vous avez faim? Est-ce que vous avez faim? 6. Tu es partie à six heures? Est-ce que tu es partie à six heures? 7. Tu écrirais la lettre pour moi? Ecrirais-tu la lettre pour moi? 8. Est-ce que tu habites encore à Francfort? Habites-tu encore à Francfort? 9. Il aime le rap? Est-ce qu'il aime le rap? 10. Il va passer? Va-t-il passer?

140

1. Est-ce que tu as vu mon livre? As-tu vu mon livre? 2. Est-ce que vous vous amusez bien? Vous amusez-vous bien? 3. Est-ce qu'il a travaillé avec ce grand magicien? A-t-il travaillé avec ce grand magicien? 4. Est-ce que c'est un problème? Est-ce un problème? 5. Est-ce que vous avez dit la vérité? Avez-vous dit la vérité? 6. Est-ce que ton père a encore une voiture? Ton père a-t-il encore une voiture?

141

1. Est-ce que vous avez des enfants? Avez-vous ... Est-ce que vous êtes content de votre travail? Etes-vous ... 2. Est-ce que vous ne parlez pas hongrois? Ne parlez-vous pas ... Est-ce que vous apprenez au moins le grec? Apprenez-vous ... 3. Est-ce que tu manges encore de la viande? Manges-tu ... Est-ce que tu achètes souvent des fruits et des légumes? Achètes-tu ... 4. Est-ce que vous fumez? Fumez-vous? Est-ce que vous buvez régulièrement de l'alcool? Buvez-vous ... 5. Est-ce que tu n'as pas de chat? N'as-tu pas ... Est-ce que tu ne veux pas de chat? Ne veux-tu pas ... 6. Est-ce que vous avez déjà embrassé votre femme aujourd'hui? Avez-vous déjà embrassé ...

142

1. Allez-vous prendre ... 2. Tes parents se sont-ils contentés ... 3. Avez-vous déjà écrit ... 4. A-t-il vraiment lu ... 5. Savait-il réparer ... 6. A-t-elle donné à manger... 7. N'avez-vous pas vu ... 8. Madame Michelle avait-elle ... 9. Simon n'est-il pas toujours ... 10. Martin et Alice partent-ils ...

143

1. Qui (Qui est-ce qui) va épouser sa petite voisine? Qui est-ce que Kevin va épouser? Qui va-t-il épouser? 2. Chez qui est-ce que vous êtes allé? Chez qui êtes-vous allé? 3. De qui est-ce que ta mère s'est occupée? De qui ta mère s'est-elle occupée? 4. Qui (Qui est-ce qui) avait des problèmes avec sa famille? Avec qui est-ce qu'Agnès avait des problèmes? Avec qui Agnès avait-elle des problèmes? 5. Pour qui est-ce que tu achètes un pyjama? Pour qui achètes-tu un pyjama? 6. Qui est-ce que tu as cherché? Qui as-tu cherché? 7. Qui est-ce que vous avez rencontré ...? Qui avez-vous rencontré ...?

144

1. Qui 2. Qui 3. qui 4. qui 5. Qui 6. Qui est-ce que 7. qui est-ce que 8. Qui 9. Qui est-ce que

145

1. Que 2. Qu'est-ce que 3. Qu'est-ce qui 4. Que 5. Qu'est-ce que 6. Qu'est-ce qui 7. Qu'est-ce qu'

146

1. Qui faisait ... ? Qu'est-ce que Christa faisait toujours avec son chien? 2. Pour qui est-ce que vous n'avez pas encore de cadeau? Pour qui n'avez-vous pas ... 3. Qu'est-ce que ta grand-mère a acheté? À qui est-ce que ta grand-mère a acheté des fleurs? À qui ta grand-mère a-t-elle acheté ... 4. Qui vous montre ... ? Qu'est-ce que ton père vous montre? 5. Qui est-ce que tu aimerais inviter? 6. Qu'est-ce qu'ils disent souvent? 7. Qui a invité vos voisins? Qui est-ce que tes parents ont invité? Qui tes parents ont-ils invité? 8. Qu'est-ce qu'il n'aime pas? 9. Qui prétend avoir ...? Qu'est-ce qu'il prétend avoir? 10. Qui parle ...? Avec qui est-ce que Jérôme parle? Avec qui Jérôme parle-t-il? 11. Qu'est-ce que les enfants posent toujours à leurs parents? À qui est-ce que les enfants posent toujours des questions embarrassantes? À qui les enfants posent-ils ... 12. Qu'est-ce que Daniel rend au gardien? À qui est-ce que Daniel rend la clé des vestiaires? 13. Qui prend le bus ...? Qu'est-ce que Séverine prend pour aller au travail?

147

1. Elle s'intéresse à qui? 2. Vous avez invité qui? 3. Il s'est passé quoi? 4. Le prof s'est moqué de quoi? 5. Vous y êtes allés avec qui? 6. Cette crêperie appartient à qui? 7. On a joué à quoi? 8. Qui a fait du bruit? 9. Il s'intéresse seulement à quoi?

148

1. Pourquoi est-ce que tu n'es pas arrivée? Pourquoi n'es-tu pas arrivée? 2. Depuis quand est-ce que vous habitez à Marseille? Vous habitez à Marseille depuis quand? 3. Où est-ce qu'André aimait manger? Où André aimait-il manger? 4. Où est-ce que tes parents allaient régulièrement en été? Où tes parents allaient-ils régulièrement en été? 5. Combien de kilos est-ce que tu as perdus l'année dernière? Tu as perdu combien de kilos l'année dernière? 6. Jusqu'où est-ce que Carole a lu? Jusqu'où Carole a-t-elle lu? 7. Par quoi/Où est-ce que vous avez appris la nouvelle? Par quoi avez-vous appris la nouvelle? 8. Qui est-ce que son fiancé a invité à son mariage? Qui son fiancé a-t-il invité à son mariage? 9. Pourquoi est-ce que Léon a arrêté l'école? Léon a arrêté l'école pourquoi? 10. De qui est-ce que ton père est un fan? Ton père est un fan de qui? 11. Combien de fois est-ce que vous allez à la piscine? Combien de fois allez-vous à la piscine? 12. D'où est-ce qu'ils viennent? D'où viennent-ils?

149

1. Qui a vu mon fils? Qui est-ce que mon fils a vu? 2. De quoi est-ce que ta grand-mère ne se souvient pas? Qu'est-ce qu'elle sait encore? 3. Où est-ce que vous devez aller ce soir? Pourquoi est-ce que vous ne restez pas à la maison? 4. Quand est-ce qu'ils vont me comprendre? Qui peut me comprendre? 5. Qu'est-ce que vous faites ici? Pourquoi est-ce que vous êtes venu chez nous? 6. Comment est-ce qu'il nous a trouvé(e)s? Pour combien de temps est-ce qu'il veut rester? 7. D'où est-ce qu'il a ce livre? A qui est-ce que tu l'as prêté? 8. Comment est-ce que Max peut supporter ses sœurs? 9. Combien de pages est-ce que tu as déjà apprises? 10. Combien de fois est-ce que le professeur répète ses explications? 11. Qui a besoin de mon aide? Qui est-ce que je peux aider? 12. A qui est-ce que tu demandes? A qui est-ce que tu téléphones? (Qui est-ce que tu appelles?) Qui est-ce que tu attends? Qu'est-ce que tu attends? 13. Qu'est-ce qu'il faut répondre à cette question? 14. Quand est-ce que Baudelaire est mort? Qu'est-ce qu'il a écrit? 15. Où est-ce que Roméo et Juliette voulaient se rencontrer?

15. Kapitel: *LA NÉGATION* – Die Verneinung

150

1. Non, je ne vais pas au cinéma avec toi. 2. Non, ils ne sont pas gentils. 3. Non, je n'arrive pas aujourd'hui. 4. Non, ce n'est pas Martine. 5. Non, je n'apprends pas la leçon facilement. 6. Non, ils ne sont pas bons. 7. Non, il n'est pas difficile à lire. 8. Non, ils n'aiment pas les épinards.

151

1. Nous n'avions pas pensé ... *Wir hatten nicht gedacht, dass Jean nach Hause käme.* ... que Jean n'irait pas à la maison. *Wir hatten gedacht, dass Jean nicht nach Hause ginge.* 2. Elle n'a pas lu le livre ... *Sie las das Buch nicht, das du den Schülern empfohlen hattest.* ... que tu n'avais pas conseillé aux élèves. *Sie las das Buch, das du den Schülern nicht empfohlen hattest.* 3. Si tu ne révises pas ... *Wenn du die Lektionen nicht wiederholst, wirst du Probleme haben.* ..., tu n'auras pas de problèmes. *Wenn du die Lektionen wiederholst, wirst du keine Probleme haben.* 4. Elle n'a pas acheté ... *Sie hat das Auto nicht gekauft, das sie im Fernsehen gesehen hat.* 5. Je n'ai pas mangé ... *Ich habe die Mahlzeit nicht gegessen, die Mama zubereitet hat.* 6. Vous n'avez pas oublié ... *Ihr habt das Buch nicht vergessen, das eure Freunde brauchen.*

152

1. Non, je n'ai pas lu ... 2. Non, ils ne voulaient pas faire de promenade ... 3. Non, je n'aimerais pas faire de balade ... 4. Non, je n'ai pas pensé à acheter... 5. Non, il n'a pas raté ... 6. Non, je n'avais pas préparé ... 7. Non, nous ne savons pas ... 8. Non, ils n'ont pas lavé ... 9. Non, nous n'avons pas envie de danser ... 10. Non, ils n'ont pas apporté de bouteille ... 11. Non, je n'ai pas l'intention d'acheter ... 12. Non, je n'aurais pas dû rentrer ... 13. Non, nous n'écoutons pas de CD dans ma chambre. 14. Non, elle n'a pas préparé de sandwichs.

153

1. Il prétend ne pas être content. 2. Il désire ne pas devoir partir. 3. Nous n'osons pas ne pas arriver à l'heure. 4. Vous affirmez ne pas connaître cette dame? 5. Vous n'avez pas l'intention de faire vos devoirs? 6. Elle croit ne pas parler bien français. 7. Il n'a pas envie d'apprendre le russe aujourd'hui. 8. Elle n'avait pas la chance d'y faire la connaissance de gens gentils. 9. Il avoue ne pas avoir de bonnes notes.

154

1. Tu ne jures pas avoir vu cet homme dans ce bar. **2.** Vous jurez ne pas avoir parlé avec cet homme. **3.** Papa croit ne pas être resté plus longtemps que les autres. **4.** Elle raconte ne pas avoir eu le courage d'aller chez le dentiste. **5.** Nous sommes sûrs de ne pas savoir tous les verbes irréguliers. **6.** Vous leur dites ne pas avoir voulu les voir. **7.** Ils sont contents de ne pas avoir dépensé trop d'argent. **8.** J'estime ne pas avoir à te donner d'explications.

155

1. Je ne vais pas te la dire. **2.** Il ne voulait pas nous rencontrer. **3.** Nous ne vous les avons pas montrés. **4.** Nous ne l'avons pas appris hier. **5.** Je ne veux pas te la raconter. **6.** Vous ne voulez pas en manger. **7.** Tu ne veux pas y aller. **8.** Tu ne lui as pas téléphoné. **9.** Tu ne les y as pas appelés. **10.** Colette ne prétend pas le lui avoir donné. **11.** Ils ne t'en auront pas envoyé beaucoup. **12.** Ils ne vont pas nous accompagner. **13.** Je ne le trouve pas. **14.** Ils n'y en ont pas fait. **15.** Je ne les ai pas mis sur la table. **16.** Nous ne pouvons pas les lui dire.

156

1. Non, nous n'avons pas de voiture. **2.** Non, il n'y a pas d'élèves autrichiens dans mon cours. **3.** Non, il ne donne pas de cours particuliers. **4.** Non, on ne mange pas de viande. **5.** Non, je n'aime pas la viande. **6.** Non, nous ne faisons pas de sport, nous n'aimons pas le sport. **7.** Non, ils n'ont pas de place dans la voiture. **8.** Non, nous ne buvons pas de café le matin. **9.** Non, ce ne sont pas des pommes françaises. **10.** Non, ce n'est pas un livre intéressant.

157

1. Nous n'avons pas faim, nous ne voulons pas manger de pizza. **2.** Il croit ne pas avoir d'amis dans ce village. **3.** Tu n'as pas de montre? Non, je n'aime pas les montres. **4.** Ces enfants n'ont pas de vacances en août. **5.** Il n'a pas rencontré d'amis hier. **6.** Pourquoi est-ce que les élèves n'ont pas de questions? **7.** Elle n'écrit pas de lettre pour lui, elle ne lui fait pas de café, elle ne téléphone pas. Elle n'est pas secrétaire.

158

1. Non, je n'y reste plus. **2.** Non, elle ne doit plus les faire. **3.** Non, elle ne l'avait plus étudié. **4.** ... nous n'en prenons plus. **5.** Non, ils ne sont plus des amis de mes parents. **6.** Non, il ne cherche plus de petite amie, ...

159

1. Non, ils n'ont jamais passé ... **2.** Non, nous n'avons jamais fumé. **3.** Non, je n'ai jamais aimé faire du ski. **4.** Mais il ne voulait jamais devenir pilote. **5.** Non, ils n'ont jamais été des musiciens, ce sont les garçons du bar. **6.** Non, elle n'a jamais prétendu avoir rencontré Jean Paul Sartre. **7.** Non, je n'ai jamais envie de ... **8.** Non, ils ne consomment jamais trop d'énergie, ...

160

1. Rien ne nous plaît ici. **2.** Il n'a rien bu hier soir. **3.** Elle ne s'est souvenue de rien. **4.** Je ne lui ai rien dit. **5.** Ils n'ont rien décidé. **6.** Ils ne connaissent rien en Provence. **7.** Il ne s'est intéressé à rien. **8.** Nous n'avons rien mangé. **9.** Il n'a besoin de rien.

161

1. Il ne m'arrive jamais. **2.** Il n'a dit rien d'autre. **3.** Il ne se plaint jamais du mauvais temps. **4.** On ne sonne plus à la porte. **5.** Il n'a rien mangé. **6.** Il ne fume plus. **7.** Je n'ai rien lu ce matin. **8.** Ils ne révisent jamais leurs leçons. **9.** Il ne travaille plus à la banque. **10.** Elle ne parle jamais de la mode. **11.** Nous n'allons plus à l'école. **12.** Il n'a rien descendu à la cave.

162

1. Je ne veux voir personne. **2.** Vous n'avez téléphoné à personne. **3.** Mémé n'y avait rencontré personne. **4.** Il ne va partir avec personne. **5.** Je ne connais personne de très beau. **6.** Personne n'a raconté cette histoire. **7.** Il n'a aidé personne à trouver la solution. **8.** Nous avons regretté de n'avoir invité personne. **9.** ... , il espère de ne se souvenir de personne. **10.** Paul ne demandera son chemin à personne. **11.** Personne ne t'a dit que ... **12.** Il n'y aura personne chez ... **13.** Je ne connais personne d'aussi intéressant que toi. **14.** ..., elle ne veut voir personne. **15.** Ne monte en voiture avec personne pour revenir.

163

1. Il ne veut demander conseil à personne. **2.** Dans ces soirées, on ne rencontre personne d'intéressant. **3.** Il y a des jours où on ne veut voir personne et ne parler à personne. **4.** Si tu ne partages avec personne, tu n'auras bientôt plus d'amis. **5.** Il prétend n'avoir besoin de personne. **6.** Ma tante ne pouvait écouter personne. **7.** Elle croit pourtant que personne ne l'écoute. **8.** Quelquefois, il avait le sentiment de n'aimer personne.

164

1. Je ne vais ranger aucun livre. **2.** Non, il n'y avait aucun bruit. **3.** Non, ils n'ont aucun temps libre. **4.** Non, je n'ai encore aucune idée. **5.** Non, aucun transport n'est en grève. **6.** Non, je ne transporte aucun liquide. **7.** Non, je n'ai aucun cosmétique. **8.** Non, je n'ai vu aucune plantation. **9.** Non, nous n'avons reçu aucune aide. **10.** Non, il n'aura aucune idée. **11.** Non, il n'a lu aucun journal. **12.** Non, je n'ai eu aucun jour libre. **13.** Non, il n'a aucun ami dans cette ville. **14.** Non, elle n'a obtenu aucun résultat.

165

1. Vous n'avez jamais dit à personne que vous n'avez rien vu? **2.** Ils sont entrés dans le magasin sans saluer personne. **3.** Ne te fais pas de soucis, il n'a jamais rien fait de méchant. **4.** Elle est difficile, car rien ne lui a jamais plu. **5.** Ce bruit ne signifie jamais rien de bon. **6.** Au bureau, il n'y avait plus personne à 16 heures. **7.** Il est parti sans rien dire. **8.** Mon oncle était toujours solitaire, mais il ne s'est jamais occupé de personne. **9.** Personne n'a jamais vu ses enfants.

166

1. Depuis qu'elle sait qu'elle a pris cinq kilos, elle ne mange plus rien. **2.** Il n'a toujours pas écrit aucune phrase. **3.** Nous pouvons fermer. Il n'y a plus personne au magasin. **4.** Tout le monde espère, qu'il n'y aura plus jamais de guerre. **5.** Vous ne savez pas toujours, que vous avez beaucoup plus de droits aujourd'hui que nous. **6.** Nous n'avons encore dit à personne, que nous n'avions toujours pas de nouvelles d'elle. Elle n'a envoyé aucun e-mail depuis des semaines. **7.** Je crois, qu'il n'a toujours pas fini/terminé ses études et qu'il n'a toujours rien gagné. **8.** Je n'ai encore jamais été si heureux. **9.** Je ne vais plus jamais commencer à apprendre trop tard, disait-il souvent. **10.** Elle est en France depuis deux semaines déjà, mais elle n'a toujours rien appris. **11.** Je n'ai encore jamais passé de vacances aussi belles. **12.** Nous n'avons toujours trouvé personne qui garde les enfants. **13.** Bien qu'il soit si impoli, il n'a toujours pas de problèmes avec les voisins. **14.** Il vit en Amérique depuis quatre mois, mais il n'a toujours pas trouvé d'amis. **15.** Ce matin, je n'ai encore vu personne à la plage. **16.** Je ne me sens pas bien, je ne vais plus jamais manger autant de cerises. **17.** J'attends depuis si longtemps, mais il n'y a toujours pas de réponse. **18.** Nous rentrons à la maison, il n'y a plus rien à faire.

167

1. Seul mon père sait, que je suis ici. Il n'y a que mon père qui ... **2.** Il n'y a que toi qui puisses me dire la vérité. (Toi seul(e) peux me dire ...) **3.** Seule Sophie n'a pas dit qu'elle était fatiguée. **4.** Seule Véronique voulait l'inviter. **5.** Moi seul(e) ai osé lui demander. **6.** Seul cet exercice va t'aider. **7.** Il n'y a que moi qui lui plaise. (Moi seule(e) lui plais.)

168

1. Je n'ai que 16 ans. **2.** Je ne mange que des légumes. **3.** Non, il n'y a que Marc qui sache les réponses. **4.** Non, nous n'avons que 10 kilomètres à faire. **5.** Ils n'ont que soif. **6.** Elle n'a eu que des fleurs.

169

1. Il n'a travaillé que deux mois à son projet. **2.** Vous n'allez rentrer qu'à quatre heures du matin? **3.** Seul celui (Il n'y a que celui) qui connaisse l'amour sait, comment je souffre ... **4.** Il n'y a que du jus d'orange dans cette maison. **5.** Dans ce film, le héro ne voulait passer qu'une (seule) nuit avec elle. **6.** Il lui aurait payé seulement un million de dollars. (Il ne lui aurait payé qu'un million ...)

170

1. Heureusement, le chien a seulement rendu visite à son amie, une bergère allemande. **2.** Par bonheur ils apprennent que cela n'est qu'une scène pour le nouveau film ... **3.** Mais elle m'a seulement fait faire la vaisselle ... (Elle ne m'a fait faire que la vaisselle) **4.** Heureusement, seulement quatre élèves ont raté l'épreuve. (... il n'y a que quatre ...)

171

1. Catherine ne le regarde ni accepte son invitation. **2.** Il n'a ni révisé ses leçons ni fait ses devoirs. **3.** Elle ne gagne ni au loto ni trouve l'homme idéal. **4.** Elle n'a ni laissé de mot ni dit au revoir. **5.** Il ne se lève ni à temps ni attrape le bus. **6.** Il ne faisait ni beau ni chaud.

16. Kapitel: *LE PASSÉ COMPOSÉ* – Die Vergangenheit (Perfekt)

172

1. je dis – j'ai dit, nous choisissons – nous avons choisi, tu attends – tu as attendu
2. ils savent – ils ont su, vous rendez – vous avez rendu, je crois – j'au cru
3. nous avons – nous avons eu, tu vends – tu as vendu, je sors – je suis sorti(e)
4. tu offres – tu as offert, vous lisez – vous avez lu, ils font – ils ont fait
5. ils peuvent – ils ont pu, tu veux – tu as voulu, nous devons – nous avons dû
6. il met – il a mis, il apprend – il a appris, j'ouvre – j'ai ouvert
7. nous voyons – nous avons vu, je sais – j'ai su, il vit – il a vécu
8. ils prétendent – ils ont prétendu, je mens – j'ai menti, vous êtes – vous avez été

173

1. Ma mère a vendu sa vieille voiture. **2.** Nadine a vu ce film au cinéma. **3.** Antoine a perdu son portable. **4.** Marc a attendu sa petite amie. **5.** J'ai reçu un texto. **6.** Ils nous ont offert un apéritif. **7.** Papa a ri de cette histoire. **8.** Elle a ouvert la lettre. **9.** Il a cru au Père Noël.

174

1. Non, nous avons déjà bu le champagne avec toi. Nous l'avons déjà bu avec toi. **2.** Non, vous avez déjà pris un bain. Vous en avez déjà pris un. **3.** Non, nous avons déjà demandé l'autorisation à la directrice. Nous la lui avons déjà demandée. **4.** Non, ils ont déjà lu ce journal. Ils l'ont déjà lu. **5.** Non, ils t'ont déjà donné ce cadeau. Ils te l'ont déjà donné. **6.** Non, j'ai déjà écrit à ma mère. Je lui ai déjà écrit. **7.** Non, j'ai déjà montré mes devoirs à mes parents. Je les leur ai déjà montrés.

175

1. vouloir – offrir – prendre – partir
2. rendre – mettre – devoir – tomber
3. plaire – vivre – savoir – servir
4. pleuvoir – écrire – sortir – aller
5. dire – pouvoir – avoir – boire

176

1. sommes sorti(e)s – avons bu **2.** a menacé **3.** a gagné – sont allés **4.** a été – est tombée **5.** est restée – a regardé **6.** ont rencontré **7.** est morte **8.** me suis blessé(e) – j'ai réparé

177

1. as déjà fait **2.** sont montées **3.** avez lu **4.** es rentrée – suis revenue **5.** avons descendu **6.** a eu – a gagné **7.** a sorti **8.** avons rentré

178

1. Nous sommes allés au cinéma et nous avons regardé un bon film. **2.** Elle s'est amusée hier soir et puis elle est partie pour Vienne. **3.** Il a monté le paquet sur l'armoire. **4.** J'ai été à Paris et j'y ai rendu visite à ma cousine. **5.** Qui a descendu la poubelle? **6.** Hier, nous avons couru plus d'une heure.

179

1. tu as ri – il est allé – je suis monté(e)
2. nous avons bu – tu as été – il est rentré
3. j'ai dit – vous êtes tombé(e)s – elle est née **4.** tu es sorti(e) – nous avons eu – j'ai plu
5. nous avons marché – ils ont appris – vous êtes arrivé(e)s

180

1. s'est excusée **2.** se sont habillées **3.** se sont enfuis, s'est approché **4.** s'est engagé **5.** se sont brossé, se sont couchés **6.** s'est fiancé **7.** nous nous sommes donné

181

1. est – a **2.** as **3.** a – est **4.** a – a **5.** est – a **6.** a (wegen des dir. Objekts) **7.** a **8.** a – a **9.** est – est **10.** a (wegen des dir. Objekts) – a

182

1. ont pris – Non, ils ne l'ont pas pris. **2.** a réparé – Oui, je l'ai réparé. **3.** avez mis – Je les ai mises sur le balcon. **4.** es allé(e) – Non, je n'y suis pas allé(e). **5.** a répondu – Non, on n'y a pas répondu. **6.** avez reçu – Non, je ne l'ai pas reçue. **7.** as rendu – Non, je ne l'ai pas encore rendu. **8.** avez offert – Non, je ne le leur ai pas offert. **9.** êtes allé(e)s – Non, nous n'y sommes pas allé(e)s. **10.** a lu – Oui, elle les leur a lues. **11.** est allée – Oui, elle est allée la chercher. **12.** es parti(e) – Non, je n'y suis pas parti(e). **13.** a attendu – Non, il ne l'y a pas attendu. **14.** Vous vous êtes promené(e)s – Oui, nous nous sommes promené(e)s avec eux. **15.** t'es réjoui(e) – Oui, je m'en suis réjoui(e).

183

1. j'ai reçu – est morte **2.** allons partir – y avons fait – nous a invités **3.** sommes entré(e)s – Nous nous sommes assis(es) – avons commandé – a apporté – avons trinqué **4.** Hans travaille – n'a fini – s'est couché **5.** avons rendu – nous a fait – J'ai aimé **6.** J'ai joué – suis allé(e) – j'ai acheté **7.** est rentré – a raconté

17. Kapitel: *LA VOIX PASSIVE* – Die Leideform (Passiv)

184

1. Cet homme célèbre a été salué par ... **2.** La cuisine est rangée par ... **3.** Le journal est lu par ... **4.** Le chat va être retrouvé par Mme ... **5.** La belle chanteuse est accompagnée au piano par Nicolas. **6.** Le renard est apprivoisé par ... **7.** Les poèmes sont lus en public par ... **8.** La star a été prise en photo par ... **9.** Le match contre Marseille a été gagné par ... **10.** La balle a été perdue par ...

185

1. *«La vie en rose»* a été chantée par Edith Piaf dans les années quarante. **2.** Cette vieille chaîne a été estimée à 500 euros par un expert. **3.** Est-ce que tous ces tableaux ont été peints par Picasso? **4.** Normalement, les vélos volés ne sont pas retrouvés. **5.** Cette entreprise sera achetée bientôt par un groupe japonais. **6.** *«Le Parfum»* n'est plus joué dans nos cinémas. **7.** *«Le parfum»* a été écrit par Patrick Süskind. **8.** La nouvelle est diffusée par tous les journaux.

186

1. a été interrogé **2.** soyez examiné(es) **3.** sera terminé **4.** n'étaient pas vus **5.** a été oublié **6.** aurait été battue **7.** a été construite **8.** a été abandonnée

187

1. Ma grand-mère aurait été blessée par le cambrioleur si ... **2.** Cette chanson sera certainement passée à la radio. **3.** Notre prof a été déçu par les résultats de l'examen. **4.** Nous serons invité(e)s en Autriche par Benoîte. **5.** Le spectacle va être apprécié par les enfants. **6.** Les meubles ont été emmenés dans le nouvel appartement par les déménageurs. **7.** Les filles ont été vues au cinéma ... **8.** La ville aura été détruite par l'hurricane.

188

1. par **2.** par **3.** de **4.** de **5.** par **6.** de **7.** par **8.** de **9.** par

189

1. Il m'a dit que la piscine serait ouverte demain. (indir. Rede!) **2.** Il est frappant que cet écrivain ne soit pas connu dans notre pays. **3.** Il y a deux semaines, ces objets ont été découverts en Grèce. **4.** Il souhaite que ce poème soit appris par cœur par tous ses élèves. **5.** Il faut que la facture soit payée immédiatement. **6.** Les règles doivent être respectées exactement. **7.** Les surgelés doivent être conservés au congélateur. **8.** Demain, cet acteur sera enterré en présence du Ministre de la Culture.

190

1. Le responsable de ce cambriolage a été emprisonné. **2.** ... que les vitrines aient été décorées. **3.** ... que ces bâtiments aient été détruits. **4.** La nature devrait être respectée par tout le monde. **5.** ... que tous les prisonniers politiques soient libérés. **6.** Les téléphones mobiles doivent être interdits aux cafés. **7.** Gisèle a été transformée par l'amour.

191

1. Malheureusement, l'exposition n'a pas été visitée par beaucoup de personnes. **2.** Cette composition a été écrite par l'un des meilleurs élèves. **3.** L'alcool est interdit aux jeunes au-dessous de 16 ans. **4.** La mer près des îles est couverte d'une grande nappe de pétrole depuis hier. **5.** Les pièces de l'auteur, par qui le régime a toujours été (était toujours) critiqué, ont été tout simplement interdites. **6.** En France, la cigarette est interdite dans tous les lieux publics. **7.** Les vêtements en solde ne sont pas échangés.

192

1. … qu'on n'ait pas vendu ses œuvres. **2.** … qu'on ne connaisse pas ce bon musicien. **3.** On a été confronté à un problème sérieux. **4.** On copie les CD de façon illégale. **5.** … si on a rendu public son adresse? **6.** On a fermé l'autoroute à cause d'un accident. **7.** On va élire un nouveau Président prochainement en France. **8.** On va supprimer les places de parking gratuites.

193

1. C'est une histoire captivante qui se lit facilement. **2.** Pour les enfants, une langue étrangère s'apprend vite. **3.** … comme ça ne se construisent pas en quelques mois. **4.** … que ces phrases se traduisent autrement? **5.** Avant Noël, les jeux vidéo se vendent très bien. **6.** En France, les crêpes se mangent aussi avec du fromage. **7.** Un œuvre de Picasso ne se trouve pas facilement. **8.** … que ce mot ne s'écrit pas avec «h».

194

1. Aujourd'hui, on écrit un courriel souvent en minuscules. **2.** … que ton explication sera comprise? **3.** …que le devoir soit fait jusqu'à mardi. **4.** Ce théâtre a vraiment été construit en trois mois? **5.** Une cigarette a causé cet incendie qui a dévasté tout le village. **6.** On n'a pas suffisamment répété la leçon. **7.** Des chansons des Beatles ont été reprises par ce groupe pour faire un nouvel album. **8.** On a bien vendu les places pour le concert de Michel Polnareff. **9.** Depuis longtemps, on a envoyé les invitations pour ton anniversaire.

195

1. Après les concerts, on aime aller au restaurant italien à côté. **2.** On travaille d'une façon très productive dans cette entreprise. **3.** On aime boire du vin blanc avec le poisson. **4.** Tu dois comprendre que cela ne se dit pas. **5.** Les spaghettis ne se mangent pas avec un couteau et une fourchette. **6.** On ne comprend pas ce manuel. **7.** On a arraché une dent malade à Anna. **8.** Mon nom ne s'écrit pas comme ça.

18. Kapitel: *LES PRONOMS PERSONNELS* – Die persönlichen Fürwörter (Personalpronomen)

196

1. Maman va la lui demander. **2.** L'enfant la lui montre. **3.** … beaucoup à eux. **4.** Ils y sont allés avec eux. **5.** Ne le leur prête pas. **6.** La voisine s'en est occupée. **7.** Anne s'y intéresse. **8.** J'y pense toujours.

197

1. Vous prenez aussi du café? Madame, qu'est-ce que vous voulez boire? **2.** Qu'est-ce que tu fais aujourd'hui? Qu'est-ce qu'ils font? **3.** Où est-ce que vous allez? Vos accompagnez votre frère à l'école? **4.** Ils savent ce qu'ils doivent faire. **5.** Vous ne pouvez pas faire ça. Vous ne pouvez pas faire ça. **6.** Elle ne dit pas à ses parents où elle va. **7.** Qui êtes-vous? D'où est-ce que vous me connaissez?

198

1. Oui, je les ai mis sur … **2.** Oui, elle l'a fait toute seule. **3.** Oui, je l'ai déjà écrit. **4.** Oui, elle l'a déjà rendu à son amie. **5.** Oui, nous l'avons déjà donnée à la réceptionniste. **6.** Oui, je les ai lus au lycée. **7.** Oui, nous l'avons déjà vu.

199

1. Oui, nous leur avons écrit une carte. **2.** Oui, je lui rends visite. **3.** Oui, elle leur montre les jupes. **4.** Oui, elle lui a déjà téléphoné. **5.** Oui, nous lui ouvrons la porte. **6.** Oui, il lui prête sa voiture. **7.** Oui, ils leur envoient ces dessins.

200

rot = einmal unterstrichen
blau = zweimal unterstrichen
1. à M. Leclerc – lui **2.** te; cette histoire – la **3.** nous; le logarithme – l' **4.** vous; ces informations – les **5.** vos clés – les, à cet homme – lui **6.** le dictionnaire – le; aux candidats – leur **7.** vous; quelques bouteilles de vin – les **8.** les enfants – les **9.** l'argent – l', à votre amie – lui **10.** à tous ses élèves – leur

201

1. Tu as déjà demandé à Anne si elle t'aide? **2.** Pourquoi est-ce que tu ne les aides pas? **3.** Où est-ce que je pourrais parler à votre directeur? – Vous le rencontrez au café. **4.** Il l'a attendue devant le bar. Il les a attendu(e)s devant le bar. **5.** Tu me prêtes ton vélo? – Oui, tu le trouves dans le garage. **6.** Nous allons lui écrire une lettre et nous allons lui dire quand nous allons la rencontrer. **7.** Quand est-ce que vous m'apportez la carte? Je l'attends depuis un quart d'heure.

202

1. l' – le **2.** la **3.** la **4.** m' – l' – le **5.** nous – l' **6.** m' – te **7.** m' – les **8.** les – leur

203

1. Je lui ai expliqué ... **2.** Tu le vois ... **3.** Je vais les voir ... **4.** Nous lui avons dit ... **5.** Nous leur avons déjà rendu ... **6.** Nous allons vous présenter ... **7.** Elle vous a expliqué ... **8.** Je l'avais vue ... **9.** Quand est-ce que tu vas me montrer ...

204

1. C'est moi qui lui ai conseillé ... **2.** Oui, bien sûr, elle peut la faire. **3.** Je veux lui donner un DVD. **4.** Non, ils ne vont pas l'apporter. **5.** Je l'ai trouvée à l'aide d'une amie. **6.** Je vais (te) les rendre demain. **7.** Il leur a interdit de jouer dans la cour. **8.** Je veux l'écrire pour m'excuser. **9.** Non, on ne va pas lui offrir ce poste. **10.** Mais si, je t'ai appelée hier soir. **11.** Il va les rendre demain, j'en suis sûre.

205

1. Je veux les appeler demain. Je veux l'appeler demain. **2.** Le grand secret? Elle l'a confié à son père. **3.** Nous vous avons offert un apéritif. **4.** Il peut vous montrer le chemin ... Je crois qu'il le connaît. **5.** Nous voulons les inviter. Nous voulons l'inviter. Nous voulons vous inviter. **6.** Nous l'aiderons volontiers, parce que nous l'aimons vraiment. **7.** Il ne vous a pas parlé du travail. **8.** Tu dois me demander, si tu peux m'aider.

206

1. Il en parle beaucoup. **2.** On en fait un ensemble? **3.** – **4.** – **5.** J'en suis sûr. **6.** Inge aime en parler. **7.** Qu'est-ce que tu en penses? **8.** – **9.** Je m'en souviens. **10.** Qui s'en occupe? **11.** – **12.** Elle n'en écrit plus beaucoup.

207

1. Je vais lui offrir des fleurs. **2.** Oui, j'en prends deux. **3.** Je l'ai trouvé derrière la maison. **4.** Non, je ne peux pas leur montrer la ville. **5.** Non, il n'en est pas encore sorti. **6.** Non, je ne les comprends pas. **7.** Non, on n'en a plus. **8.** Oui, il m'en a laissé plusieurs. **9.** Oui, il les a laissées chez moi. **10.** Non, nous n'en venons pas directement.

208

1. Je l'ai vu **2.** Oui, je l'ai goûté. **3.** Il est fier de lui. **4.** Elle a besoin d'eux. **5.** Je n'en ai pas pris. **6.** Elle n'en parle pas.

209

1. Oui, il téléphone à sa petite amie. **2.** Non, je n'y ai pas répondu. **3.** Oui, nous y avons de la neige. **4.** Non, il n'y est pas. **5.** Oui, j'y ai mal. **6.** Oui, elle a découvert ce restaurant. **7.** Oui, ils y pensent toujours. **8.** Oui, elle y a participé. **9.** Oui, j'ai envoyé une carte de Lyon. **10.** Oui, il s'y intéresse. **11.** Oui, elles y ont des problèmes. **12.** Oui, j'y habite. **13.** Oui, ils y sont déjà entrés.

210

1. Tu y penses déjà. **2.** Nadine s'en réjouit. **3.** Elle est amoureuse de lui. **4.** Je ne m'y suis pas encore habitué. **5.** Elle y reste encore. **6.** Je pense quelquefois à elle. **7.** Je m'en contente. **8.** Il en fait partie. **9.** Ils y sont allés. **10.** Tu viens chez nous à la Pentecôte. **11.** Elle en parle toujours. **12.** Son frère ne s'y intéresse plus. **13.** Vous en êtes satisfait. **14.** Ces élèves y pensent seulement/pensent seulement à ça.

211

1. Je les ai mises sur la table. **2.** Non, il n'en est pas content. **3.** Non, je ne les y ai pas mises. **4.** Oui, je les lui apporte. **5.** Non, mais il leur en a présenté beaucoup. **6.** Oui, elle va l'y rencontrer. **7.** Non, vous ne l'y voyez pas. **8.** Oui, j'en ai envie. **9.** Non, nous allons en manger au moins deux.

212

1. Tu l'y as trouvé? **2.** Elle me l'a donnée. **3.** Je les y ai vus. **4.** Tu la lui as déjà montrée? **5.** Il leur en a écrit. **6.** La marchande lui en vend. **7.** Je veux t'y voir. **8.** Il nous les a donnés.

213

1. Elle n'aime pas la leur montrer. **2.** Nous le lui avons redonné. **3.** Elle ne le lui a pas donné. **4.** Je peux la leur lire. **5.** Tu nous les présentes. **6.** Vous les lui empruntez. **7.** Il nous l'a toujours dite. **8.** Mon père ne le lui a jamais demandé. **9.** Je viens de la leur décrire.

214

1. Il l'y a retrouvé. **2.** Je l'y ai vue. **3.** Elle en y a bu deux. **4.** Elle les y avait trouvés. **5.** Je ne veux pas la lui prêter. **6.** Les élèves ne les lui ont pas encore rendus. **7.** Nous n'allons pas lui en donner. **8.** On ne nous y en a pas offert beaucoup. **9.** J'aimerais vous en organiser. **10.** Florence te la prépare.

215

1. Non, ils ne se rencontrent pas chez elle ... **2.** Non, elle n'est pas amoureuse de lui ... **3.** Non, ils ne se moquent pas de lui ... **4.** Oui, il a vraiment acheté ces roses pour elle. **5.** Mais je veux partir sans eux. **6.** Oui, j'ai vraiment rêvé d'elle. **7.** Oui, je vais faire ce projet avec lui. **8.** Non, ne la prends pas après elle.

216

1. C'est elle que j'ai vue ... **2.** C'est lui qui a mangé ... **3.** C'est lui qui est ... **4.** C'est eux que vous avez présentés ... **5.** C'est/Ce sont eux qui font ... **6.** C'est/Ce sont eux que nous invitons souvent. **7.** C'est à eux que je demande ... **8.** C'est de lui qu'elle parle toujours.

217

1. Oui, elle pense à lui. **2.** Non, je ne veux pas partir sans elle. **3.** Oui, j'en ai peur. **4.** Non, il n'a pas peur de lui. **5.** Oui, elle s'occupe d'eux. **6.** Oui, c'est vraiment pour elle. **7.** Oui, je veux leur offrir ce champagne. **8.** Non, elle ne s'est pas confiée à eux. (*se leur* ist nicht kombinierbar)

218

1. Oui, nous y sommes allés avec lui. **2.** Non, il ne lui en a pas acheté. **3.** Oui, je le lui ai écrit. **4.** Non, nous ne nous sommes pas encore habitués à eux. **5.** Oui, il en a commandé trois. **6.** Oui, nous nous sommes adressés à lui-même. **7.** Non, il n'a pas besoin de lui pour le faire. **8.** Oui, tu peux la faire avec lui.

219

1. Demande-lui de t'aider. **2.** Explique-leur ce problème. **3.** Téléphone-nous ce soir. **4.** Rendez-les à mon frère. **5.** Rendez-lui les disques. **6.** Offre-leur des fruits. **7.** Allez-y. **8.** Achète-moi de la viande. **9.** Rapportez-moi le courrier. **10.** Donnons-leur le bain. **11.** Appelle-la ce soir. **12.** Redonne-nous (-moi) tes DVD demain. **13.** Fais l'attendre.

220

1. Rappelle-lui la rencontre/le rendez-vous. **2.** Aidez-le. Aide-moi. **3.** Attends-moi devant le cinéma. **4.** Lis-le encore une fois. **5.** Apportez-moi les devoirs. **6.** Ces régions sont vraiment belles, visitez-les. **7.** C'est un très bon restaurant. Allez-y. **8.** Montre-leur tes photos. Montre-les-leur. **9.** Demande-leur s'il te prête un livre. **10.** Lève-toi enfin. Dépêche-toi. **11.** Ne lui donne plus de cigarette. **12.** Ne lui achète plus de livres, il ne les lit pas. **13.** Taisez-vous. Ne me contredisez pas. (Achtung: Ausnahme bei *contredire*!)

221

1. Écrivez-la-lui. **2.** Tournez-les. **3.** Ne le prends pas. **4.** Faites-le chauffer à 180 degrés. **5.** Raconte-la-leur. **6.** Profitez-en. **7.** Présentez-le-leur. **8.** Apprenez-le par cœur. **9.** Ne les mangez pas. **10.** Prenez-les. **11.** Regarde-la.

19. Kapitel: *LE PLUS-QUE-PARFAIT* – Die Vorvergangenheit (Plusquamperfekt)

222

1. j'avais bu – tu étais descendu(e) – j'avais été
2. nous avions su – ils avaient offert – nous étions arrivé(e)s
3. tu t'étais ennuyé(e) – vous étiez venu(e)s – ils avaient eu
4. nous étions parti(e)s – ils avaient su – j'avais voulu
5. tu t'étais amusé(e) – ils étaient allés – nous avions dû
6. je m'étais levé(e) – ils avaient pu – vous aviez fait
7. elle était sortie – nous avions appelé – il avait jeté
8. il avait attendu – nous avions mis – elle était descendue
9. nous avions pris – elle était morte – il avait plu
10. tu étais resté(e) – j'étais devenu(e) – il avait suivi

223

1. j'ai pensé – tu avais été – il avait chanté
2. j'avais eu – tu as dit – nous avions écrit
3. vous êtes venu(e)s – il s'était amusé – tu t'étais loué(e)
4. il était devenu – j'ai nagé – nous avons pris
5. ils avaient joué – il avait appris – tu es sorti(e)
6. j'avais bu – il a lu – nous avions ri
7. tu es parti(e) – tu as vendu – il avait acheté
8. elle avait reçu – vous avez répondu – elle s'était intéressée
9. nous avons attendu – tu avais mangé – il a été

224

1. avait reçu – savait **2.** avait essayé – a perdu – a giflé – l'avait trompé **3.** avait déjà lu – le lui avait acheté **4.** ont pris – avaient déjà trop marché **5.** est allée – avait commandé **6.** a fait – avait habité **7.** n'a pas rendu – lui avait prêtés **8.** regardait – avais fait **9.** étions allé(e)s – sommes arrivé(e)s **10.** j'ai relu – j'avais écrit **11.** faisait – avait annoncé **12.** n'a pas compris – lui avait expliqué **13.** avait oublié – ils ont dû **14.** n'ont pas vu – était déjà entré – ont continué

225

1. ... que ses grands-parents avaient fait fortune et qu'ils avaient acheté cette maison pour sa mère qui la lui avait laissée. **2.** ... qu'ils étaient arrivés à l'heure à la gare mais qu'ils n'avaient pas trouvé de taxi après et qu'ils avaient dû prendre le métro. **3.** ... qu'il avait perdu les livres qu'il avait empruntés à la bibliothèque et qu'il allait devoir les rembourser.

226

1. Si Mario avait roulé plus lentement, il n'aurait pas payé 300 Euros. **2.** Colette ne serait pas devenue célèbre si elle n'avait pas écrit ce roman. **3.** Si Isabelle avait choisi de rester, elle aurait fait la connaissance de Camille. **4.** Si elle avait dit la vérité, je lui aurais pardonné. **5.** Si tu m'avais appelé(e), je serais venu(e) aussitôt.

227

1. Après que Nicolas nous avait mis en garde contre les gangsters, nous avons quitté le pays aussitôt. Après avoir quitté le pays, nous l'avons appelé. **2.** La police a pu arrêter les gangsters après que nous les avions décrits. Après que nous étions revenu(e)s, un magazine nous a demandé de raconter ce que nous avions vécu. **3.** Après que nous avions lu le reportage, je me suis demandé si j'avais vraiment raconté notre aventure comme ça.

228

1. Après que Nicole avait souri à Dominique au cours, il l'a invitée à boire un café. **2.** Après avoir terminé sa symphonie, ce compositeur s'est suicidé. **3.** Après que les invités étaient partis, Nicole et Mehdi ont fait la vaisselle. **4.** Après avoir passé l'examen, Nicole était soulagée. **5.** Après qu'elle lui avait parlé, Cédric est devenu tout rouge. **6.** Après avoir lu toute la nuit, il a dormi toute la journée.

229

1. a vendu – lui avait acheté **2.** suis arrivé(e) – avaient déjà fermé **3.** avons vu – était – avions achetées **4.** est venu – avions déjà éteint **5.** n'ai jamais reçu – j'avais commandés **6.** était déjà morte – est arrivée

20. Kapitel: *LES ADJECTIFS ET LES PRONOMS POSSESSIFS* – Die besitzanzeigenden Begleiter und Fürwörter (Possessivpronomen)

230

1. ses **2.** mon **3.** son – son **4.** ses – leurs **5.** mes – ma **6.** leur – leur – Leurs **7.** nos – notre **8.** ton – ta **9.** mon – sa **10.** votre **11.** sa – ses **12.** son – Sa **13.** leurs – leurs – Leurs – Ma

231

1. Elle nous montre sa chambre et ses CD. **2.** Est-ce que c'est son eau? **3.** Nous voulons passer une semaine dans votre hôtel avec nos amis. Pourriez-vous nous envoyer vos prospectus? **4.** Sa patronne va le présenter à son mari et à ses enfants. **5.** Pourriez-vous me présenter à votre mari et à vos parents? **6.** Nous voulons rendre visite à notre ami Monsieur Perez. Quel est son numéro de chambre? Son prénom est Georges. **7.** Madame et Monsieur Maure rencontrent leurs amis devant le Centre Pompidou. Leur fille est malade, c'est pourquoi elle ne pouvait pas accompagner ses parents. **8.** Notre professeur a oublié ses clés dans notre école. Maintenant, elle attend son fils devant la porte et corrige nos interrogations pour faire passer son temps. **9.** Mon ordinateur est en réparation. Je vais consulter mes e-mails chez mon voisin.

232

1. Vous venez à leur fête? Vous venez à sa fête? **2.** Donnez-moi leurs livres. Donnez-moi ses livres. **3.** Votre chanteur/Leur chanteur/Son chanteur plaisait à vos invités. **4.** Leurs/Ses/Vos amies ont acheté leurs/ses tableaux.

233

1. Oui, ce sont les siens. **2.** Non, ce sont les leurs. Oui, ce sont les miennes. **3.** Oui, ce sont les leurs. **4.** Oui, ce sont les nôtres. Non, ce sont les siens. **5.** Oui, ce sont les nôtres. Non, ce sont les siens. **6.** Non, c'est la mienne. **7.** Oui, c'est la sienne. Non, c'est la mienne, **8.** Oui, ce sont les tiens. **9.** Non, c'est la sienne. **10.** Oui, c'est la sienne. **11.** Non, ce sont les leurs. **12.** Oui, c'est le mien. **13.** Non, c'est le sien. Oui, c'est le mien.

234

1. mon – Ma - mon – sienne **2.** son – ses – siens **3.** leur – mien **4.** Son – mien – nos – Notre – nos – leur – miens **5.** vos – ta – tienne – vos

235

1. Il a rangé mes livres et les siens. **2.** Prenez ma tasse et donnez-moi la vôtre, la sienne, la leur. **3.** Comme il a oublié son huile solaire, il s'est servi de la mienne. **4.** Elle a gardé sa clé et a rendu les leurs. **5.** Les deux ont parlé avec leur patron de leurs projets et des miens. **6.** Cette semaine, vous allez garder nos enfants et la semaine prochaine, nous garderons les vôtres.

21. Kapitel: *LE PRÉSENT* – Die Gegenwart (Präsens)

236

1. désirez – prends – suis – ne servons pas – vient **2.** s'approche – voyez – pêche – j'apprends **3.** demandent – Dites – rend – voulez – répond **4.** faites – ai **5.** adore – est – a

237

1. je viens – nous sommes – je sais – tu as
2. ils arrivent – je me tais – vous lisez – nous buvons
3. nous prenons – ils tiennent – tu comprends – nous écrivons
4. tu parles – ils choisissent – je finis – tu ouvres
5. je sors – ils partent – vous entrez – nous disons
6. je vais – ils viennent – tu termines – vous faites
7. nous devons – il faut – je veux ils peuvent
8. je mets – tu vends – ils veulent – il doit
9. nous réagissons – tu sens – il couvre – il conduit
10. je bats – il croit – nous connaissons – ils plaisent
11. tu suis – nous vivons – je dors – ils vont
12. il offre – je peux – vous servez – tu reçois
13. ils paient – ils doivent – nous disons – je ferme
14. je prends – tu fais – vous savez – je vois

22. Kapitel: *LES PRONOMS RELATIFS* – Die bezüglichen Fürwörter (Relativpronomen)

238

1. dont – dont – qui – qui – duquel **2.** qui – dont – laquelle – qui – laquelle **3.** qui – qui – dont – dont – qui **4.** qui – dont – dont – de laquelle – qui – qu' **5.** où – qu' – où – laquelle – dont – dont

239

1. Le groupe que tu as déjà vu, a présenté son nouveau CD dont il est très content. **2.** Les deux ont quelques problèmes dont ils ne parlent pas et qu'ils aimeraient ignorer. **3.** Nous avons invité un ami qui a quatre enfants et dont la femme est une auteur que chacun connaît chez nous. **4.** Elle enseigne dans une école dans les classes de laquelle il y a beaucoup d'élèves qui auraient besoin d'aide individuel. **5.** C'est exactement ce dont j'ai besoin, dont j'aurais envie.

240

1. J'habite dans un studio qui est … **2.** Jérôme répare une mobylette qui est … **3.** Alice porte une valise qui est … **4.** Saint-Exupéry a écrit un conte qui s'appelle … **5.** Son grand-père possède un bateau qui a navigué … **6.** Elle a un problème qui l'ennuie beaucoup.

241

1. que **2.** qui **3.** qui **4.** que **5.** qui **6.** qui **7.** que **8.** que **9.** que

242

1. Il vient d'acheter un scooter qui va plaire… **2.** J'ai acheté un portable qui était le… **3.** Elle s'est fait un sandwich qu'elle va manger à midi. **4.** C'est un jeune homme studieux qui ira loin. **5.** J'ai croisé un acteur que j'ai vu dans un bon film. **6.** Marc rend visite à sa grand-mère qui est … **7.** Je fais une croisière que j'ai gagnée à un jeu télévisé. **8.** Tu t'occupes du courrier que je n'ai pas eu le temps de traiter hier.

243

1. qui ne voulais pas **2.** que tu as achetée? **3.** qui avez fait **4.** qu'il a invitée **5.** que ma sœur a vendues **6.** qui as ouvert

244

1. Nous avons acheté la maison que nos voisins ont vendue. **2.** Nous avons maintenant un grand jardin que les enfants aiment. **3.** J'ai trouvé les livres que j'ai cherchés. **4.** Prends le bus qui passe par notre maison. **5.** Julia a perdu l'écharpe que je lui ai offerte (donnée) pour son anniversaire. **6.** Elle regarde le DVD qu'elle a acheté hier.

245

1. Ce qui – ce que **2.** ce que **3.** Ce qui **4.** ce qui **5.** Ce qui **6.** ce que – ce qui **7.** Ce qui

246

1. qui – qu' – ce qu' **2.** ce qui **3.** ce qui **4.** que **5.** qui **6.** qu' **7.** qui **8.** que **9.** ce que

247

1. Le directeur dit au garçon qu'il interroge: «Dis-moi tout ce que tu sais et ce que tu as vu. Décris-moi les gens avec qui tu as parlé.» **2.** Elle me montre l'acteur à qui elle a parlé et à qui elle a demandé son adresse (l'adresse). **3.** Son frère, qui vit aux Etats-Unis et qu'il va rencontrer aujourd'hui, sait toujours ce qu'il veut. **4.** Il est celui à qui les autres s'intéressent, que beaucoup de gens admirent et pour qui les parents font tout ce qu'ils peuvent faire. **5.** C'est l'homme à qui Pépé a vendu sa vieille voiture! **6.** Un cannibale demande à sa femme avant le dîner: «C'est quelqu'un que nous connaissons (qu'on connaît)?»

248

1. qui **2.** quoi **3.** qui **4.** que **5.** quoi **6.** qui **7.** que **8.** qui **9.** quoi **10.** qui **11.** que **12.** que **13.** qui

249

1. … le quartier Latin où se trouve la Sorbonne. **2.** … un de mes profs que j'apprécie vraiment. **3.** … de Marc Chagall qui représente … **4.** … cette région où (dans laquelle) on trouve beaucoup … **5.** … dans ce quartier où (dans lequel) il y a beaucoup … **6.** … cette musique que j'écoute pour m'endormir. **7.** … avec Sonia qui est son amie d'enfance. **8.** … la robe noire que j'avais essayée hier. **9.** … une guitare qui a appartenu … **10.** … un hérisson que Gilles a trouvé dans le jardin.

250

1. Les cadeaux avec lesquels le père est arrivé plaisaient à tout le monde. **2.** Voilà une carte de la région sans laquelle tu ne devrais pas partir. **3.** Le mur contre lequel il s'adosse/s'appuie est fraîchement peint /vient d'être peint. **4.** Ce sont des pays dans lesquels on ne devrait pas aller en ce moment. **5.** Ils avaient des idées pour lesquelles il valait la peine de lutter. **6.** Donne-moi les deux revues dans lesquelles tu as lu l'article sur le docteur Tomatis. **7.** Il l'a aidé à installer l'ordinateur pour lequel il n'a payé que peu d'argent. **8.** Comment s'appelle le fleuve sur lequel Londres est situé? **9.** Le cambrioleur n'a pas cassé la fenêtre par laquelle il est entré dans la maison. **10.** La chaise sur laquelle tu es assis(e) n'a que trois pieds.

251

1. à qui / auquel **2.** auxquelles **3.** lesquels **4.** auxquelles **5.** auxquelles **6.** auquel **7.** lesquelles **8.** à qui **9.** à qui **10.** auxquelles **11.** lequel

252

1. de laquelle **2.** duquel **3.** desquels **4.** duquel **5.** laquelle **6.** desquels **7.** de laquelle

253

1. … mauvaise proposition sur laquelle il ne faut pas revenir. **2.** … une semaine en Italie au cours de laquelle j'ai … **3.** … de cette réunion pendant laquelle mon portable a sonné. **4.** La maison sur la fenêtre de laquelle Claude est assis a appartenu à Malraux. **5.** … une nouvelle vie à laquelle il faut s'habituer. **6.** … du jardin sous lequel une famille d'écureuils vit. **7.** Voici des gouttes grâce auxquelles tu n'auras …

254

1. Ce sont les films au cours desquels l'agent de police est chaque fois le criminel, que la télé nous offre, à la fin desquels nous sommes ennuyé(e)s, desquels personne n'est content. **2.** C'est ma mère qui sait très bien faire la cuisine, chez qui j'aime manger, à qui nous aimons rendre visite, qu'on aime, de qui tous mes amis se souviennent, avec qui je sors souvent. **3.** Ce sont les lettres sur les enveloppes desquelles elle a laissé couler des larmes, dans lesquelles elle lui avoue son amour, qu'elle a finalement oubliées dans son bureau.

255

1. … à pois verts dont je me suis moqué. **2.** … mon scooter dont il a profité … **3.** … une maladie dont elle est morte. **4.** … un poème dont il se souvient très bien. **5.** … de nouvelles lunettes dont elle se plaint. **6.** … le tonnerre dont ils ont peur. **7.** … un ancien collègue dont je me souviens très bien. **8.** Les enfants dont Gisèle s'occupe sont handicapés. **9.** … une voiture noire dont elle a envie. **10.** … leur mariage dont les amis se réjouissent. **11.** … un plan social dont les syndicats discutent. **12.** … d'une fraîcheur parfaite dont le marchand s'assure.

256

1. Le travail dont je rêve n'a pas encore été inventé. **2.** Les gens dont vous parlez doivent être vraiment intéressants. **3.** Pourquoi est-ce qu'il veut épouser la femme dont il se plaint toujours? **4.** Son nom est la seule chose dont il se souvient. **5.** Tout ce dont ils ont envie c'est regarder la télé et manger. **6.** Je ne connais pas les livres dont il est si fier. **7.** La fille dont le manteau est rouge – nous l'appelons le Petit Chaperon Rouge.

257

1. dont **2.** auxquelles **3.** à quoi **4.** dont **5.** dont **6.** que **7.** auquel **8.** dont – dont **9.** dont **10.** qui – dont **11.** dont

258

1. à qui – qui – qui **2.** que – qui – qui – lequel – duquel **3.** que – qui – qui – lesquelles – lesquelles – qui

259

1. laquelle – lequel – laquelle – qui – dont **2.** qui – dont – lequel – qui **3.** que – dont – quoi **4.** où – que – dont – que

260

1. dont – dont – qu' – que – qui **2.** dont – dont – qui – dont **3.** dont – qui – qui – qui **4.** dont – qui – qu' – lequel **5.** lequel – lequel – qui – qu' **6.** qui – qu' – dont – lequel **7.** dont – à qui – qui – qui **8.** qu' – dont – qu' – qui – qu'

261

1. ... son pantalon préféré dont le tissu est à carreaux. 2. ... une lettre dont je ne connais pas l'expéditeur. 3. ... son doctorat dont il est fier. 4. ... le roman dont je connais l'auteur. 5. ... Marc Lévy dont la mère est une amie de ma mère. 6. ... les Malin dont ma fille va garder les enfants. 7. ... concert de reggae dont elle se réjouit d'avance. 8. ... le dernier Woody Allen dont j'ai déjà lu la critique. 9. ... un gâteau italien dont Félix m'a donné la recette. 10. ... un nouvel appartement dont la fenêtre du salon donne sur le Champs de Mars.

262

1. Ces chaussures, dont les talons sont très hauts, me font mal aux pieds. 2. Mes enfants ont un professeur dont la voix est si basse qu'on le comprend à peine. 3. Cette organisation aide les enfants dont les parents sont morts dans un accident. 4. Séverine dont le frère est pilote prend souvent l'avion pour aller en Autriche. 5. Je n'ai aucune classe dont le niveau ne soit pas très élevé. 6. Bill et Tom sont des chanteurs dont le groupe a beaucoup de succès. 7. Véronique, dont les enfants sont encore très petits, vit de nouveau à Paris. 8. Achetez le livre dont votre professeur vous a recommandé la lecture.

23. Kapitel: *LA PROPOSITION CONDITIONNELLE* – Die *Si*-Sätze

263

1. ne me rend pas – serai 2. sortent – j'inviterai 3. feras – vole 4. as – cuisinerai 5. réussit – s'inscrira 6. rate – j'irai 7. obtiens – payerai 8. pensez – enverrez 9. se dépêche – attrapera

264

1. Pierre trichera aux cartes si vous ne faites pas attention. 2. Si le garçon casse ces verres, sa mère sera (est) fâchée. 3. Les plantes mourront si la température descend à zéro degré. 4. Le médecin viendra si le bébé est malade. 5. On jouera au scrabble si tu as envie. 6. S'il fait beau ce week-end, on fera un barbecue.

265

1. Si tu venais avec George, je n'irais pas au bal. 2. Si mon oncle n'était pas malade, je lui rendrais visite. 3. Si tu sortais plus souvent, tu connaîtrais plus de monde. 4. Si vous habitiez à Rome, vous parleriez italien couramment. 5. Si nous étions plus courageux, nous essaierions de sauter en parachute. 6. Si Kevin se taisait, il comprendrait mieux ce que le prof dit. 7. Mémé t'aiderait sûrement si tu lui parlais. 8. Je voyagerais plus si je travaillais moins.

266

1. Si tu veux en savoir davantage (plus), tu devras chercher sur Internet. 2. Sue serait jalouse si tu passais un weekend à Deauville avec son cousin. 3. Il ne chercherait pas de nouveau job s'il gagnait beaucoup comme professeur. 4. J'aimerais l'inviter s'il ne buvait pas toujours trop. 5. Si nous ne leur disons pas la vérité, ils n'auront plus confiance. 6. Si nous avions les mêmes règles, nous n'aurions pas de problèmes avec les propositions conditionnelles. 7. Si tu ne mets pas ton portable dans ton sac, je te l'enlèverai (je le prendrai). 8. Elle serait (bien) gentille si elle n'était pas aussi démodée. 9. Ce serait plus agréable si tout le monde éteignait son portable au restaurant.

267

1. j'avais su – j'aurais invité 2. aviez parlé – aurait compris 3. n'avais pas aidé – n'aurait jamais terminé 4. s'était couché – se serait réveillé 5. s'était occupée – seraient restés 6. avait cherché – elle aurait obtenu 7. j'étais venu(e) – m'aurais attendu(e)

268

1. avait regardé – aurait été 2. viens – te présenterai, venais – présenterais, étais venu(e) – t'aurais présenté(e) 3. j'avais trouvé – serais parti(e) 4. souhaites – éteindra – mettra, souhaitais – éteindrait – mettrais; l'avais souhaité – aurait éteint – aurait mis 5. consultez – ferez, consultiez – feriez, auriez consulté – auriez fait 6. vivais – saurais 7. passait – parlerait; avait passé – il parlerait 8. organisait – serait 9. propose – sera, proposais – serait 10. protestons – serons renvoyé(e)s; protestions – serions renvoyé(e)s

269

1. Je n'assisterais pas à ce cours si je m'ennuyais. 2. Tes parents n'auraient pas changé d'avis s'ils n'avaient pas fait la connaissance de ton ami. 3. Si tu ne téléphones pas moins, je ne te payerai plus ta facture. 4. Si mon travail vous coûte trop cher, vous devez chercher quelqu'un d'autre. 5. Il ne serait pas tombé s'il avait remarqué le chien. 6. Si vous m'aviez écouté(e) plus exactement, vous sauriez ce que vous devez (devriez) faire. 7. S'il apprend encore quelque chose aujourd'hui, il réussira à l'examen (il passera l'examen).

270

1. dormiras – pourras **2.** permettait (permet) – resterions (resterons) **3.** est tombé – se sont affolés **4.** était – avait **5.** avait (avait eu) – pourrait (aurait pu) **6.** écoute – répondra **7.** dois discuter – j'ai **8.** aura – pourra **9.** est rentré (rentrait = immer wenn) – j'étais

24. KapiteL: DER *SUBJONCTIF*

271

1. nous donnions – ils mettent
2. il vive – nous parlions – il vienne
3. vous finissiez – je meure – je dorme
4. tu couvres – tu coures – ils suivent
5. je rende – nous riions – j'apprenne
6. tu dises – nous écrivions
7. ils boivent

272

1. que tu prennes – je sente – ils partent
2. ils courent – nous prenions – je voie
3. vous intéressiez – ils descendent – nous ouvrions
4. ils aiment – j'attende – tu vendes
5. ils s'appellent – elle plaise – elle écrive
6. je m'installe – ils jouent – il pleuve
7. nous essayions – je réfléchisse – il obtienne
8. vous compreniez – tu fermes – il dise

273

1. que je veuille – tu sois – ils aillent
2. ils comprennent – j'attende – tu saches
3. tu puisses – j'aie – ils soient
4. je boive – ils sachent – je réussisse
5. nous décidions – tu découvres – il devienne
6. j'aille – il rende – nous rentrions
7. nous répondions – vous veniez – nous rangions
8. il faille – tu décides – il invite
9. il fasse – ils choisissent – nous dormions
10. je mette – il pleuve – j'appelle

274

1. n'ayez pas découvert **2.** soyez rentré(es) **3.** ne soit pas venue **4.** n'aies pas pu **5.** n'aient pas encore trouvé **6.** ne soyons pas monté(e)s **7.** ne l'ayons pas vue **8.** ne soient pas restées **9.** se soient amusées **10.** aient été **11.** ne se soient pas levés

275

1. Nos parents ne veulent pas que nous vivions en Espagne. **2.** Je regrette que Sabine ne comprenne pas les explications de son prof. **3.** Elle aime mieux que l'épreuve n'ait pas lieu. **4.** Ma mère attendait que nous rendions visite à notre grand-mère dimanche. **5.** Le prof exige que tu connaisses le poème de Goethe par cœur. **6.** Nous préférons qu'Eric aille au Japon avec Hisako. **7.** Ma mère désire que nous téléphonions à ma tante. **8.** Le médecin recommande que je fasse plus de sport. **9.** Elle refuse qu'on l'appelle «Madame». **10.** Le cuisinier évite que le repas brûle. **11.** Le surveillant ordonne que nous fassions moins de bruit. **12.** Les policiers empêchent que les voitures passent.

276

1. sache **2.** fasse **3.** sorte **4.** nous nous reposions **5.** ne mange rien **6.** ne devienne pas / ne soit pas devenu **7.** ne soit pas **8.** ait **9.** ne viennes jamais **10.** ait **11.** ne téléphonent pas **12.** portent

277

1. Il est grand temps que vous organisiez la fête. 2. Cela nous amuse que tu ailles au bal masqué déguisé(e) en ange. 3. Cela m'étonne que Valérie apprenne autant. 4. Cela ne suffit pas que tu saches tout ce que tu as écrit dans ton cahier. 5. C'est important qu'il reçoive le courriel (l'e-mail) demain. 6. Il se peut que nous voulions rester à la maison ce soir. 7. Nous regrettons que vous ne veniez pas dans notre hôtel. 8. Ses parents apprécient qu'il soit honnête. 9. Ils ont exigé que nous finissions notre travail en (dans) deux jours. 10. Nous vous permettons que vos clients utilisent notre parking le samedi. 11. Il vaut mieux que vous écriviez (rédigiez) le travail sur ordinateur. 12. Je propose que nous discutions du problème ensemble.

278

1. ait vendu 2. atteigne déjà / ait déjà atteint 3. sois rentré(e) 4. n'aies plus vu 5. soient déjà partis 6. ne puisses pas / n'aies pas pu 7. se rencontrent / se soient rencontrées 8. fassent 9. ne se lèvent pas / ne se soient pas levés 10. ne parlions plus / n'ayons plus parlé 11. sortes / sois sorti(e)

279

1. souffre 2. reviennent 3. se mariera 4. apprennent 5. te rendes 6. j'ai mis 7. ayons pris 8. n'ait pas perdu 9. apprécie 10. ne puissent pas 11. serai 12. mentez 13. ayons 14. soit 15. fait 16. va la chercher 17. se marie 18. soit

280

1. ait trouvé 2. ne vouliez pas – n'ayez pas voulu 3. fassions 4. allions 5. avions dansé 6. saute 7. décide – ait décidé 8. nous nous taisions 9. réponde 10. aille soit allé

281

1. Elle est persuadée d'avoir perdu son porte-monnaie au marché. 2. L'État exige que les troupes se retirent. 3. Agnès est désolée que son père ne puisse pas assister à son mariage. 4. Fabienne est fière que son fils ait gagné ... 5. Robert est fâché d'avoir oublié son ordinateur ... 6. Nous regrettons vivement de ne pas être invités ... 7. Jarek est surpris que Martin sache parler ... 8. Ma mère nous interdit de sortir avec Luc et Jean. 9. Madame Chaumon exige d'être au courant ... 10. Elle est satisfaite que son mari lui ait envoyé ... 11. Il trouve bizarre ne pas être invité ...

282

1. Nous vous montrons la chambre tout de suite afin que/pour que vous sachiez si vous voulez rester ici. Vous pouvez habiter chez nous jusqu'à ce que nous ayons besoin de cette chambre nous-mêmes. 2. Autant que je sache (je sois informé(e)), il a perdu son argent au casino. 3. Tu ne vas pas me quitter sans que j'apprenne la raison. 4. Bien que l'hôtel ne dispose que de peu de chambres, il n'est pas complet. 5. Aujourd'hui c'était leur 25ième jour du mariage sans qu'elle y ait pensé. 6. À condition que tes notes soient bonnes je te permets d'aller à Paris avec Etienne. 7. Bien que la robe ne lui plaise pas beaucoup, elle l'achète. Est-ce que tu comprends ça?

283

1. Je suis allé voir Séverine sans savoir si elle était à la maison. 2. ... toute la nuit pour que je puisse rester ... 3. Elle travaille comme fille au pair pour apprendre couramment ... 4. ... toute la maison avant que son mari soit rentré ... 5. Il a quitté la maison sans même lui dire au revoir. 6. Elle a enlevé ton assiette avant que tu aies eu le temps ... 7. ... est rentré à NY sans que je l'ai vu. 8. ... de la ville afin que nous trouvions les monuments. 9. ... le soir pour que les enfants puissent le prendre.

284

1. soit 2. vit 3. puisse 4. a mis 5. ait 6. tient 7. trahisse 8. puissions 9. semble 10. n'aient pas 11. a

285

1. sortes 2. sachent 3. qu'il n'y ait pas 4. apprenne/ait appris 5. fasse 6. vient 7. vienne 8. dise 9. prenait/prendrait/avait pris 10. ont 11. ne pratiquions pas 12. avait vu 13. appreniez

286

1. Qu'elle la rencontre! 2. Que vous la terminiez! 3. Que tu sortes avec lui! 4. Qu'ils sachent la vérité! 5. Que tu en manges! 6. Qu'elle leur rende visite! 7. Que vous en écriviez un! 8. Qu'elles y aillent!

VOCABULAIRE – VOKABELVERZEICHNIS

à temps rechtzeitig
absenter, se weggehen, sich entfernen
abus m. Missbrauch
accès m. Zutritt
accrocher aufhängen
acheter kaufen
acteur, -trice m. f. Schauspieler, -in
admettre zugeben
adorer verehren, anbeten
adresser à; s' sich wenden an
adversaire m. f. Gegner, -in
affaire f. Sache
affirmer behaupten
agacer ärgern
âge m. Alter
agenda m. Tagebuch
agir handeln
agneau m. Lamm
air m. Melodie
aisé, -e leicht; wohlhabend
allumer aufdrehen
allumette f. Zündholz
améliorer verbessern
amener mitbringen
amical, -le freundschaftlich
an m. Jahr
ancien, -ne frühere
année f. Jahr
anniversaire m. Geburtstag
annoncer ankündigen
apparant, -e offensichtlich
applaudir applaudieren
apprécier schätzen
apprendre lernen
approcher, s' sich nähern
arbre m. Baum
arme f. Waffe
arracher entreißen, ausreißen
arrêter aufhören; verhaften
arrivée f. Ankunft
arrondissement m. Bezirk
arroser gießen
assassiner ermorden
assez genug; ziemlich
assoir, s' sich setzen
attendre warten
attentif, -ve aufmerksam
atterrir landen
attraper erwischen
au début zu Beginn
au lieu de anstatt
au-dessus über
auprès de bei
aussitôt sofort
autrement anders
avant vor
avec mit
avenir m. Zukunft
avion m. Flugzeug
avoir besoin brauchen
avoir envie Lust haben
avoir faim Hunger haben
avoir honte sich schämen
avoir l'air aussehen
avoir lieu stattfinden
avoir peur Angst haben
avoir raison Recht haben
avoir soif Durst haben
avouer bekennen
bac(calauréat) m. Abitur, Matura
bagages m. pl. Gepäck
bague f. Ring
bain m. Bad
baisser (ab)senken
balade f. Spaziergang, Fahrt
banlieue f. Vorort
bas, -se tief
battre schlagen
bavard, -e geschwätzig
bavardage m. Schwätzen
bavarder plaudern
beau, bel, belle schön
bergère f. allemande Schäferhündin
bêtise f. Dummheit
bien que obwohl
bijou m. Schmuck
bistro m. Kneipe
blanc, -che weiß
blesser, (se) (sich) verletzen
blessure f. Verletzung
bleu ciel himmelblau
bleu, -e blau
boire trinken
boisson f. Getränk
bonnet m. Mütze
boom f. Fest
botte f. Stiefel
boucher m. Metzger; Fleischhauer
boulot m. (umg.) Arbeit
bouton m. Knopf, Pickel
bracelet m. Armband
bref, -ve kurz
brosser bürsten
brouillard m. Nebel
bruit m. Lärm
brûler brennen
bruyant, -e laut
bulletin m. Wahlzettel, Zeugnis
but m. Ziel; Tor
cacher, (se) (sich) verstecken
cahier m. Heft
cambriolage m. Einbruch
cambrioleur m. Einbrecher
campagne f. Land
capable fähig
car denn
casser (se) zerbrechen; sich brechen
cave f. Keller
célèbre berühmt
certain, -e sicher
cesser aufhören
chaise f. Sessel
chalet m. Hütte
chaleur f. Hitze

chance f.	Glück
chanceux, -se	glücklich
changer de	umsteigen
chanson f.	Lied
chanter	singen
chapitre m.	Kapitel
chasseur m.	Jäger
chaud, -e	heiß
chaussette f.	Socke
chaussure f.	Schuh
chemin m.	Weg
cher, -ère	teuer, lieb
chercher	suchen
cheval, -aux m.	Pferd
cheveux m. pl.	Haare
chez	bei
chien m.	Hund
chinois, -e	chinesisch
choisir	wählen
cidre m.	Apfelwein
circuit	Rundkurs
circulation f.	Verkehr
ciseaux m. pl.	Schere
clair, -e	klar
clé f.	Schlüssel
coiffer, (se)	(sich) frisieren
coin m.	Ecke
collants m. pl.	Strumpfhose
combien de	wie viel
comédie musicale f.	Musical
commander par correspondance	bei einem Versandhaus bestellen
comme	da; wie
compétitif, -ve	wettbewerbsfähig
comporter, se	sich benehmen
compositeur m.	Komponist
comprendre	verstehen
concerner	betreffen
concierge m. f.	Hausbesorger
concours m.	Wettbewerb, Ausscheidung
condamner	verurteilen
conducteur m.	(Auto)fahrer
conduire	fahren
confier à, se	sich anvertrauen
confiture f.	Marmelade
conflit m.	Konflikt
congélateur m.	Gefriertruhe
conjurer	beschwören
connecter	verbinden
connu, -e	bekannt
conseil m.	Ratschlag
conservateur, -trice	konservativ
conserver	bewahren, aufheben
constant, -e	beständig
constater	feststellen
construction f.	Bau
content, -e	zufrieden, glücklich
contenter, se	sich zufriedengeben
contraire	gegensätzlich
coopérer	zusammenarbeiten
copier	abschreiben
coquillage m.	Muschel
cornichon m.	Essiggurke
correspondant, -e	Brieffreund, -in
corriger	verbessern
coucher, se	schlafen gehen
coudre	nähen
couleur f.	Farbe
coupe f.	Haarschnitt
couple m.	(Ehe-)Paar
cour f.	Hof
cour m.	Kurs
courage m.	Mut
courir	laufen
courriel m.	E-Mail
courrier m.	Post
cours m.	Unterrichtsstunde
cours m. privé	Nachhilfe
court	kurz
couteau m.	Messer
crever	platzen
crier	schreien
croiser	kreuzen; treffen
croisière f.	Kreuzfahrt
croquant, -e	knusprig
crotte de chien f.	Hundekot
curieux, -se	seltsam, neugierig
dangereux, -se	gefährlich
débat m.	Debatte
decevoir	enttäuschen
déchirer	zerreißen
décisif, -ve	entscheidend
déclarer	erklären, angeben
découvrir	entdecken
deçu, -e	enttäuscht
défendre	verbieten
défenseur m.	Verteidiger
déjà	schon
déjeuner m.	Mittagessen
demain	morgen
demander	fragen
déménager	umziehen
démission f.	Rücktritt
démissionner	zurücktreten
démodé, -e	altmodisch
dépassé	veraltet
dépenser	ausgeben
déplorer	bedauern
déposer	ablegen
depuis	seit
député m.	Abgeordneter
déranger	stören
dérober	entwenden
dès que	sobald
descendre	hinuntergehen, -tragen
désespérer	verzweifeln
désolé	betrübt sein
dessin m.	Zeichnung
dessinateur m.	Zeichner
destin m.	Schicksal
détester	verachten
détruire	zerstören
devant	vor (örtl.)
devenir	werden
deviner	raten
devoir	müssen
dieu m.	Gott
digestion f.	Verdauung

diligent, -e	fleißig
dîner m.	Abendessen
dîner	zu Abend essen
dire	sagen
disparaître	verschwinden
disputer, se	sich streiten
donner	geben
dormir	schlafen
dossier m.	schriftliche Arbeit
douanier m.	Zöllner
doucher, se	sich duschen
doué, -e	begabt
douteux, -se	zweifelhaft
doux, douce	sanft, süß
drapeau m.	Fahne
droit m.	Recht
drôle	lustig, komisch
échanger	austauschen
écharpe f.	Schal
échec m.	Misserfolg
échecs m. pl.	Schach
échouer	versagen
éclair m.	Blitz; hier: Süßspeise
écologiste m	Umweltschützer
écrire	schreiben
écrivain m.	Schrifsteller
édifice m.	Gebäude
effet secondaire m.	Nebenwirkung
efficace	wirkungsvoll
effort m.	Anstrengung
embarquement m.	Einsteigen
embrasser	umarmen, küssen
émission f.	Sendung
emmener	mitnehmen
emploi m.	Anstellung, Posten
emprunter	ausborgen
ému, -e	bewegt
en face de	gegenüber
enchanté, -e	verzaubert
enchanter	bezaubern
encore	noch
endormir, s'	einschlafen
énerver	aufregen
enfant m. f.	Kind
enfer m.	Hölle
enfuir, s'	flüchten
engager, (s')	(sich) engagieren
ennuis m. pl.	Ärger
ennuyant, -e	langweilig
ennuyer, (s')	(sich) langweilen
enregistrement m.	Registrierung (Gepäckannahme)
enregistrer	aufnehmen
enrhumé, -e	erkältet
ensemble	miteinander
entendre	hören
entendre, s'	sich verstehen
enterrer	begraben
entraîneur m.	Trainer
entre parenthèses	in Klammern
entreprise f.	Unternehmen
entrer	eintreten
enveloppe f.	Umschlag
épais, -se	dicht
épanouir, se	sich entfalten
épinard m.	Spinat
épouser	heiraten
épouvantable	schrecklich
épreuve f.	Prüfung
escalier m.	Treppe
escalope f.	Schnitzel
escargot m.	Schnecke
Espagne f.	Spanien
espoir m.	Hoffnung
essayer	versuchen
estimer	schätzen, achten
estomac m.	Magen
étagère f.	Regal
été m.	Sommer
éteindre	auslöschen
étonner	erstaunen
étrange	seltsam
étranger m.	Ausland
être en retard	zu spät sein
étudiant, -e	Student, -in
évident, -e	offensichtlich
excuser, (s')	(sich) entschuldigen
exceptionnel, -le	außergewöhnlich
exiger	verlangen
expédier	schicken
expliquer	erklären
exprès, expresse	schnell
expulser	hinauswerfen
fac f.	Uni
fâché, -e	böse, verärgert
fâcher	ärgern
faciliter	erleichtern
facteur m.	Briefträger
facture f.	Rechnung
faire la vaisselle	abwaschen
fatigué	müde
faute f.	Fehler
favori, -te	Lieblings-
ferme f.	Bauernhof
fermer	schließen
fiancé m.	Verlobter
fiancer, se	sich verloben
fier, fière	stolz
fiévreux, -se	fiebrig
fille f.	Mädchen
flacon m.	Flasche
fleur f.	Blume
flûte f.	Flöte
fonder	gründen
forcer	zwingen
formidable	wunderbar
fort, -e	stark
fortune f.	Vermögen
fou, fol, folle	verrückt
frais, fraîche	frisch
framboise f.	Himbeere
franc, franche	frei, offen
frange f.	Fransen
frigo m.	Kühlschrank
fringues f. pl.	Klamotten
froid, -e	kalt
fruit m.	Frucht
fumer	rauchen
furieux, -se	wütend

gagner	verdienen
gant m.	Handschuh
garder	aufpassen
gardien m.	Tormann, Aufseher
gare f.	Bahnhof
gaspiller	verschwenden
gâteau m.	Kuchen
gauche	links
gazeux, -se	kohlensäurehältig
géant, -e	riesig
gens m. pl.	Leute
gentil, -le	nett
gifler	ohrfeigen
glace f.	Eis
glisser	ausrutschen
gorge f.	Hals
gouvernement m.	Regierung
gras, -se	fett
gratuit, -e	gratis
grave	schlimm
grec, -que	griechisch
Grèce f.	Griechenland
grève f.	Streik
gris, -e	grau
gronder	schimpfen
gros, -se	groß, dick
groupe m.	Gruppe
guérir	heilen
habiller, (s')	(sich) anziehen
habitué m.	Stammgast
haricot vert m.	grüne Bohne
hâte, avoir hâte de	es kaum erwarten können
hésiter	zögern
heure, f.	Stunde
heureusement	glücklicherweise
heureux, -se	glücklich
hier	gestern
histoire f.	Geschichte
hiver m.	Winter
hold-up m.	Überfall
ignorance f.	Unwissenheit
il y a	es gibt; vor
illisible	unleserlich
immédiatement	sofort
immeuble m.	Hochhaus
impertinence f.	Unverschämtheit
impoli, -e	unhöflich
impôts m. pl.	Steuern
imprimante f.	Drucker
inacceptable	unannehmbar
indépendant, -e	unabhängig
infatiguable	unermüdlich
infirmière f.	Krankenschwester
ingrédient m.	Zutat
inondation f.	Überschwemmung
inquiet, inquiète	beunruhigt
inscrire, s'	sich einschreiben
insulter	beleidigen
intention f.	Absicht
interdire	verbieten
interlocuteur m.	Gesprächspartner
interroger	befragen
inusable	unverwüstlich
investir	investieren
invisible	unsichtbar
inviter	einladen
irrégulier, -ère	unregelmäßig
jaloux, -se	eifersüchtig
jambe f.	Bein
jambon m.	Schinken
japonais, -se	japanisch
jaune	gelb
jeter	werfen
jeu m.	Spiel
jeune	jung
joli, -e	hübsch
jour m.	Tag
journée f.	Tag
jupe f.	Rock
jurer	schwören
juteux, -se	saftig
l'aire de jeux f.	Spielplatz
là-bas	dort
laine f.	Wolle
laisser	(hinter)lassen
lait m.	Milch
large	groß
laver, se	sich waschen
le lendemain	am nächsten Tag
leçon f.	Unterrichtsstunde
lecteur MP3	MP3-Player
léger, -ère	leicht
légumes m. pl.	Gemüse
lent, -e	langsam
les courses f. pl.	Einkäufe
lettre f.	Brief
lettre recommandée	Einschreibebrief
lever, se	aufstehen
libérer	befreien
linge m.	Wäsche
livre m.	Buch
logement m.	Wohnung
logiciel m.	Software
loin	weit
longtemps	lange
lorsque	als
loto m.	Lotto
louer	mieten
lourd, -e	schwer
lumière f.	Licht
lunettes f. pl.	Brille
macabre	makaber
mâcher	kauen
magnifique	herrlich
maigre	mager
maintenant	jetzt
maîtriser, (se)	(sich) beherrschen
malade	krank
manche f.	Ärmel
mangue f.	Mango
manipulable	manipulierbar
manuel m.	Handbuch
marché m. aux puces	Flohmarkt
mari m.	Ehemann
mariage m.	Heirat
marier, se	heiraten
marron	braun
matin m.	Morgen

mauvaise conscience f.	schlechtes Gewissen
mauvaise humeur f.	schlechte Laune
méchant, -e	böse
mémé f.	Oma
menacer	bedrohen
ménage m.	Haushalt
mener	führen
mentir	lügen
message m.	Nachricht
mesurer	messen
mettre	setzen, legen, stellen
minuit m.	Mitternacht
misclos	halbgeschlossen
misérable	elend
mobile m.	Mobiltelefon (Handy i. Ö.)
monnaie f.	Währung
montagne f.	Berg
monter	hinaufgehen, -tragen
montgolfière f.	Heißluftballon
montrer	zeigen
moquer, se	sich lustig machen
morceau m.	Stück
mort f.	Tod
mot m.	Wort
mouchoir m.	Taschentuch
moulin m.	Mühle
mourir	sterben
moustique m.	Stechmücke
moyen, -enne	mittlere, -r
muet, -te	stumm
mûr, -e	reif
musée m.	Museum
musicien m.	Musiker
nager	schwimmen
naître	geboren werden
naviguer	zur See fahren
nécessaire	notwendig
négliger	vernachlässigen
négociable	verhandelbar
net, -te	sauber, rein
neuf, -ve	neu
nièce f.	Nichte
noix f.	Nuss
nourrir	nähren
nouveau, nouvelle	neu
nouvelle f.	Neuigkeit
nu, -e	nackt
nuit f.	Nacht
obligatoire	verpflichtend
obligé, -e	verpflichtet
obtenir	erreichen, erhalten
occupé, -e	beschäftigt
odieux, -se	verhasst, gehässig
oeuvre m.	Werk
ONU	UNO
orage m.	Gewitter
ordinateur m.	Computer
oreille f.	Ohr
oser	wagen
oublier	vergessen
ours m. en peluche	Teddybär
outil m.	Werkzeug
pantalon m.	Hose
pantoufle f.	Hausschuh
paquet m.	Paket
parachutisme m.	Fallschirmsport
pardonner	verzeihen
pareil, -le	ähnlich
parents m. pl.	Eltern
paresseux, -se	faul
parfaitement	perfekt
parmi	unter, zwischen
parole f.	Wort, Rede
parti m.	Partei
participer à	teilnehmen an
partir	abreisen
partout	überall
passager m.	Passagier
passer	verbringen; vorbeigehen
passionnant, -e	spannend
pâtes f. pl.	Teigwaren
patience f.	Geduld
payer	zahlen
pays m.	Land
peau f.	Haut
pêcheur m.	Fischer
peintre m.	Maler
pèlerinage m.	Wallfahrt, Pilgerreise
pendant (que)	während
penderie f.	Garderobe
pensif, -ve	nachdenklich
pente f.	(Berg-)Hang
Pentecôte f.	Pfingsten
perdre	verlieren
performance f.	Leistung
performant	leistungsfähig
permis m. de conduire	Führerschein
permission f.	Erlaubnis
persuader	überzeugen
peser	wiegen
pétillant, -e	perlend, schäumend
petits-enfants m. pl.	Enkelkinder
peuplé	bevölkert
peur f.	Angst
phrase f.	Satz
pièce f.	Theaterstück
pied m.	Fuß
pile f.	Batterie
pilote de chasse m.	Jagdflieger
piscine f.	Schwimmbad
plaire	gefallen
plaisir m.	Freude
planche à roulettes f.	Rollbrett
planche à voile f.	Surfbrett
planter	pflanzen
pleurer	weinen
plupart f.	der Großteil
plusieurs	mehrere
plutôt	eher, vielmehr
pneu m.	Reifen
poème m.	Gedicht
poids m.	Gewicht
poignée f. de main	Handschlag
poire f.	Birne
poisson m.	Fisch
poli, -e	höflich
pollution f.	Verschmutzung
pompiers m. pl.	Feuerwehr

portable (m.)	tragbar; auch Mobiltelefon
porte-bonheur m.	Glücksbringer
porte-monnaie m.	Geldbörse
poulet m	Huhn
pourquoi	warum
pourtant	dennoch
précéder	vorangehen
précis, -e	genau
préjugé m.	Vorurteil
prenant	packend, ergreifend
prendre feu	Feuer fangen
prendre garde	wachen
prendre place	stattfinden
prendre	nehmen
préparer	vorbereiten
présenter	vorstellen
prêt, -e	bereit
prétendre	vorgeben
prison f.	Gefängnis
privé, -e	privat
prix m.	Preis
profond, -e	tief
progrès m.	Fortschritt
projet m.	Projekt, Plan
promesse f.	Versprechen
promettre	versprechen
prononciation f.	Aussprache
proposer	vorschlagen
proposition f.	Satz, Vorschlag
propriétaire m. f.	Besitzer
provoquer	hervorrufen
prudence f.	Vorsicht
prudent,-e	vorsichtig
prune f.	Pflaume
public, -que	öffentlich
quand	wann
quel, -le	welche, (-r)
quelquefois	manchmal
querelle f.	Streit
quoique	obwohl
rage f.	Tollwut
ranger	aufräumen
rapide	schnell
raquette f.	(Tennis)Schläger
rater	durchfallen; versäumen
rayér	zerkratzen
réagir	handeln
récent, -e	kürzlich
récréation f.	Pause
recette f.	Rezept
recommander	empfehlen
recruter	anwerben, anstellen
rédaction f.	Aufsatz
rédiger	verfassen
réfléchir	nachdenken
refuser	ablehnen
regarder	anschauen
régime m.	Diät
règle f.	Regel
régler	regeln
regretter	bedauern
régulièrement	regelmäßig
réjouir, se	sich freuen
religieuse f.	Nonne; Gebäck
rembourser	zurückzahlen
remercier	danken
remplir	ausfüllen
remporter	wiederbringen
renard m.	Fuchs
rencontre f.	Treffen
rencontrer	treffen
rendre compte, se	sich bewusst werden
rendre service	einen Dienst erweisen
rendre visite	besuchen
rentrer	zurückkehren
renverser	umstoßen
renvoyer	entlassen, wegschicken
repas m.	Mahlzeit
repasser	bügeln
répondre	antworten
réponse f.	Antwort
reposer, se	sich erholen
reproche f.	Vorwurf
résoudre	lösen
ressembler	ähnlich sehen
rester	bleiben
retenir	zurückhalten
retourner	wiederkommen, zurückkehren
réunion f.	Versammlung
réussir	Erfolg haben, gelingen
rêve m.	Traum
réveiller	aufwecken
revenir	zurückkommen
rêver	träumen
rêveur, -euse	verträumt
réviser	wiederholen
revoir	wiedersehen
rhume m.	Schnupfen
riche	reich
rire	lachen
robot m.	Roboter
rouillé, -e	verrostet
rouler	fahren
roux, rousse	rot
rusé, -e	schlau
russe	russisch
sac m.	Sack, Tasche
sage	brav
sain, -e	gesund
saluer	grüßen
sans	ohne
santé f.	Gesundheit
sauter	springen
sauvage	wild
sauver	retten
sec, sèche	trocken
secret, secrète	geheim
séjour m.	Aufenthalt
semaine f.	Woche
sens	Sinn
sentir	fühlen, riechen
sérieux, -se	ernst
sermon m.	Strafpredigt
serveur m.	Kellner
seul, -e	alleine
signer	unterschreiben
silencieux, -se	ruhig

simplifier	vereinfachen
sinon	sonst
site m.	Webseite
ski nautique m.	Wasserski
société f.	Gesellschaft
soigneux, -se	sorgfältig
soir m.	Abend
soirée f.	Abend
solde m. (en)	im Ausverkauf
soleil m.	Sonne
solide	fest
sommeil m.	Schlaf
son m.	Ton
sorcier m.	Zauberer
sort m.	Schicksal
sortir	ausgehen; hinaustragen
souffrir	leiden
souhaiter	wünschen
soulagé, -e	erleichtert
sourire	lächeln
souris f.	Maus
souvenir, se	sich erinnern
souvent	oft
spacieux, -se	geräumig
spectateur m.	Zuseher
succès m.	Erfolg
suicider, se	Selbstmord begehen
suivre	folgen
supplémentaire	zusätzlich
supplier	anflehen
supporter	ertragen
supposer	annehmen
supprimer	abschaffen
sûr, -e	sicher
surgelés m. pl.	Tiefkühlkost
surpris, -e	erstaunt
surveiller	überwachen
tableau m.	Bild, Tafel
tailleur m.	Kostüm
tandis que	während
tapis m.	Teppich
tard	spät
tardif, -ve	verspätet
tarte f.	Torte
télécommande f.	Fernbedienung
tempête f.	Unwetter
tenir debout	sich aufrecht halten
terminer	beenden
tête f.	Kopf
thèse f.	Dissertation
thon m.	Thunfisch
timbre m.	Briefmarke
tissu m.	Stoff
toit m.	Dach
tomber	fallen
tonnerre m.	Donner
tortue f.	Schildkröte
tôt	bald
tour m.	Rundfahrt, -gang
tousser	husten
tout de suite	sofort
train m.	Zug
trajet m.	(Fahr-) Strecke
tranquille	ruhig
transmettre	übermitteln
trempé	durchnässt
tricoter	stricken
trinquer	zuprosten
triste	traurig
trop	zu
trouver	finden
tuer	töten
urgent, -e	dringend
utiliser	benützen
vaccin m.	Impfung
vache f.	Kuh
vaisselle f.	Geschirr
valise f.	Koffer
valse f.	Walzer
vécu	gelebt
vedette f.	Star
véhicule m.	Fahrzeug
veille f.	Vortag
veiller à	auf etw. achtgeben
venir	kommen
vérité f.	Wahrheit
vestiaire m.	Garderobe
vêtements m. pl.	Kleidung
vexer, se	sich ärgern
viande f. (hachée)	Fleisch (Hackfleisch, Faschiertes)
victime m.	Opfer
vie f.	Leben
vieux, vieil, vieille	alt
vif, -ve	lebhaft
village m.	Dorf
violent, -e	gewalttätig
violon m.	Geige
vite	schnell (Adv.)
vivre	leben
voir	sehen
voisin m.	Nachbar
voiture f.	Auto
voleur m.	Dieb
volonté f.	Wille
volontiers	freiwillig, gern
voter	wählen
vouloir, s'en	sich böse sein
voyage m.	Reise
voyageur m.	Reisender
voyante f.	Hellseherin
vrai, -e	wahr
vraiment	wirklich
yeux m. pl.	Augen

9. Auflage 2023

ISBN: 978-3-7058-7570-8

SALUT! Bienvenu zur Französisch-Grammatik!

Das Buch, das du jetzt in Händen hältst, fasst die französische Grammatik zusammen. Es enthält alles, was du nach vier Lernjahren wissen und können solltest.

Du kannst das Buch aber auch noch später als **Nachschlagewerk** oder zum **Auffrischen deiner Kenntnisse** verwenden!

Diese Grammatik bietet dir eine leicht verständliche und **übersichtliche Zusammenstellung** der wichtigsten Kapitel der französischen Sprachlehre und eignet sich so als zuverlässiger Begleiter für alle, die gerade mit dem Erlernen der Sprache beschäftigt sind. Zugleich ist das Buch auch ein ideales Mittel für Schülerinnen und Schüler, wenn sie „das, was fehlt" auffüllen wollen.

Der **alphabetische Aufbau** des Buches – vom ***accord du participe passé*** bis zum ***subjonctif*** – und die Einteilung der Seiten – links die „Theorie", rechts die praktischen Übungsbeispiele aus der modernen Umgangssprache – erleichtern dir die Arbeit mit dem Buch. „Schwierige" Punkte der Grammatik werden dabei ausführlicher erklärt, und wo es ratsam erscheint, findest du auch Hinweise auf „Fallen" für Lernende mit deutscher Muttersprache.

Um dir das Üben zu erleichtern, findest du im beiliegenden **Lösungsheft** noch ein ausführliches **Vokabelverzeichnis** – für alle (Not-)Fälle!

Wir wünschen dir nun vergnügliches und erfolgreiches Arbeiten mit dem Buch und viel Spaß beim Erlernen und Verfestigen der Grammatik!

Außerdem haben wir noch einen Geheimtipp:
Verliebe dich in einen französisch sprechenden Menschen oder such dir eine Chat-Freundschaft – du wirst staunen, wie schnell du Französisch kannst …

1. KAPITEL	*L'ACCORD DU PARTICIPE PASSÉ* – Die Übereinstimmung des Mittelworts der Vergangenheit (Partizip Perfekt)

A ÜBEREINSTIMMUNG MIT DEM SUBJEKT BEI DEN VERBEN MIT *ÊTRE*

Da die **Verben der Bewegungsrichtung** *(aller, arriver, descendre, entrer, monter, partir, parvenir, rentrer, retourner, revenir, sortir, tomber, venir)* mit ***être*** abgewandelt werden, wird bei ihnen das ***participe passé*** mit dem Subjekt übereingestimmt.
Das Gleiche gilt für die Verben *devenir* (werden), *rester* (bleiben), *mourir* (sterben), *naître* (geboren werden), *apparaître* (erscheinen) etc.

Ist das Subjekt					
männl. Einzahl	▶	*p. p. + Ø*	***allé***	*je suis allé(e)*	*nous sommes devenu(e)s*
weibl. Einzahl	▶	*p. p. + e*	***allée***	*tu es arrivé(e)*	*vous êtes entré(e)(s)**
männl. Mehrzahl	▶	*p. p. + s*	***allés***	*il est descendu*	*ils sont devenus*
weibl. Mehrzahl	▶	*p. p. + es*	***allées***	*elle est entrée*	*elles sont montées*

* ***vous*** als **Anredefürwort** wird daher unterschiedlich übereingestimmt:

*Bonjour, **Madame,** quand est-ce que **vous êtes arrivée?***
*Bonjour, **Messieurs,** quand est-ce que **vous êtes arrivés?***

B ÜBEREINSTIMMUNG BEI RÜCKBEZÜGLICHEN VERBEN (*LES VERBES PRONOMINAUX*)

Auch bei den **rückbezüglichen Verben** wird das ***participe passé*** im Prinzip mit dem **Subjekt** übereingestimmt.

je me suis amusé(e)	*nous nous sommes ennuyé(e)s*
tu t'es lavé(e)	*vous vous êtes appelé(e)(s)*
il s'est levé	*ils se sont habillés*
elle s'est ennuyée	*elles se sont couchées*

Achtung:
Wenn bei einem **rückbezüglichen Verb das Pronomen** (*me, te, se nous, vous, se*) **kein direktes Objekt** ist, sondern **ein indirektes Objekt**, weil hinter dem Verb **ein anderes direktes Objekt** folgt, so wird **nicht übereingestimmt!**

Sie hat	**sich** wen?	gewaschen.
Elle	*s'*	*est lavée.*

Sie hat	**sich** wem?	**die Haare** wen/was?	gewaschen.
Elle	*s'est **lavé***	***les cheveux.*** *objet direct*	

A 1

Übereinstimmen oder nicht?

1. Le reporter n'a pas encore écrit… son article.
2. Nous, les filles, nous sommes allé… en Italie en été.
3. Mes parents sont arrivé… trop tôt.
4. Je n'ai pas encore rangé… ma chambre.
5. Messieurs, pourquoi est-ce que vous n'êtes pas resté… chez nous?
6. Catherine est vraiment devenu… actrice.
7. Elle a appris… la bonne nouvelle la première.
8. Justine n'est pas monté… avec vous?
9. Chérie, tu es vraiment venu… à pied?
10. Maman, tu es resté… chez Mémé?

A 2

Setze die Infinitive in die richtige Form des *passé composé*.

1. Madame, vous (arriver) … quand?
2. Les enfants (ne pas mettre) … de bonnets.
3. Kevin, pourquoi est-ce que tu (descendre) … sans attendre les autres?
4. Comme il (ne pas venir) … à l'heure, on (ne plus rencontrer) … nos amis.
5. La plupart des parents (dire) … non aux vacances supplémentaires.
6. Ma grand-mère (mourir) … au cours d'un attentat.
7. Zoé et Gilles (partir) … aux sports d'hiver.
8. Mais leurs enfants (rester) … à Paris.
9. Je (naître) … les 24 mai.
10. Chloé (rester) … jusqu'à une heure chez Paul.

B 3

Setze die Infinitive in die richtige Form des *passé composé*.

1. Les filles (se promener) … après leurs cours.
2. Avant son mariage, elle (s'appeler) … Séverine Meyer.
3. Elles (s'échanger) … leurs adresses et numéros de téléphone.
4. Mes parents (se rencontrer) … à Berlin.
5. Mon amie et moi, nous (s'écrire) … cent SMS.
6. Nous (se revoir) … après le séminaire.
7. Les deux (se marier) … il y a déjà vingt ans.
8. Nous (se préparer) … des spaghettis.

B 4

Muss das *participe* übereingestimmt werden oder nicht?

1. Ma mère s'est acheté… une voiture sport.
2. Nous nous sommes disputé… toute la journée.
3. Tante Emilie s'est cassé… la jambe en tombant d'un arbre.
4. Les filles se sont écrit… énormément d'e-mails.
5. Nous nous sommes vu… assez souvent, mais pas régulièrement.
6. Suzanne et Charles se sont absenté… sans le dire à leur prof.
7. On s'est donné… rendez-vous devant le cinéma.
8. Fabienne, tu t'es préparé… pour le bal?
9. Vous vous êtes levé… à quelle heure?
10. Elle s'est acheté… un nouvel ordinateur portable.

C ÜBEREINSTIMMUNG DES *PARTICIPE*, WENN EIN DIREKTES OBJEKT VORANGESTELLT IST

Befindet sich ein ***objet direct* vor dem Verb**, wird das *participe* mit **diesem Objekt übereingestimmt**, auch wenn das Verb mit *avoir* abgewandelt wird!

1 *Objet direct* als Objektvertreter

Das **direkte Objekt** kann **in Form eines persönlichen Fürwortes** (eines Personalpronomens) **vor dem Verb** stehen. Wichtig ist, dass klar ist, **wen oder was** genau (Geschlecht und Zahl) das Pronomen vertritt!

Alain	*m'*	*a vue*	*me* = Einzahl weiblich
Alain	*t'*	*a vue*	*te* = Einzahl weiblich
Alain	*l'*	*a vu*	*l'* = *le* = Einzahl männlich
Alain	*l'*	*a vue*	*l'* = *la* = Einzahl weiblich
Alain	*nous*	*a vus*	*nous* = Mehrzahl männlich
Alain	*nous*	*a vues*	*nous* = Mehrzahl weiblich
Alain	*vous*	*a vus*	*vous* = Mehrzahl männlich
Alain	*les*	*a vues*	*les* = Mehrzahl weiblich

Ist ***vous*** ein Anredefürwort, so sieht die Übereinstimmung verschieden aus – je nachdem, welche Person es vertritt:

Madame, je vous ai vue hier dans un bar douteux.
Mesdames, je vous ai vues hier dans un bar douteux.

2 *Objet direct* als Relativpronomen

Das ***objet direct*** kann auch als **Relativpronomen *que*** vor dem Verb stehen. Wieder muss man wissen, wen oder was das *que* vertritt!

Voilà le livre	*que*	*j'ai acheté.*
Voilà la voiture	*que*	*j'ai achetée.*
Voilà les livres	*que*	*j'ai achetés.*
Voilà les voitures	*que*	*j'ai achetées.*

3 *Objet direct* als Nomen in Verbindung mit dem Fragewort *quel*

In (direkten und indirekten) Fragesätzen kann ebenfalls ein *objet direct* vor dem Verb stehen, nämlich als Nomen, das von *quel* (*quelle, quels, quelles* = welche(r) etc.) begleitet wird.

Quel livre	*est-ce que tu as acheté?*
Quelle voiture	*est-ce que tu as achetée?*
Quels livres	*est-ce que tu as achetés?*
Quelles voitures	*est-ce que tu as achetées?*

Mach aus dem Infinitiv das *participe passé* und stimme es mit dem *objet direct* überein!

1. Ces livres, je les ai déjà (lire) ... .
2. Les deux filles, tu les as (voir) ... ?
3. Les lettres, vous les avez déjà (ouvrir) ... ?
4. Vous voulez m'expliquer votre idée? Je l'ai déjà (comprendre) ... !
5. Où est la viande? Le chien l'a (manger) ... !
6. Tes photos, tu les as déjà (trouver) ... ?
7. Tes lunettes? Non, je ne les ai pas (cacher) ... .

Stimme, wenn nötig, das *participe passé* überein.

1. Où sont les pommes que tu as acheté... ?
2. Montre-moi le livre qu'elle a écrit... .
3. C'est Madame Lavelle qui nous a rendu... visite.
4. Les devoirs que tu m'as montré... sont bien faits.
5. Vous prenez les chaussures que vous avez essayé... ?
6. Je vous présente Julie avec qui nous avons passé... une semaine à Paris.
7. Les explications que vous nous avez donné... n'étaient pas claires.
8. C'est à Julie que j'ai acheté... un lecteur MP3.

C 2 3
7

Übereinstimmung oder nicht?

1. Quels films est-ce que tu as vu... ?
2. Je voudrais boire le cidre que vous avez acheté... .
3. Qui a mangé les crêpes que Clotilde a préparé... pour toute la famille?
4. Il veut savoir quelles robes j'ai essayé... .
5. J'ai mangé l'omelette que tu as fait... .
6. Elle adore la musique qu'il a joué... .
7. Quand as-tu commencé... tes devoirs?
8. Quels vêtements est-ce qu'il a choisi... ?

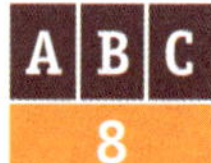

Bilde aus den Infinitiven das *passé composé* und stimme, wenn nötig, das *participe* überein.

1. Il (perdre) ... ses lunettes. Il dit qu'il les (oublier) ... chez le boucher.
2. Nicole et moi, nous (rester) ... à la maison où nous (regarder) ... la télé.
3. Madame, vous (passer) ... une bonne journée à la campagne?
4. Madame, cette ceinture, où est-ce que vous (la acheter) ... ?
5. Salut, les filles, vous (se bien amuser) ... ? Vous (boire) ... de l'alcool????
6. Elle (se casser) ... les deux bras. Elle (tomber) ... sur une caisse de bière.
7. Les élèves (ne pas comprendre) ... la question du prof. Il (la poser) ... une deuxième fois.
8. Les livres que je (emprunter) ... à la bibliothèque sont nuls.
9. Vous (ne pas se revoir) ... depuis longtemps.
10. Les choix que vous (faire) ..., sont décisifs pour l'avenir.
11. Les insultes que vous (s'échanger) ... sont inacceptables.
12. Quelles boissons Papa (vous offrir) ... ? (*Inversion*)

2. KAPITEL	*LES ADJECTIFS –* Die Eigenschaftswörter (Adjektive)

2. KAPITEL *LES ADJECTIFS –* Die Eigenschaftswörter (Adjektive)

In diesem Kapitel geht es nur um das „gewöhnliche Adjektiv“. Hinweisende, besitzanzeigende, unbestimmte Begleiter (dieser/mein/irgendein Mann etc.), die im Französischen auch *„adjectif“* heißen (*adjectif démonstratif, adjectif possessif, adjectif indéfini)* werden auf Seite 46 ff. bzw. 76 ff. und 90 ff. erklärt!

A BILDUNG

Das *adjectif* wird mit dem Nomen, das es näher bestimmt, **übereingestimmt.**

männliche Form (Ausgangswort)		*Dodo est **petit**. C'est mon **petit** chien.*
weibliche Form:	+ *-e*	*Pénélope est **petite**. C'est ma **petite** chatte.*
männliche Pluralform:	+ *-s*	*Nous avons de **petits** animaux.*
weibliche Pluralform:	+ *-es*	*Mes filles sont aussi **petites**.*

singulier masculin ▶ ***petit***	*singulier féminin* ▶ ***petite***
pluriel masculin ▶ ***petits***	*pluriel féminin* ▶ ***petites***

B VERWENDUNG

- Wenn es direkt beim Nomen steht, wird es **attributiv** verwendet. (Im Deutschen nennt man diese Art „Beifügung“, die sich mit „Was für ein/e/r?“ erfragen lässt.)
  C'est une ... femme. Was für eine Frau? ***Une belle femme.***
- Wenn es durch ein Verb (zB *être, devenir, paraître, sembler, rester*) vom Nomen getrennt ist, ist die Verwendung **prädikativ**. (Im Deutschen fragt man mit „wie“ danach, womit aber nicht ein Verb näher bestimmt wird, sondern ein Nomen!)
  La femme est ... Wie ist sie? ***Elle est belle.***
- Das prädikativ verwendete Adjektiv kann sich auch auf ein Objekt beziehen und wird dann mit diesem übereingestimmt.
  (zB bei *trouver, croire, estimer, juger, dire, déclarer, se sentir* etc.)

Ich finde sie hübsch.	*Je **la** trouve **belle**.*
Ihr könnt euch glücklich schätzen.	*Vous pouvez **vous** estimer **heureux**.*
Meine Mutter fühlt sich sehr einsam.	*Ma mère **se** sent très **seule**.*

C FORMALE BESONDERHEITEN

1 Männlich und weiblich dieselbe Form: bei Adjektiven, die auf *-e* enden.

difficile, facile, jeune, riche, tendre, triste, tranquille, rouge, jaune, rose etc.
un problème difficile, une question difficile

2 Änderung des Endvokals

-er/-ère ▶ *entier, entière; premier, première; cher, chère; fier, fière*

Setze die jeweils richtige Form des Adjektivs ein.

1. C'est une pianiste ... (chinois).
2. Tu vois la ... (grand) rousse avec les yeux ... (bleu)?
3. Oui, Marie est une femme ... (fascinant).
4. Les Durand semblent être très ... (riche).
5. J'adore cette ... (grand) maison dont les pièces sont très ... (clair).
6. J'aime les hommes ... (intelligent).
7. Ta fille est devenue ... (joli).
8. Aujourd'hui, elle semble être ... (triste) et ... (déprimé).
9. Leurs projets ne sont pas encore (concret) ... .
10. La vie d'une mère n'est pas ... (facile) pendant les vacances.
11. Les élèves de cette classe sont très ... (différent).
12. Sven a obtenu de ... (maigre) résultats.
13. Cette (cher) ... Sophie est assez difficile!
14. Isabelle préfère boire du lait ... (froid).
15. Véronique dit que la langue ... (français) n'est pas ... (difficile) à apprendre.
16. Je connais seulement les ... (premier) mots de cette chanson.
17. La valise semble être trop ... (lourd) pour toi.
18. Tu aimes les films ... (américain)?
19. Dans ses films, Bruce Willis arrive toujours au ... (bon) moment.
20. Paulette a une ... (haut) opinion d'elle-même.
21. Elle semble être ... (sûr) d'elle-même.
22. Viens seule, tes garçons sont trop ... (sauvage) pour moi.
23. Les enfants de notre voisine ne sont pas vraiment ... (poli).
24. Le vainqueur du Tour de France porte toujours un maillot ... (jaune).
25. Il y a assez de gens qui disent que le lait ... (entier) est bon pour la santé.
26. Ces filles sont ... (fier) de leur silhouette de rêve.
27. Ma mère adore les langoustines ... (frais).
28. Nous aimons le pain ... (croquant).
29. David veut vivre dans une ... (petit) maison.
30. Le parachutisme est un sport ... (dangereux).

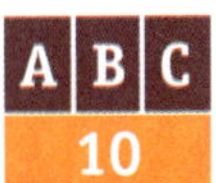

Setze die richtigen Formen des Adjektivs ein und übersetze den Satz.

1. Les enfants de cet âge se sentent souvent ... (incompris).
2. Ces films, je les trouve ... (important).
3. Les voleurs se croyaient ... (invisible).
4. Avec David, elle se sent ... (beau).
5. Juliette s'estime ... (heureux) d'habiter en province.
6. Ils jugent cette candidate ... (inapte) pour le poste.
7. Le président du festival de Cannes a déclaré la cérémonie ... (ouvert)!
8. Elles se croient ... (beau), ces filles!
9. Mais moi, je les trouve ... (laid) comme des thons.
10. Muriel se dit ... (ouvert) à toutes les propositions.
11. Les deux frères se déclarent ... (prêt) à faire la paix.
12. Ils trouvent leurs disputes trop ... (idiot).

3 Änderung des Endkonsonanten

-el	**-elle**	*exceptionnel – exceptionnelle*
-(e)il	**-(e)ille**	*gentil – gentille; pareil – pareille*
-et	**-ette**	*net – nette; muet – muette*
-et	**-ète**	*complet – complète; concret; inquiet; discret; secret*
-(i)en	**-(i)enne**	*moyen – moyenne; autrichien – autrichienne*
-on	**-onne**	*bon – bonne*
-f	**-ve**	*neuf – neuve; actif; naïf; vif; bref – brève*
-s	**-sse**	nur: *gros – grosse; bas; gras; las; épais; exprès – expresse*
-s	**-se**	sonst: *gris – grise*
-x	**-se**	*heureux – heureuse; dangereux; jaloux*
aber:	*frais – fraîche; doux – douce; faux – fausse; roux – rousse*	
-c	**-che**	*blanc – blanche; franc – franche; sec – sèche*
-c	**-que**	*public – publique; grec; turc*
-eur	**-eure**	*meilleur – meilleure*
-eur	**-euse**	*rêveur – rêveuse*
-teur	**-trice**	*conservateur – conservatrice*
!		*favori – favorite; long – longue*

4 Unveränderbare Formen

- bei Adjektiven, die ursprünglich nur als Nomen verwendet wurden:
  marron (braun), *orange, citron, olive, chic*

  ***Elle** n'est pas très **chic**.*
  *Elle porte **une jupe marron** et **des chaussures citron**.*

- bei Adjektiven, die durch ein Nomen oder ein Adjektiv näher bestimmt werden:

  des** jupes **bleu ciel (himmelblau); ***des** tapis **bleu roi*** (königsblau)

- Die Adjektive *demi, semi, mi* und *nu*, wenn sie vor einem Nomen oder einem Adjektiv stehen und mit diesem durch einen Bindestrich verbunden sind:

  *Elle reste une **demi-heure**. C'est une région **semi-désertique**.*
  *Les volets sont **mi-clos**. Elle marche **nu-pieds**.*

- Steht ***demi*** hinter dem Nomen, wird es im Geschlecht übereingestimmt:
  *Il a mangé deux baguettes et **demie**.* (zweieinhalb Baguettes)

- Steht ***nu*** hinter dem Nomen, wird es im Geschlecht und in der Zahl übereingestimmt:
  *Il était pieds **nus**.* (Er war barfuß.)

Ergänze die drei fehlenden Formen.

	Singular		Plural	
	masculin	*féminin*	*masculin*	*féminin*
1.	jaune			
2.				secrètes
3.			tristes	
4.	moyen			
5.		américaine		
6.			muets	
7.	actuel			
8.			pareils	
9.				classiques
10.			complets	
11.		longue		
12.			chers	

Setze die richtigen Adjektivformen ein.

1. Je pense que ces filles sont trop … (fier).
2. La voiture de ma tante n'est pas assez … (spacieux) pour nous.
3. Notre ami vit dans un … (ancien) moulin.
4. Notre grand-mère a partout des tapis … (épais).
5. Elle passait de … (long) vacances en France.
6. J'adore les vêtements … (bleu ciel).
7. Il s'est fiancé avec une fille … (grec). Elle est très … (jaloux).
8. Quand la fille n'est pas rentrée à l'heure, ses parents étaient … (inquiet).
9. Elle veut rester une (demi) …-année en Italie.
10. Vous ne pouvez pas entrer, cette cour n'est pas … (public).
11. Je vais rentrer à une heure et … (demi).
12. Notre idée n'est pas encore … (concret).
13. La fourrure est une matière très … (doux).
14. Cette courbe est très … (dangereux).

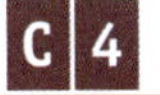

Übersetze.

1. Sie trägt gerne braune Hosen und orange Pullover. Sie stehen ihr gut.
2. Max trägt heute eine dunkelblaue Hose und ein gelbes Hemd.
3. Wo sind meine weißen Schuhe und mein hellblauer Schal?
4. Die Mädchen in meiner Klasse tragen nur schwarze Kleidung.
5. Er wartet schon eineinhalb Stunden.
6. Anstatt (*au lieu de*) Jeans zu tragen, hatte sie nackte Beine.
7. Hat er wirklich dreieinhalb Croissants gegessen?

5 Unregelmäßige Pluralformen

- Keine Änderung der männlichen Pluralform bei Adjektiven, die in der männlichen Singularform auf *-s* oder *-x* enden:

  le gros** morceau/**les gros** morceaux; **le** fruit **juteux**/**les** fruits **juteux

  Die weiblichen Formen bekommen einfach ein *-s* an ihre Singularform:

  la grosse pomme/les grosses pommes

- Männliche Pluralform auf ***-aux*** bei Adjektiven, die in der männlichen Singularform auf ***-al*** enden:

  *le film sentimental – **les** films sentiment**aux***

Außer: *finals/finaux* (end-), *banals* (banal), *fatals* (fatal):
des concours finals, des événements fatals etc.

Bei manchen Adjektiven gibt es beide Möglichkeiten:
ideal, idéals oder *idéaux; glacial, glacials* oder *glaciaux* etc.

6 Unregelmäßige Formen

	Sg. masc.	*	*Sg. fém.*	*Pl. masc.*	*Pl. fém.*
schön	***beau***	*bel*	***belle***	***beaux***	***belles***
alt	***vieux***	*vieil*	***vieille***	***vieux***	***vieilles***
neu	***nouveau***	*nouvel*	***nouvelle***	***nouveaux***	***nouvelles***
verrückt	***fou***	*fol*	***folle***	***fous***	***folles***

* *bel, vieil, nouvel* und *fol* werden vor Vokal und stummem ***h*** verwendet!

neuf ► „funkelnagelneu", nicht gebraucht; vor allem für Dinge verwendet!

nouveau ► ist abstrakter, bedeutet „neu" im Sinne von „etwas Neues, anderes".
„*Une nouvelle voiture*" kann auch ein paar Jahre alt sein!

D BESONDERHEITEN

- Wenn ***drôle* „seltsam, merkwürdig"** bedeutet, stellt man es mit dem **unbestimmten Artikel** und gefolgt von ***de*** vor das Adjektiv:
  *J'ai parlé avec **un drôle de garçon**. Il m'a raconté **une drôle d'histoire.***

- Nach ***quelque chose, rien, quelqu'un*** und ***personne*** (etwas, nichts, jemand, niemand) verwendest du ***de*** und das männliche Adjektiv.

Elle a dit quelque chose d'important.	Er hat etwas Interessantes gesagt.
Elle n'a rien dit d'important.	Er hat nichts Interessantes gesagt.
Elle a vu quelqu'un d'important.	Er hat jemand Wichtigen gesehen.
Elle n'a vu personne d'important.	Er hat niemand Wichtigen gesehen.

Setze die angegebenen Formen zuerst in die richtige Singularform, dann die ganze Wortgruppe in den Plural.

exemple: *la (joli) femme* ▶ **... la jolie femme – les jolies femmes ...**

1. la (grand) valise – ...
2. le mari (jaloux) – ...
3. la foule (curieux) – ...
4. le conseil (amical) – ...
5. le cas (banal) – ...
6. l'ordinateur (rapide) – ...
7. le VTT (vélo tout terrain) (bleu) – ...
8. la rue (gris) – ...
9. le chemin (secret) – ...
10. une fille (soigneux) – ...
11. un homme (parfait) – ...
12. une (faux) adresse – ...

l'animal (vert) – ...
la vie (dangereux) – ...
le (gros) ventre – ...
le manteau (orange) – ...
le jeu vidéo (brutal) – ...
l'élève (paresseux) – ...
le (bon) professeur – ...
la femme (idéal) – ...
l'hôtel (exclusif) – ...
une jupe (marron) – ...
un film (ennuyeux) – ...
l'examen (final) – ...

Wie lautet die korrekte Form des Adjektivs?

1. Ces deux amies ont toujours de ... (fou) idées.
2. David nourrit le ... (fou) espoir de passer une ... (fou) nuit avec Suzanne.
3. Mon ... (vieux) ami George court encore le marathon à 76 ans!
4. Pierre et Eve étaient de ... (vieux) habitués de ce café, mais depuis que le café a un ... (nouveau) propriétaire, ils n'y vont plus.
5. Il a transformé le café ... (calme et agréable) en cybercafé.
6. Je dois acheter un ... (nouveau) ordinateur, mon ... (vieux) ordinateur ne fonctionne plus.
7. Chaque année Gallimard sort de ... (nouveau) livres.
8. Cette ... (vieux) maison et ce ... (vieux) arbre me plaisent beaucoup.
9. Mes ... (nouveau) amis dans ma ... (nouveau) école sont très gentils.
10. C'est une ... (vieux) femme très sympa. Et je la trouve encore assez ... (beau).
11. Ces messages, ils sont déjà ... (vieux)? Je peux les effacer?

16

Übersetze.

1. Sie hat **nichts Interessantes** gefunden. (trouver)
2. Ich habe **etwas Wichtiges** erfahren. (apprendre)
3. Monique erzählt oft **merkwürdige** Geschichten. (raconter, une histoire)
4. Ich habe einen **seltsamen** Mann geheiratet. (se marier)
5. Meine Tante würde gerne **jemand Netten** kennen lernen. (faire la connaissance, gentil)
6. Ich kenne **niemand Lustigen** in diesem Haus. (connaître, amusant)
7. Er hat **nichts Böses** gesagt, aber sie ist verärgert. (méchant, fâché)
8. Es gibt **nichts Schönes** in diesem Geschäft.
9. Hast du in der Schule **etwas Neues** gelernt?
10. Mir ist schlecht, ich habe **etwas Verdorbenes** gegessen. (avoir mal au cœur, périmé)

E STELLUNG DER ADJEKTIVE

1 Einige Adjektive stehen fast immer vor dem Nomen.

zB *grand, petit, bon, mauvais, beau, joli, bref, long, jeune, vieux, gros, haut, meilleur, moindre;* alle Zahladjektive

une grande maison, un bon ami, un beau garçon, un gros livre, le premier amour

2 Die meisten Adjektive stehen jedoch hinter dem Nomen!

- Adjektive, die zB eine **physische oder psychische Eigenschaft** beschreiben:

  de l'eau chaude, un repas léger, une voiture rapide, un homme maigre etc.

- Adjektive, die eine **Zugehörigkeit zu irgendeinem Bereich** bezeichnen:

  une chanson française, la main gauche, une robe moderne, le journal actuel etc.

- **Alle Partizipien**: *une jambe cassée, un film fatigant, une femme charmante* etc.

- **Alle Farbadjektive**: *le manteau vert, des nuages noirs, une jupe rouge* etc.

3 Bei einigen Adjektiven gibt es je nach Stellung einen Bedeutungsunterschied.

vor dem Nomen		hinter dem Nomen
ehemalig	***ancien, -ne***	sehr alt
les anciens élèves		*des meubles anciens*
gewisse(r)	***certain, -e***	sicher
un certain sourire		*une date certaine*
verschieden	***différent, -e***	unterschiedlich, andere
différents projets		*des projets différents*
bedauernswert	***pauvre***	arm, mittellos
une pauvre femme		*une femme pauvre*
eigen(e, es)	***propre***	sauber
sa propre chambre		*les mains propres*
letzte(r)	***dernier, -ière***	vorige
son dernier roman		*la semaine dernière*
einzig(e)r	***seul, -e***	einsam
son seul CD		*une femme seule*
echt, wirklich ein	***vrai, -e***	wahr
la vraie marque		*une histoire vraie*
außerdem: *brave, sacre, sale, simple, triste*		

Stimme die Adjektive überein und stelle sie an den richtigen Platz.

1. Ma grand-mère a acheté une voiture (beau). Une voiture (grand, américain). Hier, elle a invité ses amies (vieux) à faire un tour (petit) avec elle. Les femmes (vieux) ont rigolé comme des filles (jeune).
2. Tu as déjà vu le film «Le sens (sixième)»? Sur Canal+, il y a toujours des films (intéressant). – Moi, je préfère les documentaires (sérieux). Et la plupart du temps, je ne regarde pas la télé, mais je lis des journaux (actuel).
3. Une de mes élèves a des problèmes (gros). Je pense qu'elle prend des drogues (dur) et elle se fait des blessures (profond) avec un couteau. Comme elle ne veut pas qu'on voie ses blessures, elle porte toujours des pulls (large) à manches (long).
4. Notre prof de français est une femme (sympathique), mais elle ne supporte pas le bruit (moindre). – Ah, je connais ces personnes (hystérique). Je me demande pourquoi elles choisissent cette profession (merveilleux) au cours de laquelle elles ont la possibilité (permanent) d'être avec des gens (jeunes, moderne) quand elles ne supportent pas de bavardages (petit).
5. Véronique a rencontré son David (beau) sur Internet. Cette rencontre (fou) la rend (heureux). Il est (gentil): il dit qu'elle est une femme (parfait) et (idéal). C'est la fois (premier) qu'elle rencontre un si homme (beau).
6. C'est la mode des bottes très (haut) cette année. On peut les mettre avec des jupes (court) ou (longue). Il faut avoir des jambes (grand). Moi, je préfère le style (classique). Mélanie aime le style (branché) et les marques (connu).

Übersetze.

1. Tu pourrais me donner un mouchoir propre? – Non, je n'ai pas de propre mouchoir.
2. Lise est arrivée la semaine dernière. Elle a passé son dernier examen.
3. Une seule femme est pilote de chasse en France.
4. Je trouve que les derniers jours de vacances sont toujours tristes.
5. J'ai un nouvel ordinateur mais il n'est pas neuf.
6. J'ai différents livres de cuisine avec plein de recettes différentes.
7. Je l'ai entendu de mes propres oreilles.
8. Un certain Pierre Cardin a appelé. Tu le connais?
9. Ma tante aime mentir. Elle ne raconte presque jamais d'histoires vraies.
10. C'est vraiment une famille pauvre. Le père est au chômage et la mère est malade depuis quatre mois.
11. J'habite dans un nouvel appartement, un grand loft.
12. Vincent a une vieille voiture mais elle est confortable.
13. Ma maison est moderne. Tout est électrique et télécommandé.
14. Sa chambre n'est jamais propre.

F DER VERGLEICH – DIE STEIGERUNG DES ADJEKTIVS

1 Vergleichst du zwei oder mehrere Dinge/Menschen/Tiere etc. miteinander und stellst du die Gleichheit ihrer Eigenschaften fest, so drückt man das im Französischen folgendermaßen aus:

	aussi	Adjektiv	*que*	Vergleichsperson (-gegenstand)
Caroline est	*aussi*	*grande*	*que*	*sa sœur.*
Caroline ist	**so**	**groß**	**wie**	ihre Schwester.

Stellst du beim Vergleich eine „**Ungleichheit**" fest, kannst du „die Gleichheit verneinen":

ne … pas	*aussi*	Adjektiv	*que*	Vergleichsperson (-gegenstand)
Elle n'est pas	*aussi*	*grande*	*que*	*sa tante.*
Sie ist **nicht**	**so**	**groß**	**wie**	ihre Tante.

2 Oder du verwendest den Komparativ (*le comparatif*):

Steigerung nach oben *le comparatif de supériorité*				Steigerung nach unten *le comparatif d'infériorité*			
Je suis	*plus grand*	*que*	***David.***	*David est*	*moins grand*	*que*	*moi.*
Ich bin	**größer**	**als**	David.*	David ist	**weniger groß**	**als**	ich.**

* Im Deutschen wird die Steigerung **nur mit Hilfe des Adjektivs** ausgedrückt: **größer**.
** Im Deutschen verwendet man kaum die Ausdrucksweise „weniger …", sondern eher das Adjektiv, das das Gegenteil ausdrückt: in diesem Fall zB **kleiner**.

Der **Komparativ** wird im Französischen also gebildet mit
***plus/moins* + Adjektiv + *que* + Vergleichsperson (-gegenstand)**

Unregelmäßige Steigerung bei *bon* (gut – besser)

Sg. masc.	*Sg. fém.*	*Pl. masc.*	*Pl. fém.*
meilleur	***meilleure***	***meilleurs***	***meilleures***

Ton gâteau est bon, mais le gâteau de ma sœur est ***meilleur****.*
J'ai une ***meilleure*** *voiture* ***que*** *toi.*
Ces chansons sont ***meilleures que*** *les chansons de l'autre cassette.*

Die **„Steigerung nach unten"** von *bon* lautet ***moins bon***.

Mon café est bon, ton café est ***moins bon****.*
La glace à la vanille est ***moins bonne*** *que la glace au chocolat.*
Tes élèves sont ***moins bons*** *que mes élèves.*

Bilde Sätze nach folgendem Muster. (=, ≠)

exemple: *tu = amusant, ta sœur:* ▶ **...Tu es aussi amusant(e) que ta sœur ...**
ma sœur ≠ bavard, je: ▶ **... Ma sœur n'est pas aussi bavarde que moi ...**

1. ta voiture = vieux, une cathédrale
2. mais elle ≠ spacieux, une cathédrale
3. dans notre classe/nous = serré, les sardines
4. tu = rapide, une tortue
5. mon chat ≠ fidèle, notre chien
6. mon frère = rusé, un renard
7. tes parents ≠ sévère, les miens
8. quelquefois, ma grand-mère = têtu, un âne
9. Madame, vous = doux, un agneau

Vergleiche.

exemple: *Max a 16 ans, Lucie a 12 ans (jeune)* ▶
... Lucie est **plus jeune que** *Max. Max est* **moins jeune que** *Lucie ...*

1. Les tomates coûtent 3 Euros, les courgettes coûtent 2 Euros. (cher)
2. Je fais du sport 2 fois par semaine, tu fais du sport 2 fois par semaine aussi, Véronique fait du sport chaque jour. (actif)
3. Valérie pèse 54 kg, Delphine pèse 52 kg. (lourd)
4. Justine a eu 5/10 en français et Chloé a eu 9/10. (bon)
5. Victor mesure 1,30 m, Marc mesure 1,30 m aussi. (grand)
6. Géraldine rit tout le temps, Annie ne rit jamais. (joyeux)
7. Zidane a marqué 3 buts, Henry a marqué 6 buts. (efficace)
8. Max écoute ses parents, Alex n'écoute pas ses parents. (obéissant)

Übersetze.

1. Das Spiel, das man *Pétanque* nennt, ist bei uns **weniger populär** als in Frankreich. (le jeu, appeler, populaire)
2. Der neue Roman von Hakan Nesser ist **besser als** alle seine anderen.
3. Ich fand das letzte Stück dieser Theatergruppe **weniger gut** als das vorletzte. (la pièce, la troupe, avant-dernier)
4. Seine Art, seine Kinder zu behandeln, ist **genauso unerträglich** wie seine Art, mit seiner Frau zu reden. (la façon de, traiter, insupportable)
5. „Deine Suppe ist **besser als** die Gemüsesuppe meiner Mutter", sagt er.
6. Nathalie hatte **die engagierteren Professoren** der Schule. Ich glaube, dass ihre Resultate deswegen **besser** waren. (engagé, le résultat, pour cette raison)
7. Sie wollte uns **die weniger guten Reifen** verkaufen. (vendre, le pneu)
8. Ich habe viele Äpfel daheim, aber ich werde dir **die besseren** bringen. (apporter)

3 Der Superlativ – *le superlatif*

- Den Superlativ bildet man, indem man **vor den Komparativ den bestimmten Artikel** setzt.

Max a	***l'ordinateur***	***le plus rapide.***	den schnellsten Computer
Il a aussi	***la meilleure***	***imprimante.***	den besten Drucker

- **Jeder Superlativ** (außer *le/la/les meilleur/e/s*) kann **hinter dem Nomen stehen,** auf das er sich bezieht. In diesen Fällen muss der bestimmte Artikel wiederholt werden!

la fille	***la plus intelligente***	das intelligenteste Mädchen
les films	***les plus intéressants***	die interessantesten Filme

- Wenn das Adjektiv normalerweise vor dem Nomen steht, kann der Superlativ sowohl **vor** als auch **nach** dem Nomen stehen.

*Nous **avons***		***la maison***	***la plus petite***	*du village.*	das kleinste Haus
*Nous **avons***	***la plus petite***	***maison***		*du village.*	

- Ein ***adjectif possessif*** **vor dem Komparativ** erzeugt ebenfalls den **Superlativ**:

ma plus belle	*photo*	mein schönstes Photo
ton plus beau	*manteau*	dein schönster Mantel
nos plus beaux	*films*	unsere schönsten Filme

- Es gibt auch einen ***superlatif d'infériorité***, d.h. eine „Meiststufe nach unten". Sie wird gebildet, indem man **vor den *comparatif d'infériorité* den bestimmten Artikel** setzt:

  *Il est **le moins grand** de mes élèves.*

Unregelmäßige Steigerung bei *bon*

Sg. masc.	*Sg. fém.*	*Pl. masc.*	*Pl. fém.*
le meilleur	***la meilleure***	***les meilleurs***	***les meilleures***

*Mon ordinateur est **le meilleur** ordinateur du village.*	***le/la/les meilleur/e/s*** steht (attributiv verwendet) **immer vor dem Nomen.**
*Cette imprimante est vraiment **la meilleure**.*	
*Mes élèves sont **les meilleurs** élèves de notre école.*	
*Ces crêpes sont **les meilleures** crêpes de Nîmes.*	

Willst du „Er hat den besten Computer, **den ich kenne**" übersetzen, brauchst du für diesen Gliedsatz den *subjonctif:*
*Il a le meilleur ordinateur **que je connaisse.***
Die Regel dazu, die du im Kapitel *subjonctif* auf Seite 174 noch einmal findest, lautet: Nach Ausdrücken mit Ausschließlichkeitscharakter (*le seul, le dernier etc.*) bzw. nach Superlativen steht in Relativsätzen der *subjonctif.*

Setze die richtige Form des Adjektivs ein. (Komparativ: + , –; Superlativ ++, ––)

exemple: *Désirée est l'élève … (intelligent ++) de ma classe.*
… Désirée est l'élève **la plus intelligente** *de ma classe …*

1. Tu connais les pays … (++ cher) du monde?
2. Tarek et Gérard sont les joueurs … (–– doué) du club.
3. Nina aime porter son … (++ large) pull.
4. Mémé conserve encore les lettres … (–– vieux).
5. Alonso est le … (++ bon) pilote du championnat.
6. Marc a travaillé dans les restaurants … (++ chic) d'Europe.
7. Je pense que ma mère est … (++ conservateur) de la famille.
8. Les recettes d'Evelyne sont … (–– bon).
9. Pour lui, David Oistrak est … (++ grand) violoniste de tous les temps.
10. La boxe est le sport … (++ violent).
11. Cette émission est … (++ bête) de la télévision.

Setze die passenden Formen ein. (=, ≠, +, –, ++, ––)

1. Les tableaux de M. Tripes sont … (– cher) que les tableaux de M. West.
2. Ces factures de téléphone sont … (++ élevé) de l'année!
3. Mon oncle est presque … (= gros) qu'Obélix.
4. Isabella Adjani est … (++ secret) des stars du cinéma français.
5. Je préfère Juliette Binoche, elle est … (+ naturel) et … (= talentueux).
6. Il pense que l'alcool est une drogue … (+ dangereux) que le haschisch.
7. Mais l'alcool est la drogue … (++ accepté) dans notre société.
8. Les adultes devraient être … (++ bon) modèles.
9. Je te sers mon … (++ bon) vin parce que tu es ma … (++ bon) amie.
10. Ses résultats sont … (≠ catastrophique) que l'année dernière.

Übersetze (im Relativsatz *subjonctif!*).

1. Für viele Schüler sind die Übersetzungen die schwierigsten Übungen in diesem Buch. (la traduction, un exercice, difficile)
2. Das stimmt, aber ich glaube, dass es die wichtigsten Übungen sind. (important)
3. Mein Vater war der beste Vater, den man sich vorstellen kann. (imaginer)
4. Madeleine schreibt die besten Texte, die ich bisher gelesen habe. (jusqu'à maintenant)
5. Was war (= welches war) der amüsanteste Film, den du dieses Jahr gesehen hast?
6. Ich würde gerne mit euch in die modernste Bar gehen. (branché)
7. Mit diesem Blick (le regard) scheint unser Hund der ärmste Hund des Dorfes zu sein.
8. Sie ist die begabteste Schülerin, die ich je unterrichtete. (doué)

3. KAPITEL | *LES ADVERBES* – Die Umstandswörter (Adverbien)

Es gibt **einfache Adverbien** wie *hier, aujourd'hui, très* etc. und **abgeleitete Adverbien**. Letztere beschäftigen uns in diesem Kapitel.

A BILDUNG

1 Das Adverb wird mit der Endung *-ment* gebildet, die an die weibliche Form des Adjektivs angefügt wird.

Adjektiv		Adverb
m.	*f.*	
doux	***douce***	***doucement***
naturel	***naturelle***	***naturellement***

2 Endet das Adjektiv in der männlichen Form schon auf *-e*, wird die Endung *-ment* an diese angefügt.

facile	*facile*	***facilement***

3 Wenn die männliche Form des Adjektivs auf einen ausgesprochenen Vokal endet, wird die Endung *-ment* an diese Form gehängt.

vrai	*vraie*	***vraiment***	Ausnahme:
gentil	*gentille*	***gentiment***	*gai* – ***gaiement***

4 Besonderheiten

- Einige Adjektive bilden das Adverb auf ***-ément***:
  énormément, intensément, profondément, précisément etc.
- Adjektive auf ***-ant*** bzw. ***-ent*** haben eine erweiterte Form auf ***-amment*** bzw. ***-emment*** (wie *-amment* ausgesprochen):
  élégant – ***élégamment****; courant* – ***couramment****; fréquent* – ***fréquemment***
- **Sonderformen:**

bon	*bonne*	***bien***
mauvais	*mauvaise*	***mal***

5 Umschreibung mit *d'une façon (de façon) / d'une manière (de manière)*

Da nicht aus jedem Adjektiv ein Adverb auf *-ment* werden kann, gibt es **Umschreibungsmöglichkeiten**, die man auch verwenden kann, wenn ein abgeleitetes Adverb möglich ist. Das Adjektiv **wird** mit dem **(weiblichen)** ***façon*** **bzw.** ***manière*** übereingestimmt.

Max se conduit ***d'une façon étrange****.* (Max benimmt sich eigenartig.)
Il rit ***d'une manière folle****.* (Er lacht verrückt.)

A 1 – 4
25

Bilde zuerst die weibliche Form des Adjektivs und dann das Adverb.

final	finale	finalement (schließlich)
facile		
mauvais		
franc		
dangereux		
méchant		
gentil		
certain		
premier		
absolu		
complet		

26

Beschreibe die folgenden Situationen mit Hilfe eines Adverbs.

exemple: *Naomi est trop lent. Il devrait travailler moins* ... lentement ...

1. Je n'ai pas beaucoup de *patience*. Je ne peux pas attendre ... .
2. M. Brunetti est très *discret*. Il agit toujours ... .
3. C'est un *bon* professeur. Il explique ... .
4. Mme Gisèle porte des vêtements *élégants*. Elle s'habille ... .
5. Ma mère aime les voyages *confortables*. Elle voyage toujours ... .
6. Il est très *fier* de son fils. Il se promène ... avec lui.
7. Cet élève est très *poli*. Il demande toujours ... la parole.
8. Ma fille est une skieuse *rapide*. Elle ski toujours ... .
9. Le réceptionniste est vraiment *gentil*. Il s'occupe ... des touristes.
10. L'échec du parti politique est *apparent*. Les responsables ont ... fait des fautes.

27

Verwende die Umschreibung des Adverbs.

exemple: *La situation devient* ***critique****. Ses performances baissent (critique)* ... ▶ d'une façon critique ...

1. Il **hésitait** à avancer. Il marchait (hésitant) ... .
2. Les questions des enfants **agacent** les parents qui répondent (agacé) ... .
3. C'est un enfant **turbulent**. Il se comporte toujours (turbulent) ... .
4. Cette femme est très saine. Elle mange (sain et intuitif) ... .
5. Les avions sont des appareils **bruyants**. Ils décollent (bruyant) ... .
6. les Meier aiment les repas **légers**. Ils aiment se nourrir (léger) ... .
7. Ces reportages sont **fascinants**. Le reporter les présente (fascinant) ... .
8. Certains conducteurs sont **fous**. Ils conduisent (fou) ... .

B VERWENDUNG DES ADVERBS

1 Ein Adverb kann ein Verb näher bestimmen.

(Die Bezeichnung kommt von lat. **„ad verbum"**, was soviel bedeutet wie „zum Verb".)

Muriel ***travaille*** *lentement.* **Wie arbeitet** Muriel? ► langsam

Achtung: In einigen Wendungen haben die **Adjektive die Funktion eines Adverbs** und bleiben **unverändert.**

coûter cher	teuer sein	*parler fort*	laut sprechen
sentir bon	gut riechen	*sentir mauvais*	schlecht riechen
parler bas	leise sprechen	*chanter fort*	laut singen
chanter faux	falsch singen	*(y) voir clair*	klar sehen, durchschauen
travailler dur	hart arbeiten		

sentir = riechen — *Il se sent bien parce qu'il sent bon.*
se sentir = sich fühlen — Er fühlt sich wohl, weil er gut riecht.

2 Das Adverb kann ein Adjektiv näher bestimmen.

Elle est vraiment ***belle****.* **Wie schön**? ► wirklich schön!

3 Ein Adverb kann ein anderes Adverb näher bestimmen.

Elle dessine particulièrement ***bien****.* **Wie gut** zeichnet sie? ► ausgesprochen gut!

Um **nach dem Adverb zu fragen**, brauche ich **das Fragewort „wie" und das Wort**, das vom Adverb näher bestimmt wird!

4 Das Adverb kann sich auch auf einen ganzen Satz beziehen.

Heureusement, ***il est venu à l'heure.*** Glücklicherweise ist er pünktlich gekommen.

C STELLUNG DES ADVERBS

1 Adverb bestimmt Verb näher

- Bei einfacher Zeit steht das Adverb **nach** dem Verb: *Il travaille* ***lentement****.*
- Bei **zusammengesetzter Zeit** bzw. **Infinitivkonstruktionen** steht das Adverb **vor** oder **nach dem *participe passé*** bzw. **nach dem Infinitiv.**

  Il a travaillé ***lentement****. Il a* ***lentement*** *travaillé. Il va travailler* ***lentement****.*
- ***bien*** und ***mal*** stehen meist **vor dem *participe passé*/dem Infinitiv.**

  Il m'a ***mal*** *compris. Mais il a* ***bien*** *travaillé.*
  Il va ***bien*** *dormir. Mais je vais* ***mal*** *rêver.*

2 Bestimmt das Adverb ein Adjektiv oder Adverb näher, steht es vorher.

Il est ***vraiment*** *lent. – Il travaille* ***vraiment*** *lentement.*

Setze die richtige Form ein und finde heraus, wenn es sich um ein Adverb handelt, was es näher bestimmt!

1. J'aime ton parfum. Tu sens si … (bon).
2. Ce … projet (nouveau) est … (intéressant).
3. Nous dînons … (régulier) chez lui.
4. C'est … … (absolu, nécessaire).
5. Après ma discussion avec lui, je vois … (clair). Je le déstabilise … (terrible).
6. Ce livre m'a … (simple) donné de l'espoir.
7. Luc est … (complet) malheureux parce qu'il aime une fille qui est … … (extrême, joli). Mais elle ne le regarde même pas.
8. Ton fils est … … (joli, calme). Il a … (certain) fait une bêtise.
9. Tu dois parler … (fort). Sinon, la femme ne te comprend pas … (bon).
10. Les filles sont … … (particulier, agressif). Elles se comportent … (mauvais).
11. Il est un … (vrai) ami. Son avis compte … (immense) pour moi.
12. Sa voiture … (neuf) a … (total) brûlé dans son … (vieux) garage.
13. Je vais vous expliquer … (bref) le fonctionnement des adverbes.
14. Elle a … (sûr) oublié son sac quand elle a changé … (rapide) de métro.

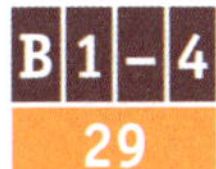

Übersetze.

1. Wir streiten nie wirklich bösartig. (se disputer, méchant)
2. Die beiden gehen regelmäßig gemeinsam abendessen.
3. Die Mutter erklärt den Kindern geduldig, warum sie um fünf Uhr früh noch nicht fernsehen dürfen. (expliquer, patient, devoir)
4. Das ist mir völlig egal. (complet)
5. Ich habe heute schlecht geschlafen. (mauvais)
6. Er würde gerne mehrere Sprachen fließend sprechen. (courant)
7. Sprich leise, weil das Baby noch nicht tief schläft. (bas; profond)
8. Sie warten ungeduldig auf ihre Antwort. (impatient)
9. Reagierst du manchmal spontan? Oder denkst du immer lange nach?
10. Er sagt uns nie offen, was er wirklich denkt.

Wohin mit dem Adverb?

1. Mon ami Sébastien aime s'habiller (élégant).
2. Eve m'a dit (franc) que mes vêtements ne lui plaisent pas (absolu).
3. Il a travaillé (dur).
4. Manon a répondu (sec) au prof qui l'a renvoyée (immédiat).
5. Cette valise pèse très (lourd) et sera refusée à l'enregistrement (probable).
6. Elle vient (régulier) à la salle de musculation.
7. Il discute (sérieux) avec son père sur ses projets professionnels.
8. La voiture a heurté (léger) l'arbre. Papa va se fâcher (certain).
9. Le politicien parle (ouvert) de la crise.
10. La nouvelle politique devrait aider (effectif) les immigrés.

3 Adverb bezieht sich auf ganzen Satz: Das Adverb steht vor dem Satz.

***Malheureusement**, il travaille lentement.*

D *TRÈS* ODER *BEAUCOUP*?

très (sehr) verstärkt ein **Adjektiv** oder ein **Adverb**, ***beaucoup*** (viel) verstärkt ein **Verb.**

*Pierre est **très** paresseux.*
*Il ne travaille pas **très** vite.*

*Paul travaille **beaucoup**.*
*Hier, il a **beaucoup** écrit.*

E DIE STEIGERUNG DES ADVERBS UND DER VERGLEICH

1 Regelmäßige Steigerung

- **Gleichheit** (=): ***aussi* + Adverb + *que*** + Vergleichsperson, -tier, -gegenstand

  *Pierre court **aussi vite qu'**un escargot.* Peter läuft so schnell wie eine Schnecke.

- **Komparativ**

  Mehr (+): ***plus* + Adverb + *que*** + Vergleichsperson (etc.)

  *Je cours **plus vite que** lui.* Ich laufe schneller als er.

  Weniger (–): ***moins* + Adverb + *que*** + Vergleichsperson (etc.)

  *Il court **moins vite que** moi.* Er läuft weniger schnell als ich.

- **Superlativ**

  „am meisten" (++) (*superlatif de supériorité*): ***le plus* + Adverb**

  *Je cours **le plus vite**.* Ich laufe am schnellsten.

  „am wenigsten" (– –) (*superlatif d'infériorité*): ***le moins* + Adverb**

  *Paulette court **le moins vite**.* Paulette läuft am wenigsten schnell.

Da das **Adverb unveränderlich** ist, ändert sich der **Artikel *le*** bei der Steigerung von Adverbien nicht.

*Tu cours **le plus vite**, elle nage **le plus vite**, Yves et Léo mangent **le plus vite**.*

2 Unregelmäßige Steigerung

gut	besser	am besten	schlecht	schlechter	am schlechtesten
bien	***mieux***	***le mieux***	***mal***	***pis***	***le pis***

*Claire lit **bien/mal**. Lisa lit **mieux/pis**.*
*Sam et Esther lisent **le mieux/le pis**.*

viel	mehr	am meisten
beaucoup	***plus***	***le plus***

*Mon mari lit **beaucoup**,*
*mes enfants lisent **plus**,*
*mais moi, je lis **le plus**.*

C 1-3

31

Wohin mit dem Adverb?

1. Tout le monde pose des questions et est curieux (évident, énorme).
2. Il voyage parce que son père est pilote et riche (sûr, gratuit).
3. Ma mère n'a pas remarqué ma rentrée tardive (heureux).
4. Elle dormait dans son lit quand je suis rentré (tranquille, prudent).
5. Elle perd son porte-monnaie (malheureux, constant).
6. Elle a oublié le rendez-vous chez le dentiste (total).

32

très oder *beaucoup*?

1. Je suis … heureuse de vous revoir. Vous n'avez pas … changé.
2. Madame Gibier? On la connaît … bien. Mais cette fois, on la trouvait … ennuyante, elle parlait …, toujours … vite et souvent trop fort.
3. Il ne s'intéresse pas … à la politique. Et il n'est pas … intellectuel non plus.
4. Il a … cherché avant de trouver cet emploi. Maintenant, il est … content.
5. Elle est … fatiguée parce qu'elle a … travaillé.

33

Setze die fehlenden Formen ein (*adjectif, adverbe,* Steigerungsstufen).

exemple: *Max écrit … (+ rapide) Julie.* ▶ **… plus rapidement/vite que …**

1. Le docteur Glocheux écoute ses clients … (++ patient).
2. J'adore ma tante. Avec ses 75 ans, elle ne court pas … (– rapide) que moi.
3. Il est … (drôle) poli. C'est l'homme qui me salue … (++ poli) du monde.
4. Cette année, Florian n'a pas travaillé … (+ sérieux) que son frère.
5. Laure veut toujours s'habiller … (++ joli).
6. Ce commissaire n'est pas aimé. Il agit … (– discret) que ses collègues.
7. Ma grand-mère dort … (+ profond) que mon grand-père.
8. Ce travail n'était pas … (facile), nous avons fait l'autre … (+ facile).
9. C'est toi qui comprends ce chapitre … (++ bon)?

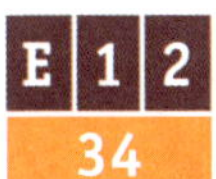

34

Setze richtige Formen ein: *bien/mieux/le mieux (!); mal/pis/le pis(–); beaucoup/plus/le plus (+)*. Manchmal sind verschiedene Stufen möglich.

1. Ces enfants lisent (–) … que les autres. Ils devraient travailler (+) … .
2. Elle crie (+) … que les autres enfants. Je pense que c'est elle qui crie (+) … .
3. La fille travaille (!) … à l'école. Elle apprend (!) … que son frère.
4. Je comprends (–) … le guide. Mais le touriste italien le comprend encore (–) … .
5. Nos professeurs font (+) … pour nous, mais nos parents font (+) … .
6. Quand il me parle de ses problèmes, je comprends (!) … pourquoi il vit seul.
7. Elle se sent (–) … à l'étranger.
8. Arrête. Tu ne chantes pas (!) …. A vrai dire, c'est toi qui chantes (–) … .
9. Elle joue (!) … au tennis mais c'est au ping-pong qu'elle joue (!) … .

4. KAPITEL	*LES ARTICLES* – DIE ARTIKEL

A *L'ARTICLE DÉFINI* – DER BESTIMMTE ARTIKEL

masc. singulier	*le*	*le père*	*pluriel*	*les*	*les pères*
fém. singulier	*la*	*la mère*	*pluriel*	*les*	*les mères*

Beginnt das Nomen mit einem Vokal (oder einem stummen *h*), bleibt von ***le*** und ***la*** nur ***l'*** übrig.

l'ananas	*l'hôtel*	*l'orange*	*l'heure*

B *L'ARTICLE CONTRACTÉ* – DER „ZUSAMMENGEZOGENE" ARTIKEL

Steht vor dem Artikel die Präposition ***à*** oder ***de***, so entstehen folgende Formen:

	à		*de*	
	masc.	*fém.*	*masc.*	*fém.*
singulier	***au***	***à la***	***du***	***de la***
pluriel	***aux***		***des***	

Beginnt man das Nomen mit einem Vokal oder stummem h, so verwendet man *à l'* und *de l'*.

David mange une crêpe ***au fromage*** *et une crêpe* ***à la confiture***.
M. Meyer montre le livre ***du chef*** *aux collègues* ***des bureaux***.

C GEBRAUCH DES ARTIKELS – ABWEICHUNGEN VOM DEUTSCHEN

1 Nach „*aimer*" und „*préférer*" verwendet man den bestimmten Artikel.

Yves aime ***le*** *café,* ***la*** *bière et* ***les*** *vins,* … ich hingegen mag Kaffee, Bier und Weine. (ohne Artikel im Deutschen!)

Valérie préfère ***les*** *films policiers.* — Lisa bevorzugt Horrorfilme.

2 In Wendungen, in denen ein Körperteil mittels eines Adjektivs bezeichnet wird, steht oft der bestimmte Artikel. (Im Deutschen nicht!)

Bernadette a ***les*** *cheveux blonds et* ***les*** *yeux marron.*
Bernadette hat blonde Haare und braune Augen.
Max a ***les*** *mains sales et* ***les*** *ongles noirs.*
Max hat schmutzige Hände und schwarze Nägel.

Petit, grand und *gros* stehen meist **vor dem Nomen. Daher:**
Il a de(s) petites oreilles, *de(s) grands yeux, de(s) grosses mains.*

3 Außerdem findest du den Artikel bei einer Menge fester Wendungen:

apprendre ***le*** *français*	*faire* ***la*** *cuisine,* ***le*** *ménage,* ***la*** *vaisselle*
avoir mal ***à la*** *tête,* ***à l'****estomac*	*faire* ***la*** *tête* (schmollen)
avoir ***le*** *temps de faire qch*	*jouer* ***du*** *piano,* ***de la*** *flûte etc.*
faire ***du*** *sport*	*jouer* ***aux*** *cartes,* ***au*** *football*

A
35

Setze die richtigen Artikel ein und bestimme das Geschlecht des Nomens, wenn es mit einem Vokal oder einem stummen *h* beginnt.

1. ... musée	... opéra	... théâtre
2. ... adresse	... clé	... numéro
3. ... concert	... ordinateur	... piano
4. ... halle	... vacances	... jardin
5. ... allumette	... ciseaux	... groupe
6. ... hôtel	... chambre	... eau

B
36

Setze die richtigen Formen ein.

1. ... clients ... hôtel (de) attendent ... dîner.
2. Est-ce que tu pourrais montrer ... chambres ... clients (à)?
3. Marcel aime habiter ... campagne (à), sa femme préfère ... ville.
4. Lisa aime s'occuper ... enfants (de) ... voisin (de).
5. Où sont ... Bertin? Ils sont déjà partis ... maison (de)?
6. Tu connais Paulette? C'est ... mère ... amie de Jean (de).
7. ... nuit tous ... chats sont gris.
8. Elle aime ... tennis, ... natation et ... randonnée.
9. Elle déteste ... sports d'hiver comme ... ski ou ... patinage.

37

Übersetze.

1. Ich habe braune Haare, große Ohren und immer rote Wangen. (*la joue*)
2. Du hast blonde Haare, du hättest jedoch lieber schwarze Haare. (*préférer*)
3. Valérie mag Rap und Soul, ihr Bruder bevorzugt Klassik.
4. Justine mag den Strand und die Hitze nicht (*détester*), sie hat die Berge lieber.
5. Sie betreibt gerne Sport und sie kocht gerne.
6. Nelsone hat blaue Augen und einen hellen Teint.
7. Sie mag Milch und Schokolade und sie liebt Nudeln mit Tomatensauce.
8. Nie hast du Zeit, mit mir einkaufen zu gehen.
9. Wenn ich heimkomme, muss ich kochen und abwaschen.
10. Wieso schmollst du?

38

Setze die richtigen Artikelformen ein.

1. Max aime regarder ... télé au lieu de faire ... cuisine.
2. Il préfère ... comédies musicales et ... jardinage.
3. Quand est-ce que ... mère de Jeanne vient ... maison?
4. Nous montrons les photos ... bébé ... professeur.
5. Si j'avais ... temps, j'aimerais apprendre ... russe et à faire ... cheval.
6. Comme elle a mal ... ventre, elle sort ... école et rentre.
7. ... lycée nous faisons ... exercices et à la maison ... devoirs.
8. Elle est arrivée ... mairie en passant par ... parc.
9. La mère ... Christine travaille ... bureau ... son oncle.
10. Quand Maurice rentre ... maison, il allume toujours ... télé.

4 Wichtig ist der Artikel auch bei Ausdrücken der Zeit

Jahreszeiten stehen **mit Artikel.**	*au début du printemps, au milieu de l'hiver*
Merke: ***en hiver, en été, en automne, au printemps***	
Monatsnamen stehen **ohne Artikel.**	*Il arrivera fin octobre; début août.* *Je partirai au mois de juin, en juin.*
Wochentage stehen **mit Artikel,** wenn sie näher bestimmt sind oder eine Wiederholung ausgedrückt wird.	*le samedi* = jeden Samstag, samstags *le samedi 13 octobre*
Wochentage stehen **ohne Artikel**, wenn der letzte oder der folgende gemeint ist.	*Samedi, nous irons au concert.* *Jeudi, elle est allée aux Galeries Lafayette.*
Tageszeiten stehen **mit Artikel** (außer ***midi*** und ***minuit***).	*le matin, le soir* *à trois heures de l'après-midi* *(à minuit, à midi, le repas du midi)*
Ergänzen *matin, après-midi* und *soir* eine andere Zeitangabe, stehen sie **ohne** Artikel.	*demain matin; jeudi après-midi* *hier soir*

le matin	morgens, am Morgen	*le soir*	abends, am Abend
l'après-midi	nachmittags, am Nachmittag	*cet après-midi*	heute Nachmittag
ce soir, ce matin	heute Abend, heute Morgen		

5 Der Artikel bei Eigennamen

Man verwendet ...	
... Personennamen ohne Artikel, außer wenn die Familie gemeint ist.	*Elle aime rencontrer Paulette et David.* *David est l'oncle de Brigitte.* *Les Meyer sont vraiment gentils.*
... Städtenamen ohne Artikel, außer wenn der Artikel dazugehört oder die Stadt näher bestimmt ist.	*Pierre habite à Cannes. Il vient de Paris.* *Cet été, Véro travaille au Havre.* *Nous visitons le nouveau Paris.*
... Ländernamen mit Artikel.	*Max adore l'Italie et connaît bien le Portugal.*

! **Die Präpositionen bei Ländernamen (in, nach, von ...)**

bei männlichen Ländern ***au/du***	*Je suis au Portugal et je viens du Brésil.*
bei weiblichen Ländern (und Ländern, die mit einem Vokal beginnen) ***en/de***	*J'habite en France, il vient d'Italie.* *Elle habite en Iran. Il vient d'Iran.*
bei Ländern mit Plural ***aux/des***	*Il est aux Etats-Unis, il vient des Pays Bas.*

Übersetze.

1. Am Montag bin ich immer müde, weil ich am Sonntag Sport betreibe. (*fatigué*)
2. Unsere französischen Freunde, die Chartiers, wollen Ende April kommen.
3. Ich möchte euch einladen, am Freitag, dem 14. November, zu mir zu kommen.
4. Da ich am 13. November auf einem Fest bin, werde ich am nächsten Tag erst zu Mittag aufstehen. (*se lever*)
5. Meine Mutter bevorzugt den Frühling, während mein Vater den Winter mag.
6. Meine Freundin sagt, dass sie sich im Sommer viel wohler fühlt als im Herbst.
7. Sag mir die Tage der Woche auf Französisch.
8. Du bist kurz nach Mitternacht nach Hause gekommen? (*rentrer*)
9. Gestern Abend hatte ich Kopfweh. Trotzdem stand ich heute Morgen um 6 Uhr auf. (*quand même*)
10. Warum kommst du jeden Freitag zu spät ins Büro?

A-C 1-5
40

Was fehlt denn da?

1. Vous pouvez m'apporter le courrier ... journée ... midi?
2. Tu sais pourquoi Alain fait ... tête? – Oui, il a mal ... gorge.
3. Son mari adore jouer ... billard et ... échecs.
4. J'attends ... mère ... Olivier demain ... matin.
5. Le fils ... Beate adore ... Mexique, il ne veut plus vivre ... Autriche.
6. ... hiver ... Hambourg, il faut mettre ... bonnet, ... gants et ... écharpe.
7. ... soir, Jules donne ... bain ... Kevin, il met ... table et fait ... vaisselle tandis que sa femme repasse ... linge et fait ... cuisine pour toute ... famille.
8. ... samedi, mon copain passe tout ... après-midi sur ... terrain ... foot.
9. Normalement, je rentre ... lycée ... une heure.
10. Tu as vu le nouveau film ... James Bond ... cinéma?
11. Non, je ne vais jamais ... cinéma, je préfère regarder ... films ... télé.

Übersetze.

1. Ich werde im Sommer nach Frankreich fahren.
2. Cécile kommt aus Frankreich, aber sie lebt in England.
3. Woher kommt das Au-pair-Mädchen? – Sie kommt aus Ungarn.
4. Hallo, Véronique! Wo bist du? – Ich bin in Le Havre, bei meinen Eltern.
5. Kennen Sie Prag? – Ja, das ist die Hauptstadt der Slowakei. – Aber nein, das ist die Hauptstadt von Tschechien.
6. Belgien muss schön sein. – Irene fährt im März mit ihrer Klasse nach Brüssel.
7. Welche Länder kennst du schon? – Ich kenne Italien, Spanien und Frankreich. Ich war auch schon in Holland, in Portugal, in Tunesien und in Ungarn.
8. In Großbritannien und in Irland fährt man auf der linken Seite der Straße. Das ist ein Problem für Leute, die aus Deutschland oder Österreich kommen.
9. Letztes Jahr ist Onkel Tim nach Luxemburg geflogen. Von dort ist er mit einem Mietwagen nach Deutschland gefahren.
10. Die Musik, die in Portugal sehr beliebt ist, heißt Fado.
11. Else hat schon viele südamerikanische Länder besucht, aber sie war noch nicht in Mexiko, Brasilien und Argentinien.

D *L'ARTICLE INDÉFINI* – DER UNBESTIMMTE ARTIKEL

masc. singulier	un	un père	pluriel	des*	des pères
fém. singulier	une	une mère	pluriel	des*	des mères

**des* ist nicht übersetzbar, denn im Deutschen steht in diesen Fällen kein Artikel!

Ihr kauft **Blumen**, *nous achetons **des** fleurs.*
Ihr schaut **Photos** an, *nous regardons **des** photos.*

E VERWENDUNG

- Sie entspricht im Wesentlichen der Verwendung im Deutschen – wenn man davon absieht, dass **in der (unbestimmten) Mehrzahl** ***des*** steht:

  Ich kaufe **eine** Uhr. *J'achète **une** montre.*
  Ich habe **einen** Picasso daheim. *J'ai **un** Picasso à la maison.*
  Viktor sucht ... Freunde. *Victor cherche **des** amis.*

- Befindet sich **vor einem Nomen in der Mehrzahl ein Adjektiv**, verwendet man hauptsächlich ***de*** (*des* ist auch möglich):

  *Tu as **de** belles chaussures.*

- Auch in **verneinten Sätzen** steht ***de***: *Il n'a pas **de** belles chaussures.*

F AUSLASSUNG DES ARTIKELS

- Bei **Berufsbezeichnungen** wird der unbestimmte Artikel meist weggelassen:
  Michel est professeur de sport. Son oncle était défenseur dans l'équipe de Marseille.

- Keinen Artikel verwendest du auch nach einigen **Präpositionen,** in manchen **adverbialen Ausdrücken** oder festen Wendungen:

  sans: mit best. Artikel bzw. besitzanz. Begleiter **oder** ohne unbest. Artikel

  Max est parti sans son/le porte-monnaie.
  Il est parti sans porte-monnaie.

  sans un/une =
  ohne eine(n) einzige(n)

***avec** joie*	mit Freude	***par** habitude*	aus Gewohnheit
***avec** plaisir*	mit Vergnügen	***par** surprise*	aus Überraschung
***avec** peine*	kaum	***par** chance*	glücklicherweise
***entre** amis*	unter Freunden	***entre** parenthèses*	in Klammern
		***entre** guillemets*	in Anführungszeichen

- **Und schließlich fehlt der Artikel bei manchen verbalen Ausdrücken:**

  avoir *besoin, envie, faim, peur, raison, soif*
  faire *attention, partie de qch, plaisir, peur, mal à qqn*
  perdre *courage, patience*
  prendre *feu, prendre garde, prendre place*
  rendre *service à qqn*

D **42**

***Un, une* oder *des*?**

1. … CD-ROM	… logiciel	… programmes
2. … poème	… femme auteur	… livre
3. … albums	… disque	… CD
4. … histoire	… ordinateurs	… souris
5. … appareils	… robot	… télécommande
6. … imprimante	… lecteur MP3	… téléviseur
7. … DVD	… monde virtuel	… lecteur DVD

E **43**

Setze die richtigen Formen des unbestimmten Artikels ein.

1. André rencontre M. Hu et M. Van, … industriels chinois. Ce sont … petits hommes avec beaucoup de pouvoir.
2. Qui est-ce? C'est Fabienne, … amie de ma mère.
3. Elle aime inviter … amis.
4. Tu connais … boulevard à Paris où il y a … cinémas?
5. Tu prends … verre de vin? – Non, je prends … bière.
6. Elle a … chien qui a … puces.
7. Ton père porte toujours … costumes gris et … grandes cravates.
8. Elle a vu … touriste qui cherchait … bon restaurant.
9. Elle a acheté … timbres parce qu'elle voulait envoyer … carte postale.
10. … jour, nous sommes allés voir … amis qui habitent … belle maison.

F **44**

Artikel oder kein Artikel?

1. Son père est … prof de musique. Il travaille dans … école à Vienne.
2. Tu fais ton travail avec … joie? – Oui, j'ai … bon job. Avec … chef qui est vraiment sympa.
3. Nathan voulait inviter … amis, mais il était parti sans … argent.
4. Quand il a … soif, il prend … boisson froide.
5. Quand il a … faim, il mange … sandwich.
6. Il va bientôt avoir … problèmes de santé.
7. Est-ce que tu prends ton café sans … sucre et sans … lait?
8. Je mets toujours … cuillère de sucre et … goutte de lait.
9. Elle a … tante et … oncle qui conduisent encore … moto à 70 ans.
10. Elle passe … journée entière avec … copains de classe.
11. Quand je suis enrhumé, je prends … bain et je bois … tisane.

F **3** **45**

Übersetze.

1. J'ai besoin de toi.
2. Il a perdu courage.
3. Tu as raison.
4. Ça me fait plaisir.
5. La voiture a pris feu.
6. Il fait partie d'un groupe Punk.
7. Papa va bientôt perdre patience!
8. Tu lui as fait mal!
9. Le bébé a faim.
10. Il crie quand il a soif.
11. Cet appareil est hors service.
12. Le patient est sous contrôle médical.
13. Elle a repris conscience.
14. Il a perdu conscience.

G *L'ARTICLE PARTITIF* – DER TEILUNGSARTIKEL

1 Die Formen

masc. sg.	*du*	*masc./fém. pl.* ***des****
fém. sg.	*de la*	
masc./fém. sg.	*de l'* (vor Vokal/stummem *h*)	

Jean boit du cidre, puis il prend de la limonade et après encore de l'eau.
Pépé boit seulement des jus de fruits.

* Anmerkung: Ob ***des*** Teilungsartikel ist oder die Mehrzahl des unbestimmten Artikels, ist nicht wirklich wichtig. Hauptsache, du verwendest es richtig.

2 Die Verwendung

- Den Teilungsartikel im Singular verwendet man, wenn man eine **unbestimmte Menge von nicht zählbaren Dingen** ausdrücken will (Milch, Alkohol etc.). Bei **zählbaren Teilmengen** nimmt man ***des***, wenn diese unbestimmt sind (Bäume, Äpfel etc.).

nicht zählbar		zählbar	
du lait, de l'alcool	Milch, Alkohol	*des arbres*	Bäume
de la bière, de l'eau	Bier, Wasser	*des pommes*	Äpfel

- Auch **bei abstrakten Begriffen** steht der Teilungsartikel.

  *Mémé croit qu'il y a **de la vie** sur Mars.* (... dass es Leben auf dem Mars gibt.)
  *E.T. aime écouter **du rap**.* (... hört gerne Rap.)

- Weiters wird er in manchen Wendungen eingesetzt, die **Aktivitäten** beschreiben.

  David aime faire du sport, il fait du ski et de la planche à voile et depuis quelques années, il fait aussi du skate. Son père reste à la maison et il y joue du piano, de la trompette et de la flûte.

H *DE* OHNE ARTIKEL

- ***de* ohne Artikel** verwendet man **nach Mengenangaben:** nach konkreten (*une tasse/un verre de*) und nach ungenaueren (*beaucoup de, trop de* etc.)

Mengenangaben		
une tasse de café	*un paquet de noix*	*beaucoup de* (viel)
un verre de limonade	*un litre de lait*	*peu de* (wenig)
une bouteille de vin	*un kilo de pain*	*trop de* (zu viel)
cent grammes de jambon	*une foule de touristes*	*assez de* (genug)
un sac de charbon	*un mètre de tissu*	*moins de* (weniger) etc.

G
46

Setze die richtigen Formen des Teilungsartikels ein.

1. La petite a mangé … chocolat. Ça se voit.
2. Qu'est-ce que tu prépares? … poisson? – Non, … poulet.
3. Mémé fait … confiture, … sirop et … eau de vie de framboises.
4. Sa troisième femme n'est pas belle, mais elle a … argent.
5. J'achète … poires pour faire … compote. Il me faut aussi … sucre.
6. Annie-Laure lit … romans policiers et écoute … jazz toute la journée.
7. Mes enfants aiment faire … bêtises et surtout … bruit.
8. Quand on s'occupe … enfants, il faut avoir … patience.
9. Christian a eu … chance, il a gagné au loto.

47

Bestimmter, unbestimmter Artikel, Teilungsartikel oder gar keiner?

1. A Paris, nous aimons … cafés et … petits quartiers.
2. La ville nous fait … plaisir et quand on a … faim, on mange … sandwichs grecs et on boit … coca. – Tu connais … boulevard Saint-Michel? – Oui, mais je préfère … Champs-Elysées.
3. En hiver, j'adore être chez moi, j'aime boire … thé et discuter avec … amis.
4. Nous offrons … pastis, … vin et … limonade quand … invités arrivent.
5. Quand elle a … mal à la gorge, elle prend … gouttes homéopathiques.
6. Elle a acheté … chaussures. Ce sont … belles chaussures.
7. Pour faire mon sandwich, tu prends … pain noir, … jambon et … cornichons.
8. Normalement, ils prennent … café et … croissants comme petit déjeuner.
9. Marie aime avoir … ongles noirs.
10. Il nous aide sûrement avec … plaisir.
11. … jour, je vais vous montrer … ville où je suis née.
12. Tina a … chance d'avoir … grands frères qui lui donnent … bons conseils.
13. Elle rentre tard … soir. Sa mère se fait toujours … soucis énormes.
14. … samedi et … dimanche les jeunes sortent, mais … samedi prochain, ils vont apprendre.
15. … élève a presque perdu … courage quand il a entendu … questions de biologie.

48

Was fehlt?

1. Il boit beaucoup … alcool, je crois même qu'il boit trop … alcool.
2. Notre chat aime manger … poulet. Il mange aussi … haricots verts.
3. Je suis au régime. Je mange … légumes et … fruits.
4. Je pourrais aussi manger un peu … viande pas trop grasse et … pâtes.
5. Tu as acheté … laine pour tricoter … chaussettes à ton chat! Tu es folle.
6. Mes enfants aiment boire une tasse … chocolat et manger … tartines.
7. Elle lit plus … livres que sa sœur mais sa sœur a … meilleures notes en français.
8. Autrefois, les clochards dormaient sous … ponts de Paris et buvaient … bouteilles … vin bon marché.
9. C'est le facteur! Oh là là, il apporte … paquets et beaucoup … lettres.

- Als **Mengenangabe** gilt auch die Frage nach dem „Wie viel"!

  Wie viel Wein trinkt er?
  Combien de vin est-ce qu'il boit?

- Die **verneinte Menge, eine „Nullmenge"** also (*ne ... pas/jamais/plus* etc.), ist ebenfalls **eine Mengenangabe**.

*Mon père **n'avait pas de** voitures.*	Mein Vater hatte keine Autos.
*Hervé **ne** boit **jamais de** vin.*	Hervé trinkt nie Wein.
*Nous **n'avons plus de** vin.*	Wir haben keinen Wein mehr.

Wenn ***être*** verneint wird, verwendet man den **Teilungsartikel**:

*Ce **n'est pas du** vin français.*	Das ist kein französischer Wein.
*Ce **ne** sont **pas des** blagues, mais des insultes.*	Das sind keine Witze, sondern Beleidigungen.

Hier wird **nicht die „Menge"** verneint, **sondern die Eigenschaft**!

I AUSNAHMEN

Es gibt einige „Mengenangaben", bei denen doch der Teilungsartikel (also ***du, de la, de l'*** und ***des***) verwendet wird.

la plupart du temps	**der Großteil** der Zeit
bien des *gens*	(sehr) **viele** Leute
la majorité des *élèves*	**die Mehrheit** der Schüler
le reste du vin	**der Rest** des Weins
la moitié des *enfants*	**die Hälfte** der Kinder

Im Deutschen steht **in diesen Fällen meist der Genitiv!**

une tasse de thé	eine Tasse Tee
le reste du vin	der Rest **des** Weins

Unbestimmter Artikel, Teilungsartikel, *de* oder gar nichts?

1. Je me demande combien ... argent il dépense pour ... cigarettes.
2. Ce ne sont pas ... légumes, ce sont ... fleurs.
3. A l'école, nous lisons ... livres allemands mais peu ... livres français.
4. Papa ne mange jamais ... poulet.
5. Pépé aime boire ... cognac chaque jour, mais il ne fume pas ... cigarettes.
6. Quand il est content, il raconte ... histoires amusantes à Mémé.
7. Mais Mémé préfère lire ... livres d'amour.
8. Quand nous préparions ... examen à l'université, nous apprenions pendant ... semaines. ... examens n'étaient pas du tout faciles.
9. ... immeubles des anciennnes banlieues se ressemblaient beaucoup.
10. ... habitants ne se sentaient pas bien. C'est pourquoi ... architectes ont créé ... nouvelles banlieues.
11. Il adore mettre ... phrases entre ... parenthèses.
12. Je m'intéresse à ... timbres et à ... pièces de monnaie des pays orientaux.
13. Tu veux un roman policier? – Non, je ne lis jamais ... romans, je lis seulement ... poèmes. – C'est vrai? Tu te moques de moi! – Non, vraiment, je lis énormément ... poèmes. Mon grand-père était ... poète. Il a publié beaucoup ... livres.
14. ... cheval entre dans ... bar et demande ... cognac. Le garçon lui apporte ... verre ... cognac sans être surpris. ... client regarde le cheval, il regarde le garçon, et puis il dit au garçon: Ce n'est pas curieux, ... cheval qui boit ... cognac? Le garçon répond: Si, parce que normalement, il boit ... bière.

Teilungsartikel oder nicht?

1. La plupart ... élèves ne connaissaient pas le Petit Prince.
2. Qui a pris le reste ... viande? – C'est le chat qui l'a mangé!
3. Quand elles sont comme ça, ce ne sont pas ... amies.
4. Trop ... adultes ne savent pas vraiment lire.
5. Bien ... gens croyaient que ce serait la fin du monde en l'an 2000.
6. Beaucoup ... étudiants travaillent pour pouvoir faire des études.
7. Ce sont souvent ... vieilles maisons qui ont ... atmosphère particulière.
8. On dit que ... hommes français ont beaucoup ... charme.
9. La petite ville a ... rues étroites, ... petites maisons et ... grand château.

Übersetze.

1. Am Samstagmorgen brachte man mir ein Paket (*apporter*). In diesem Paket waren viele CDs. Ich hatte die CDs bei eBay gekauft. Ich mag Techno und Hip-Hop, aber meine Mutter hört immer Opern. Die Hälfte der Arien ist schrecklich. Zu viel Lärm für meine kleinen Ohren.
2. Während der Herbstferien fahre ich nach Frankreich. Ich muss Französisch lernen. Ich kenne schon viele Grammatik-Kapitel, aber zu wenig Vokabel.
3. Am Vormittag trinkt er viele Tassen Kaffee, aber er isst kein Brot.
4. Nimm Mehl, Zucker, Eier und Öl und mach einen guten Kuchen.
5. Die Torten beim Zuckerbäcker schmecken gut und sind schön anzusehen.

5. KAPITEL	*LE CONDITIONNEL –* Die Möglichkeitsform (Konjunktiv)

Im Deutschen gibt es einen 1. und 2. Konjunktiv (er sei/wäre; er habe/hätte), wobei hier nur der **2. Konjunktiv** zählt, weil er dem *conditionnel* entspricht.

- Der **2. Konjunktiv der Gegenwart** wird von der **2. Stammform** des Verbs aus gebildet, und man erkennt ihn hauptsächlich bei den **starken Verben**. Bei den schwachen Verben sieht er in vielen Personen aus wie das Präteritum.

2. Stammform	ging	kam	lachte
2. Konjunktiv	**ich ginge**	**er käme**	**ich lachte***

* Ist er nicht als Konjunktiv zu erkennen, umschreibt man mit „würde" ▶ ich würde lachen.

- Der **2. Konjunktiv der Vergangenheit** wird gebildet mit der Personalform von **haben** oder **sein** im **2. Konjunktiv + dem Mittelwort der Vergangenheit** (= Partizip Perfekt) ▶ **ich hätte gegeben/ich wäre gegangen**.

Im Französischen gibt es das ***conditionnel présent*** und das ***conditionnel passé***.

A *LE CONDITIONNEL PRÉSENT (CONDITIONNEL I)*

Das *conditionnel présent* hat **zwei enge Freunde**: das ***futur*** und das ***imparfait***.
Der **Stamm** sieht aus wie beim ***futur***, vom ***imparfait*** hat es die **Endungen**!

Bildung:	STAMM +	ENDUNG
	Infinitiv (ohne *-e*)	***-ais, -ais, -ait, -ions, -iez, -aient***
	parler	*je* ***parlerais***
	finir	*tu* ***finirais***
	boir(e)	*nous* ***boirions***
	mettr(e)	*vous* ***mettriez***

Hier lässt sich die auch beim *futur* gebotene Merkmöglichkeit erweitern:
Eine Form ohne *r* hat keine Zukunft und auch keine Möglichkeiten!

B UNREGELMÄSSIGE *CONDITIONNEL*-FORMEN

aller (gehen)	*j'irais*	***falloir*** (nötig sein)	*il faudrait*
envoyer (schicken)	*j'enverrais*	***pleuvoir*** (regnen)	*il pleuvrait*
courir (laufen)	*je courrais*	***pouvoir*** (können)	*je pourrais*
mourir (sterben)	*je mourrais*	***savoir*** (wissen)	*je saurais*
tenir (halten)	*je tiendrais*	***voir*** (sehen)	*je verrais*
venir (kommen)	*je viendrais*	***vouloir*** (wollen)	*je voudrais*
faire (machen)	*je ferais*	***être*** (sein)	*je serais*
devoir (müssen)	*je devrais*	***avoir*** (haben)	*j'aurais*

A 52

Eine Übung zum Anfangen: Bestimme die Zeiten und überlege, ob du noch (oder schon) weißt, wie die Verbformen auf Französisch lauten.

1. ich werde sein, du hättest, er hat gedacht, er wäre gegangen, du schriebst
2. er wird genommen haben, er wäre, du bist gekommen, sie ist
3. wir werden vergessen haben, sie war gewesen, sie beendete, du hast
4. er arbeitete, er wird gewesen sein, ich hätte gesehen, du bist abgereist
5. wir sagten, du hast verlassen, wir lieben, du wirst sehen, sie sähe
6. er gäbe, du wirst ausgegangen sein, du wärst ausgegangen, er ginge aus
7. er hatte gehabt, du hattest, ich war angekommen, ich hätte gelacht

A 53

Finde die richtigen Formen des *conditionnel présent*.

1. je mets – je mettrais .... vous avez pensé ....
2. nous prendrons .... tu apprenais ....
3. ils choisissent .... il finit ....
4. vous dites .... je sortirai ....
5. j'ai bu .... j'ai lu ....
6. il a passé .... je termine ....
7. j'ai vécu .... tu croyais ....
8. je suis monté .... je montrais ....
9. elle avait mis .... vous travaillez ....
10. j'écris .... tu peins ....
11. il est parti .... elle essayait ....

A 54

Unterstreiche alle *conditionnel*-Formen.

1. ils attendraient, j'attendais, vous diriez, il rencontrait, il raconterait
2. je suis, je suivrais, tu lisais, nous prenions, je choisirais
3. nous entendions, vous prendriez, ils arriveront, tu écrirais, il fait
4. je montais, je monterais, je montrerai, nous montrions, il partirait
5. je courais, il lisait, nous payerions, vous assistiez, ils peindraient
6. tu travailles, elle rendrait, vous finissiez, nous jouions, ils faisaient

B 55

Die Gegenwart ist gegeben, suche die *conditionnel*-Form.

1. je suis … tu as …
2. nous prenons … il pleut …
3. vous dites … ils font …
4. ils doivent … vous pouvez …
5. tu vois … vous faites …
6. ils partent … nous savons …
7. ils vont … il faut …
8. elle rit … nous écrivons …
9. je comprends … je dors …
10. je meurs … ils veulent …
11. ils ont … j'ouvre …
12. il court … on voit …

- ***acheter, se lever, se promener, jeter, appeler*** etc.

  Bei diesen Verben verwendet man nicht den Infinitiv zur Bildung des *conditionnel*, sondern den **Präsensstamm**, bei dem es zu leichten **Änderungen in der Schreibweise** kommt, wenn die Form **stammbetont** ist (d.h., wenn man die Endung **nicht** hört).

acheter	*j'ach**è**te*	*j'ach**è**terais*	*(accent grave!)*
se lever	*je me l**è**ve*	*je me l**è**verais*	
jeter	*je je**tt**e*	*je je**tt**erais*	(Verdoppelung des
appeler	*j'appe**ll**e*	*j'appe**ll**erais*	Konsonanten)

- Verben, deren **Infinitiv auf *-yer*** endet, verwandeln ***y* vor einem stummen *-e* zu *i***:

nettoyer (reinigen)	*je netto**i**erais*
essuyer (abtrocknen, abwischen)	*j'essu**i**erais*

- Wenn sie auf ***-ayer*** enden, können sie das ***y*** behalten, wenn sie wollen:
  payer (zahlen) ► *je pa**y**erais* oder *je pa**i**erais*

C VERWENDUNG DES *CONDITIONNEL PRÉSENT*

- **Höfliche Bitte:** «*Est-ce que **vous pourriez** m'envoyer vos prospectus?*»
  Könnten Sie mir Ihre Prospekte schicken?
- **Persönlicher Wunsch** des Sprechers:
  «***Nous voudrions** passer quelques jours dans votre hôtel.*»
  Wir würden gerne einige Tage in Ihrem Hotel verbringen.
  (*je voudrais* und *j'aimerais* werden auch mit „gerne" übersetzt.)
- **Vorschlag:** «*A votre place, **je** n'**irais** pas dans cet hôtel.*»
  An Ihrer Stelle ginge ich nicht in dieses Hotel.
- **Verwirklichbare Möglichkeit:**
  «*Dans l'autre hôtel, **vous auriez** peut-être une réduction pour vos trois enfants.*» Im anderen Hotel bekämen Sie vielleicht eine Preisermäßigung ...
- **Vermutung:** Wenn ich bei der Überlegung, warum ich kein Prospekt von dem Hotel erhalte, «***On** n'y **aimerait** pas les enfants?*» denke, so könnte man das mit „Sollte man dort etwa Kinder nicht mögen?" übersetzen.
- ***Si*-Sätze:** Hier wird es für den **Fall der Möglichkeit** verwendet. Die Aussage dieses *Si*-Satzes ist zwar irreal, **könnte** aber noch verwirklicht werden, **wenn** bestimmte Umstände einträten! (Genaueres dazu siehe Seite 162 ff.)

SI-SATZ *imparfait*	HAUPTSATZ *conditionnel présent*
*Si **on avait** assez d'argent,*	***on prendrait** l'hôtel Sacher.*
Wenn wir genug Geld hätten,	würden wir das Hotel Sacher nehmen.

56

Gute Ratschläge ... Setze die Infinitive in die richtige *conditionnel*-Form.

1. Moi, je (faire) cet exercice maintenant, tu en (apprendre) beaucoup.
2. Moi, je (aider) mes parents aussi souvent que possible et ils (être) contents de moi.
3. Je (nettoyer) ma chambre chaque jour et ta mère (avoir) moins de travail.
4. Moi, je (se promener) une heure par jour et je (se lever) très tôt le matin pour faire de la gym.
5. Moi, je (ne jamais boire) d'alcool et je (ne pas fumer).
6. Moi, je (travailler) beaucoup et je (être) heureuse d'être étudiante.
7. Moi, je (aimer) aller au collège et après les cours, je (aller) à la maison tout de suite.
8. Moi, je (payer) tout avec l'argent que je (gagner) avec de petits boulots.
9. Moi, je (lire) un journal français et je (apprendre) de nouveaux mots.
10. Moi, je (dormir) la nuit! Vous ne me (trouver) pas dans une discothèque!

57

Formuliere aus den Tatsachen höfliche Bitten, Wünsche, Vorschläge oder Möglichkeiten.

exemple: *J'ai envie que ma mère me prépare un café.* ▶
... Je dis: Maman, tu pourrais me préparer un café?

1. Yves espère pouvoir *assister à la conférence de M. Bourdieu*. Il dit: ... (*aimer*)
2. Joseph *a besoin d'aide* et il dit à ses amis: J' ...
3. Chantal veut devenir actrice et tu crois qu'elle *est une bonne actrice*. Tu dis: Elle ...
4. Martine n'a pas eu de succès et toi, tu penses qu'*elle doit essayer encore une fois*. Tu lui dis: ...
5. Ton ami a un rhume depuis 15 jours. Tu lui dis: ... (*aller voir le médecin*)
6. Je veux que mon père me *prête de l'argent*. Je dis: Est-ce que tu ...
7. Tu as envie d'aller au ciné ce soir. Tu dis: J' ... (*aimer*)
8. Ses parents pensent que *Chloé doit essayer le ski* et lui disent: Tu ...

C

58

Vervollständige die *Si*-Sätze.

1. Si j'étais vous, je (ne rien dire).
2. Si nous avions plus de courage, nous (faire) de l'équitation.
3. S'il y avait plus de touristes dans notre région, nous (être) plus riche, (ne pas avoir) tant de chômeurs.
4. Si tu t'intéressais à la littérature, tu (lire) plus souvent des romans.
5. Si je trouvais un job où je gagnais plus, je (louer) une maison.
6. Si mon portable était performant, je (pouvoir) envoyer des mails avec.
7. Si Christine m'invitait, je (ne pas y aller).
8. S'il faisait beau, nous (pouvoir aller) à la plage.
9. Si les enfants savaient lire l'heure, ils (rentrer) chez eux.
10. Si le prof était absent, on (passer) la journée au café.
11. Si l'allemand était moins difficile, Cécile (l'apprendre).
12. Si j'avais tous les ingrédients, je (faire) une galette des rois.

- Das *conditionnel présent* wird auch in der **indirekten Rede** gebraucht. Wenn nämlich das Einleitewort in einer vergangenen Zeit steht, **ersetzt** das *conditionnel présent* das ***futur*** der direkten Rede. (vgl. Kapitel „Indirekte Rede", Seite 50 ff.)

  *Mon père a dit: «Nous **prendrons** l'hôtel Sacher, près de l'Opéra.»*
  *Mon père a dit que nous **prendrions** l'hôtel Sacher, près de l'Opéra.*

D *LE CONDITIONNEL PASSÉ (CONDITIONNEL II)*

Diese zweiteilige Verbform besteht aus:
Personalform ***avoir/être + participe passé*** im ***cond. présent***

je serais allé(e)	ich wäre gegangen
j'aurais parlé	ich hätte gesprochen

*j'**aurais** parlé*	*je **serais** allé(e)*		
*tu **aurais** parlé*	*tu **serais** allé(e)*		
*il **aurait** parlé*	*il **serait** allé*		
*nous **aurions** parlé*	*nous **serions** allé(e)s*		
*vous **auriez** parlé*	*vous **seriez** allé(e)(s)*	***j'aurais été***	ich wäre gewesen
*ils **auraient** parlé*	*ils **seraient** allés*	***j'aurais eu***	ich hätte gehabt

E VERWENDUNG

Zwei Verwendungsformen, die jeweils in anderen Kapiteln genauer besprochen werden, sind besonders wichtig.

- ***Conditionnel passé*** im ***Si*-Satz,** im **Fall der Unmöglichkeit**

SI-SATZ *plus-que-parfait*	HAUPTSATZ *conditionnel passé (conditionnel II)*
*Si **on avait été** plus riche,*	***nous aurions pris** l'hôtel Sacher.*
Wenn wir reicher gewesen wären,	hätten wir das Hotel Sacher genommen.
*Si l'oncle Picsou **avait payé**,*	***nous serions allés** dans le Sacher.*
Wenn Onkel Dagobert bezahlt hätte,	wären wir ins Sacher gegangen.

- ***Conditionnel passé* in der indirekten Rede**
  Steht das **Einleitewort in einer vergangenen Zeit**, so wird **aus der Vorzukunft** (***futur antérieur***) der direkten Rede das ***conditionnel passé* in der indirekten Rede.**

  *Mon père a dit: «Dans quelques jours, nous **serons** déjà **rentrés** de notre séjour à Vienne.»* (... werden wir schon zurückgekehrt sein ...)
  *Mon père a dit que nous **serions** déjà **rentrés** de notre séjour à Vienne quelque jours après.*

B
59

Setze die Sätze in die indirekte Rede.

1. J'ai dit: «Pendant les vacances, je dormirai longtemps, je lirai beaucoup et je courrai une heure chaque jour avec mon chien.»
2. Mes parents lui ont dit: «Nous irons en Italie et tu nous accompagneras. Nous te payerons l'hôtel et tu seras content, n'est-ce pas?»
3. Le banquier a dit: «Vous apporterez votre pièce d'identité, vous remplirez un formulaire et je vous ouvrirai un compte immédiatement.»
4. L'hôtesse nous a dit: «Vous déposerez vos bagages, vous vous enregistrerez et vous prendrez votre carte d'embarquement.»

D
60

Finde die verlangten Formen des *conditionnel passé* und übersetze sie.

1. je suis allé …	il savait …	ils avaient …	ils sont …
2. il choisit …	j'ai bu …	ils ouvrent …	elle est partie …
3. ils voulaient …	tu t'appelles …	ils ont couru …	je nage …
4. nous prenons …	tu te laves …	j'ai été …	j'avais vu …

E
61

Widersprich den Aussagen nach folgendem Muster.

exemple: *Il est resté à la maison toute la journée. (je, faire une promenade)* ▶
… Moi, je ne serais pas resté à la maison, j'aurais fait une promenade …

1. Alice a bu du thé et mangé du miel pour se soigner. (je, appeler le médecin et prendre des antibiotiques)
2. Grand-mère a organisé une fête pour le jour de son 75ième anniversaire. (la grand-mère de Fabien, rester seule à la maison)
3. Pendant les vacances, ils sont partis dans les Alpes. (nous, aller à la mer)
4. Joëlle gardait mon chat et je pouvais partir en vacances. (ma sœur)
5. Nous sommes allés voir le dernier film de Luc Besson «Arthur et les Minimoys". (je, lire un bon roman)

E
62

Nun noch ein paar *si-Sätze.*

1. Si le film (ne pas être) si intéressant, nous (quitter) le cinéma.
2. Si Liane (ne pas se tromper) de salle, elle (ne pas faire) la connaissance de son mari.
3. Si tu (lire) le journal, tu (savoir) qui est devenu Président des États-Unis.

63

Setze die direkte Rede in die indirekte.

1. Il m'a dit: «Je t'achèterai cette voiture dès que j'aurai gagné assez d'argent.»
2. Je leur ai dit: «Nous aurons bientôt appris assez pour avoir de bonnes notes.»
3. Nous lui avons promis: «Le Père-Noël passera dès que tu te seras endormie.»
4. Elle a dit: «Nous partirons dès que les enfants auront assez mangé.»

6. KAPITEL	***LES ADJECTIFS ET LES PRONOMS DÉMONSTRATIFS* – Die hinweisenden Begleiter und Fürwörter (Demonstrativpronomen)**

A *LES ADJECTIFS DÉMONSTRATIFS*

Ein ***adjectif démonstratif*** **begleitet** den **Namen** eines Lebewesens oder einer Sache, auf das/die man hinweist, das/die man hervorhebt.
Im Deutschen wird es übersetzt mit **dieser, diese, dieses / jener, jene, jenes.**
Das ***adjectif démonstratif*** wird in **Geschlecht und Zahl mit dem Nomen übereingestimmt**, auf das es sich bezieht.

	einfache Formen		zusammengesetzte Formen	
	Singular	Plural	Singular	Plural
m.	*ce, cet*	*ces*	*ce (-ci, -là); cet (-ci, -là)*	*ces (-ci, -là)*
f.	*cette*		*cette (-ci, -là)*	

- ***cet*** verwendet man, wenn das nachfolgende Nomen **mit einem Vokal** oder **einem stimmhaften *h*** beginnt: *cet ami, cet appartement, cet hôtel* ...

- Durch ***-ci*** verstärkt, fügt es zum hinweisenden Charakter die **Eigenschaft der Nähe in Zeit oder Raum** hinzu:

  *Je voudrais **ce gâteau-ci**, s'il vous plaît.* (... diesen hier vorne)

- Durch ***-là*** verstärkt, fügt es die **Eigenschaft der Entfernung** hinzu:

  *À **cette époque-là**, les femmes restaient à la maison.* (zu dieser Zeit, damals)

- Gleichzeitig verwendet man ***-ci*** und ***-là***, wenn man **zwei Personen oder Dinge einander gegenüberstellen will** (übersetzbar mit „dieses – jenes"):

  Laquelle est-ce que tu prends? Cette voiture-ci où cette voiture-là?

B *LES PRONOMS DÉMONSTRATIFS*

Die „Demonstrativpronomen" **ersetzen das Nomen**, auf das sie sich beziehen. Sie werden mit ihm **in Zahl und Geschlecht übereingestimmt.**

	Singular	Plural
m.	*celui (-ci, -là)*	*ceux (-ci, -là)*
f.	*celle (-ci, -là)*	*celles (-ci, -là)*
neutre	*ce, ceci, cela*	

- Die **einfachen Formen** *(celui, celle, ceux, celles)* brauchen eine **weitere Ergänzung**, wobei es verschiedene Möglichkeiten gibt. Es folgen zB

  + ***de*** — *C'est à qui, ce chien? – C'est **celui de notre voisin**.*
  *Cet article n'est pas intéressant. J'attends **celui de demain**.*

  + ein **Relativsatz** — *Regarde cette voiture. C'est **celle que** je vais acheter.*

A 64

Füge die richtige Form ein.

1. Vous pourriez m'expliquer .... chapitre de grammaire?
2. Qui est .... actrice? – De qui parles-tu?
   De .... femme .... où de .... jeune fille ....?
3. Qui a invité tous .... gens?
4. Ma mère n'aime pas .... mode.
5. Je ne comprends pas bien .... texte.
6. Qui sont les membres de .... groupe?
7. Je n'aime pas ces chaussures. Je préfère .... modèle-ci.
8. Moi, j'achèterais plutôt .... paire-là! C'est plus moderne.
9. Regarde .... immeuble! On dirait un bateau.
10. .... mangue me paraît mûre. Oh non, donnez-moi plutôt .... ananas-là!
11. .... nouvelle méthode de français est meilleure que .... vieux manuel-ci.

B 65

Setze die richtigen Formen ein.

1. Voici plusieurs CD, prends .... que tu veux.
2. Où sont tes photos? – Quelles photos? – .... que tu viens d'aller chercher au magasin.
3. Vous devez prendre le métro n°7, ... qui vient de passer!
4. Achète des vêtements mais seulement .... qui sont en solde.
5. J'ai acheté du chocolat. J'ai pris .... que tu adores, blanc aux noisettes.
6. Que .... qui veulent faire du ski lèvent la main!
7. .... n'a pas d'importance que tu gagnes ou pas.
8. J'ai reçu deux lettres aujourd'hui. Sur .... de Béatrice il n'y avait pas de timbre.
9. J'ai acheté des collants solides. ....là au moins durent longtemps.
10. Où est mon lecteur MP3, ... qui fait aussi lecteur vidéo?
11. De toutes les blagues, c'est .... des cannibales qui m'amusait le plus.

- Die Formen ***celui-là, celui-ci*** etc. genügen sich selbst, das heißt, sie **stehen allein**,
  - wobei die beiden Formen **zur Unterscheidung dienen**:
    Quelle voiture est-ce que tu prends? Celle-ci où celle-là?
  - jene mit ***-ci*** **auf etwas Näheres bzw. auf das Letztgenannte** verweisen:
    Je prends ce gâteau. Oui, celui-ci.
  - jene mit ***-là*** **auf etwas weiter Entferntes bzw. auf das Erstgenannte** verweisen:
    Ayrton Senna était un grand pilote. Oui, celui-là, on ne l'oubliera jamais.

- **Die neutralen Formen**
  Ceci weist auf etwas Näherliegendes hin bzw. auf etwas, von dem man sprechen wird, ***cela*** auf etwas weiter Entferntes bzw. auf etwas, von dem man gesprochen hat:
  Ceci *est à toi,* ***cela*** *est à moi.* (Das ist für dich, das/jenes für mich.)
  Je vais vous dire ***ceci*** (Folgendes)*: vous êtes insupportable!*
  Je vous ai dit ***cela*** *pour que vous sachiez ce que je pense de vous.*

  Cela steht auch als neutrales Subjekt (das, es) vor transitiven Verben:
  Cela *vous plaira.* Das/Es wird Ihnen gefallen.

  Das neutrale ***ce*** steht als Subjekt vor *être*: *C'est super, c'est magnifique.*

- ***c'est – il est*** **(es ist)**
  ce (es, das)
  - steht **vor einer Form von *être*** bzw. dann, **wenn das, worauf es sich bezieht, schon genannt wurde**:
    Mon frère va arriver demain. C'est super.

  il (es) steht
  - **vor *être* + *adjectif*, wenn ein *que*-Satz oder ein Infinitiv folgen:**
    Il est inacceptable qu'il ne rentre pas le soir.
    Il est bon d'avoir un frère avec qui on s'entend bien.
  - **vor unpersönlichen Verben** wie ***il faut, il semble, il pleut*** etc.

***Adjectif démonstratif* oder *pronom démonstratif*?**

1. Je vais te présenter à .... homme, si tu veux. C'est .... qui nous a vendu la voiture.
2. .... pantalon est un peu démodé. Mais ...., je peux vous le recommander.
3. Regarde .... femme. C'est .... dont j'ai parlé hier.
4. Écoute .... CD. Il est génial. C'est .... que je voulais te passer depuis longtemps.
5. Le dossier doit être rendu à .... date. Et .... n'est pas négociable.
6. De tous .... tableaux c'est .... que je préfère.
7. Je vous ai apporté .... pour ranger vos bijoux.
8. Les gens ne doivent plus fumer dans .... endroit. Il faut veiller à .... très attentivement.
9. .... armoire a trois pieds. .... est étonnant de voir comment elle tient debout.
10. .... n'est pas ma faute si je suis malade!
11. Depuis .... été il ne cesse de penser à .... Italienne. ....-là il ne peut pas l'oublier.
12. .... fait vingt ans qu'elle fait de la planche à voile au Havre. .... vous étonne?
13. J'adore .... chanson! Mais .... me fait pleurer de l'entendre.
14. Béa a fait une liste de courses: .... fois-ci, elle n'oubliera rien.
15. .... est la mode de ces bottes avec des franges. Véro déteste ....
16. .... magazine-là est très utile pour travailler son anglais.
17. Tu prends quelle place? – Je prends .... près de la fenêtre.

AB 67

Übersetze.

1. Die Probleme dieses Landes sind vor allem die eines armen Landes. (*pauvre*)
2. Wir konnten zwischen zwei Urlaubszielen wählen. Dasjenige, das er wählte, war das richtige.
3. Wir wollen diese Zimmer nicht. Diejenigen, die auf die Straße gehen, sind zu laut.
4. Unsere Eltern und die unserer Freunde werden zu Silvester daheimbleiben.
5. Diese CD hier gefällt meinem Mann, jene gefällt wahrscheinlich meiner Mutter.
6. Diese Kinder nerven uns – vor allem dieses da.
7. Ich hätte gerne einen neuen Computer. Aber der, den ich will, ist zu teuer. (*coûter cher*)

7. KAPITEL | *LE DISCOURS INDIRECT* – Die indirekte Rede und die indirekte Frage

EINLEITENDES VERB IN EINER ZEIT DER NICHT-VERGANGENHEIT

A WIEDERGABE EINES AUSSAGESATZES

Will man wiedergeben, was jemand gesagt oder gedacht hat, so muss man, wie im Deutschen, einige Dinge beachten:

1 Aus dem direkten Aussagesatz (durch Anführungszeichen gekennzeichnet) **wird ein Gliedsatz, der** (im Französischen immer) **mit *que* eingeleitet wird.**

Je dis: «Je suis fatigué, parce que j'ai mal dormi.» ▶
*Je dis **que** je suis fatigué parce que j'ai mal dormi.*

2 Personalpronomen, Personalformen, besitzanzeigende Begleiter und Objektvertreter können sich ändern!

Il dit à sa mère: «Tu es invitée chez moi parce que Jean voudrait te voir.
Et ton ami Hervé va venir aussi.» ▶
*Il dit à sa mère qu'**elle** est invitée **chez lui** parce que Jean voudrait **la** voir.*
*Il ajoute que **son ami** Hervé va venir aussi.*

3 Manche Orts- und Zeitangaben werden durch andere ersetzt.

maintenant	*à ce moment-là*	*dans une semaine (etc.)*	*une semaine plus tard*
*hier**	*la veille*	*il y a une semaine (etc.)*	*une semaine plus tôt*
*aujourd'hui**	*ce jour-là*		
*demain**	*le lendemain*		
ici	*là, là-bas*		

* Sie bleiben erhalten, wenn die direkte Rede am gleichen Tag wiedergegeben wird.

Il lui dit: «Aujourd'hui, tu vas manger chez nous, mais demain, on ira dans un restaurant où j'ai mangé il y a deux jours.» ▶
Il dit à sa mère qu'elle va manger chez eux ce jour-là, mais que le lendemain, ils iront dans un restaurant où il a mangé deux jours plus tôt.

B WIEDERGABE EINES IMPERATIVS

1 Der indirekte Befehl oder Vorschlag, die indirekte Bitte oder Aufforderung werden meist mit einer Infinitivkonstruktion gebildet:

Nach Verben wie *dire, demander, recommander, supplier, proposer etc.* kommt ***de***, und **dahinter** folgt der **Infinitiv des Verbs**, das in der direkten Äußerung steht.

Je dis à ma mère: «Viens chez nous.» ▶
*Je dis à ma mère **de venir** chez nous.*

68

Setze die direkte in die indirekte Rede.

1. M. Murc dit à son fils: «Nous achèterons un appartement à Majorque.»
2. Il lui répond: «C'est bien parce que je pourrai y passer mes vacances avec mes amis.»
3. Madame Murc dit: «C'est nous qui allons y passer nos vacances. Tu garderas la maison et nos animaux.»
4. Delphine dit à son père: «J'ai envie de manger un brownie. Tu peux aller m'en acheter un? Je voudrais un coca aussi.»
5. Son père lui répond: «Tu dois le chercher toi-même!»
6. Mélanie me raconte: «Hier, j'ai pris le thé avec ma grand-mère. Elle me demande toujours comment tu vas.»
7. Les enfants racontent: «Nous sommes allés au cinéma et ensuite nous avons mangé une glace. Caroline a eu peur des monstres.»

69

Suche die Ausgangssätze.

exemple: *Mon oncle dit qu'il ne sera pas chez lui.* ► **Mon oncle dit: …«Je ne serai pas chez moi.» …**

1. Jacques dit qu'il ne veut plus jamais revoir Nathalie. Il ajoute qu'elle l'a insulté la veille.
2. Nathalie lui dit qu'elle en a assez de cette vie et qu'elle veut le quitter.
3. Leur chef leur dit qu'il ne s'intéresse pas à leurs querelles privées et qu'ils doivent être au bureau avant huit heures. Sinon, ils auront des problèmes.
4. Véro annonce qu'elle va nous rendre visite avec son mari et ses cinq enfants. Je lui dis que je serai ravie de les voir et que nous avons assez de place pour eux.
5. Christophe téléphone et dit qu'il est en panne sur l'autoroute. Il ajoute qu'il ne pourra sûrement pas être à l'heure à son mariage!

70

Verwandle die indirekten Aufforderungen in direkte!

exemple: *Mon papa me dit de rentrer à l'heure.* ► **Il me dit: …«Rentre à l'heure»…**

1. Je dis à ma fille de faire ses devoirs.
2. Il propose à son chef d'acheter cet immeuble.
3. Le voisin nous demande de baisser le son.
4. Le défenseur dit au gardien de lui donner le ballon.
5. Le contrôleur nous dit de ne pas descendre avant l'arrêt.
6. Yves me dit de courir et de sauter dans le train.

2 **Kommen Objektvertreter oder rückbezügliche Fürwörter vor, stehen sie zwischen *de* und dem Infinitiv:**

*Je dis à ma mère: «Apporte-**le-moi**.»* ▶
*Je demande à ma mère de **me l'**apporter.*

*Je dis à mon fils: «Lave-**toi**.»* ▶
*Je lui conseille de **se** laver.*

3 **Verneinende indirekte Befehle oder Bitten werden so gebildet:**

dire etc. **+ *de* + *ne pas/plus/jamais*** etc. **(+ Objektvertreter) + *infinitif***

Je dis à ma mère: «Ne nous apporte plus de vin.» ▶
*Je dis à ma mère **de ne plus nous apporter** de vin.*

4 **Wenn der Befehl oder die Aufforderung an niemand Bestimmten gerichtet ist bzw. wenn erst aus dem Satz selbst klar wird, wer zu etwas aufgefordert ist, verwendet man zur indirekten Wiedergabe *que + subjonctif*.** (vgl Seite 166 ff.)

Elle demande: «Faites vos devoirs après le déjeuner.» ▶
*Elle demande **qu'on fasse** les devoirs après le déjeuner.*
*Elle **nous** demande **de faire** nos devoirs après le déjeuner.*

*Il souhaite: «**Laure**, reviens avant minuit.»* ▶
*Il souhaite **que Laure revienne** avant minuit.*

Achtung: Der ***subjonctif*** wird verwendet, wenn **Haupt- und Gliedsatz verschiedene Subjekte** haben bzw. **das Subjekt des Gliedsatzes nicht schon Objekt im Hauptsatz ist.**

C WIEDERGABE VON FRAGEN

1 Entscheidungsfragen

Sie werden mit ***si*** **(ob)** eingeleitet, und die Satzstellung bleibt „gerade", das heißt **„Subjekt vor Prädikat"**. Es gibt **keine Inversion und kein *est-ce que*.**

Je demande à ma mère: «(Est-ce que) tu veux manger chez nous?»
«Veux-tu manger chez nous?» ▶
*Je demande à ma mère **si** elle veut manger chez nous.*

Die persönlichen Fürwörter, die Objektvertreter und die besitzanzeigenden Begleiter ändern sich wieder, je nachdem, wer mit wem spricht.

*Il demande à sa mère: «**Tu** pourrais **m'**apporter **mon** album?»* ▶
*Il demande à sa mère **si elle** pourrait **lui** apporter **son** album.*

71

Setze die folgenden Aufforderungen und Befehle in die indirekte Form!

exemple: *Manon me demande: «Aide-moi à écrire ma thèse.»* ▶
Manon me demande de l'aider à écrire sa thèse.

1. Ta mère te supplie: «Apprends plus. Montre-moi tes cahiers.»
2. Je demande au prof: «Donnez-nous plus d'exemples.»
3. Raoul dit à son amie: «Dépêche-toi. Habille-toi et viens avec moi.»
4. Elle dit à son secrétaire: «Écrivez cette lettre encore une fois et montrez-la à mon associé. Dites-lui que c'est moi qui vous ai envoyé.»
5. Mehdi demande à Isabelle: «Présente-moi à tes parents.»
6. André leur dit: «Attendez-moi dans le café et commandez un scotch pour moi.»

B 2 3
72

Wie lauten die indirekten Sätze?

1. Je dis aux enfants: «Gardez Max et ne le laissez pas seul.»
2. Il dit aux élèves: «Faites votre travail. Ne bavardez pas. Soyez polis.»
3. Le Dr. Cyrulnik demande: «Ne séparons plus le corps et l'esprit.»
4. Il propose à ses lecteurs: «Ne soyez plus spectateurs de leur vie.»
5. Le Président demande: «Ne vous méfiez pas des hommes politiques.»
6. Il demande: «Ne les considérez pas comme des martiens!»
7. Le contrôleur dit: «Ne vous approchez pas trop du quai.»
8. La femme dit a son mari: «N'achète pas de croissants.»
9. Il la supplie: «Ne fais plus de régime!»

B 4
73

Forme die *subjonctif*-Sätze in Infinitivkonstruktionen um.

exemple: *Ma mère veut que nous restions à la maison. (dire)* ▶
...Ma mère nous dit de rester à la maison...

1. Simon veut que je lui apporte du coca et que je lui serve son repas. (demander)
2. Obélix souhaite qu'Astérix l'emmène quand il sort. (demander)
3. Madame Charbon ne veut pas qu'on fasse du bruit. (recommander)
4. Sabrina veut qu'on prenne sa voiture pour aller voir son frère. (proposer)
5. Ils ne veulent pas que nous t'accompagnions chez toi. (conseiller)
6. Le prof ne veut pas que ses élèves mâchent du chewing-gum. (interdire)

74

Bilde aus der direkten Frage eine indirekte.

1. Mon prof nous demande: «Êtes-vous toujours satisfaits de votre vie?»
2. Je demande à mes élèves: «Connaissez-vous Agrippine?»
3. La femme nous demande: «Avez-vous réservé vos tickets à l'avance?»
4. Le questionnaire nous demande: «Les Verts sont-ils un groupe de peintres impressionnistes?»
5. Elle me demande: «Tu as découvert un magasin? Tu t'es acheté cette jupe?»
6. Le journaliste demande à l'écrivain: «Est-ce un roman policier? Tirez-vous votre inspiration de votre vie à Tahiti?»

2 Ergänzungsfragen

- **Fragen nach Personen**
  - Sowohl nach dem **Subjekt** als auch nach dem **direkten Objekt** fragt man in der indirekten Rede mit ***qui***.

Elle me demande:	*Elle me demande*
*«**Qui (est-ce qui)** arrive le soir?»*	*… **qui** arrive le soir.*
*«**Qui est-ce que** tu as invité?»* *(«Qui as-tu invité?»)*	*… **qui** j'ai invité.*

  - Bei allen anderen, hinter Präpositionen stehenden Ergänzungen nimmt man **die jeweilige Präposition und *qui*** und fährt mit Subjekt und Prädikat fort.
    Inversion oder *est-ce que* haben in der indirekten Frage nichts verloren!

	Elle me demande
*«**A qui** ton père a-t-il acheté ce scooter?»*	*… **à qui** mon père a acheté ce scooter.*
*«**Pour qui** est-ce que tu fais ça?»*	*… **pour qui** je fais ça.*

- **Fragen nach Dingen**

Frage nach dem	**Subjekt:**	***ce qui***
Frage nach dem	**direkten Objekt:**	***ce que***
Frage mit irgendeiner Präposition nach anderen	**Ergänzungen:**	**Präposition + *quoi***

Vergleiche	
direkt	**indirekt**
Elle me demande:	***Elle me demande***
***Qu'est-ce qui** t'intéresse?*	*… **ce qui** m'intéresse.*
***Qu'est-ce que** tu fais?*	*… **ce que** je fais.*
***De quoi** parles-tu?*	*… **de quoi** je parle.*

- **Fragen nach Ergänzungen des Ortes, der Zeit etc.**
  Die Fragen werden **mit dem jeweiligen Fragewort** eingeleitet und haben dann **gerade Wortfolge**, also Subjekt vor Prädikat. (Keine Inversion, kein *est-ce que*!)

Je demande à ma mère:	*Je lui demande*
***Quand** est-ce que tu arrives?*	*… **quand** elle arrive.*
***D'où** viens-tu?*	*… **d'où** elle vient.*
***Pourquoi** Papa n'est-il pas arrivé?*	*… **pourquoi** Papa n'est pas arrivé.*
***Combien de jours** est-ce que tu restes?*	*… **combien de jours** elle reste.*

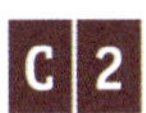

Mach aus den direkten Fragen indirekte.

1. Mon père demande à maman: «Pour qui est-ce que tu as préparé ce repas?»
2. Je demande à M. Baye: «Qui est-ce que vous avez rencontré hier soir?»
3. Nous leur demandons: «A qui avez-vous acheté ces fleurs?»
4. Dans mon e-mail, je lui demande: «Qui ton père a-t-il épousé?»
5. Elle me demande: «Sur qui vas-tu écrire ta thèse?»
6. La concierge demande à l'étranger: «Qui êtes-vous? Qui est-ce que vous connaissez ici? Qui cherchez-vous?»
7. Ma mère se demande: «Avec qui est-ce qu'elle sort encore ce soir?»
8. Nous demandons à Jacqueline: «Pour qui est-ce que tu te prends?»
9. Il leur demande: «De qui est-ce que vous vous souvenez sur cette photo?»

Übersetze.

1. Ich will wissen, wem du die Photos gezeigt hast.
2. Er fragt ihn, wovon der Vortragende gesprochen hat und was er über das besondere Problem gesagt hat.
3. Sie fragt uns, wen wir einladen wollen und was wir den Gästen anbieten werden.
4. Ich würde gerne wissen, was Ludovic hier gefällt.
5. Sie will dem Kommissar nicht sagen, was sie gestern Abend zwischen 7 und 9 Uhr gemacht hat und wen sie nachher gesehen hat.
6. Ich frage mich, wer diese Frau ganz in Rot ist.
7. Er fragt sich, was sie ihm heuer zu Weihnachten schenken wird.

C 2
77

Bilde aus den indirekten Fragen direkte.

1. Il veut savoir quand j'arriverai chez lui et qui j'emmènerai.
2. Lionel me demande ce qui m'intéresse dans la vie.
3. Les gendarmes demandent où sont les papiers du véhicule.
4. Ma sœur veut savoir combien de temps je laisse ma quiche au four.
5. Les touristes nous demandent comment ils vont au Mont Saint-Michel.
6. Le journaliste s'étonne de ne voir aucune photo dans ce livre.
7. Il demande à l'écrivain de quel sujet il s'agit dans son roman.
8. Je demande à Nathan sur quoi il est monté pour attraper la confiture.

Bilde indirekte Fragen, mit denen du nach den fett geschriebenen Ergänzungen fragst.

1. Ils habitent **à Lyon depuis trois années**. (*2 Fragen*) (Je veux savoir …)
2. Cet auteur? Je le trouve **magnifique**. (Il me demande …)
3. Dans cette classe, il y avait **35** élèves. (Vous me demandez …)
4. Il ne s'est pas amusé **parce qu'il avait mal à la tête**. (Je lui demande …)
5. Eve veut aller **jusqu'en Grèce en été**. (*2 Fragen*) (Je demande à Eve …)
6. Il a acheté **cette voiture il y a cinq mois**. (*2 Fragen*) (Pouvez-vous me dire …)
7. Le dernier train part **de la Gare St Lazare à 22h30**. (*2 Fragen*) (Je me demande …)

EINLEITENDES VERB IN EINER ZEIT DER VERGANGENHEIT

D ZEITENFOLGE IN DER INDIREKTEN REDE UND FRAGE

Steht das einleitende Verb in einer Zeit der Vergangenheit, ändern sich im Gliedsatz nicht nur Pronomen oder Begleiter des Nomen, die Personalformen und manche Zeit- oder Ortsangaben, sondern in manchen Fällen auch die Zeiten.

Zeitform der direkten Aussage	wird zu	Zeitform der indirekten Aussage
présent	wird zu	***imparfait***
passé composé	wird zu	***plus-que-parfait***
futur simple	wird zu	***conditionnel présent***
futur composé (aller + infinitif)	wird zu	***«futur composé dans le passé»*** (= *imparfait* von *aller + infinitif*)
futur antérieur	wird zu	***conditionnel passé***
passé simple	wird zu	***plus-que-parfait***
imparfait	**bleibt**	***imparfait***
plus-que-parfait	**bleibt**	***plus-que-parfait***
conditionnel présent	**bleibt**	***conditionnel présent***
conditionnel passé	**bleibt**	***conditionnel passé***

Ein Merksatz könnte also lauten:
Steht das einleitende Verb in einer Zeit der Vergangenheit, so gibt es im eingeleiteten Satz nur die Personalformendungen ***-ais, -ais, -ait, -ions, -iez, -aient***.

Il m'a dit:	*Il m'a dit*
Je suis fatigué parce que hier,	*qu'il était fatigué parce que la veille,*
j'ai lu le roman que j'avais acheté pour ton anniversaire.	*il avait lu le roman qu'il avait acheté pour mon anniversaire.*
Il te plaira aussi. *Tu pourrais le donner à ton frère après.* *Il va l'aimer.*	*Il a ajouté que le roman me plairait aussi et que je pourrais le donner à mon frère et qu'il allait l'aimer.*
Si tu étais arrivée hier, tu te serais moquée de moi. *J'ai lu toute la journée.*	*A la fin, il a encore dit que je me serais moquée de lui si j'étais arrivée la veille parce qu'il avait lu toute la journée.*

D 79

Setze eine passende Personalform ein.

1. Notre prof a constaté que nous (être) .... de très bons élèves qui (savoir) .... exactement combien ils (devoir) .... apprendre pour avoir de bonnes notes.
2. Elle m'a raconté qu'elle (déjà réserver) .... les chambres plusieurs semaines avant et qu'elle (y arriver) .... la veille. Elle a promis qu'elle (me écrire) .... une carte.
3. Bernadette avait pensé que sa mère (ne pas lui permettre) .... de partir avec ses amis.
4. Fabienne a dit à M. Gratte qu'elle (ne pas être) .... contente de son hôtel parce qu'il (y avoir) .... du bruit chaque nuit. Elle a ajouté qu'elle (ne pas venir) .... si elle (savoir) .... avant que l'aéroport (se trouver) .... à quatre kilomètres de l'hôtel.
5. Julie nous a demandé si nous (trouver) .... le chemin facilement ou si nous (chercher) .... longtemps.
6. Serge a raconté qu'ils (se retrouver) .... devant la pizzeria et qu'une moto (s'approcher) .... et quelqu'un (arracher) .... le sac à main de Nelly.

D 80

Gib das Gesagte indirekt wieder.

1. Claude a raconté: «J'ai pris seulement deux cours de tennis et je joue déjà comme un dieu. J'ai déjà battu le prof et maintenant personne ne veut jouer avec moi.»
2. Je voulais savoir auprès de Nathalie: «Qui est-ce qui va arriver, combien de personnes est-ce que tu as invitées, qu'est-ce qu'on leur servira et où pourrions-nous trouver assez de chaises pour elles?»
3. Raymonde lui a écrit: «J'espère que vous allez bien et que votre fils n'est plus malade. Si on avait su qu'il était si malade on aurait apporté des médicaments pour lui qui soulagent souvent mon mari qui souffre de la même maladie.»
4. Elle a dit à ses élèves: «Je ne peux plus corriger certains de vos travaux parce que mon chien les a déchirés. Quand je suis rentrée, il était si heureux qu'il m'a renversée. Les cahiers sont tombés par terre, il les a pris et voilà – certains sont illisibles. On va refaire le travail encore une fois. Vous êtes d'accord?»
5. J'ai demandé au serveur: «Est-ce que vous pouvez m'apporter la carte? Est-ce que je peux déjà avoir l'apéritif? Où sont situées les toilettes?»

8. KAPITEL *LE FUTUR* – Die Zukunft (Futur)

Im Deutschen ist die **Zukunft eine zweiteilige Zeitform**, sie besteht aus **Personalform von werden** + **Infinitiv**: ich **werde erklären**.

A *FUTUR COMPOSÉ*

Futur composé – die „zusammengesetzte Zukunft" (sie heißt so, weil sie aus zwei Teilen besteht).

Bildung: Personalform von *aller* + Infinitiv

je	***vais***	*expliquer*	ich werde erklären
il/elle	***va***	*voir*	er wird sehen
nous	***allons***	*chanter*	wir werden singen
ils	***vont***	*venir*	sie werden kommen

B *FUTUR SIMPLE*

Dieses besteht, wie der Name schon sagt, aus einer **einfachen Verbform**.
Bildung: Infinitiv (ohne *-e*) **+ *-ai, -as, -a, -ons, -ez, -ont****

parler	*je parler**ai***
finir	*tu finir**as***
sortir	*il sortir**a***
boire	*nous boir**ons***
mettre	*vous mettr**ez***
prendre	*ils prendr**ont***

* Fällt dir bei den Endungen etwas auf? Es sind die **Formen von *avoir***, nur fehlt in der 1. und 2. P. Plural jeweils das *av-* (*j'ai, tu as, il a, nous (av)ons, vous (av)ez, ils ont*).

Da das **wesentliche Kennzeichen einer richtigen Futurform das *-r-* ist**, kannst du dir die Formen gleich mit ihm merken: ***-rai, -ras, -ra, -rons, -rez, -ront***

Eine **zweiter Merkhilfe-Satz** heißt: **„Eine Form ohne *r* hat keine Zukunft."**

C UNREGELMÄSSIGE FUTURFORMEN

aller (gehen)	*j'irai*	*pleuvoir* (regnen)	*il pleuvra*
envoyer (schicken)	*j'enverrai*	*pouvoir* (können)	*je pourrai*
courir (laufen)	*je courrai*	*savoir* (wissen)	*je saurai*
mourir (sterben)	*je mourrai*	*voir* (sehen)	*je verrai*
tenir (halten)	*je tiendrai*	*vouloir* (wollen)	*je voudrai*
venir (kommen)	*je viendrai*		
faire (machen)	*je ferai*	***avoir***	***j'aurai***
devoir (müssen)	*je devrai*	***être***	***je serai***
falloir (nötig sein)	*il faudra*		

81

Setze die Sätze in das *futur composé*. (Beachte die Stellung der Pronomen!)

1. Elle entre toute de suite.
2. Nous n'écrivons pas cette lettre.
3. Tu vois le bébé dans quelques secondes.
4. Vous le faites tout seul.
5. Ils ne leur demandent pas quand ils arrivent.
6. Il m'offre un verre de champagne.
7. Nous ne sortons pas ce soir.
8. Il revient tout de suite et il lui donnera le paquet.
9. Maman essaie de m'envoyer un e-mail.

82

Übersetze, indem du das *futur composé* verwendest.

1. Wann werdet ihr heimgehen? (rentrer)
2. Was wirst du heute Abend tragen? (porter)
3. Er wird uns sicher gerne zuhören. (écouter)
4. Du wirst mit ihm ins Krankenhaus fahren? (aller)
5. Sie werden dort sicher schnell Freunde finden. (trouver)
6. Ich werde mich in einigen Minuten um Sie kümmern. (s'occuper)
7. Nachher wird man uns fragen, warum wir nichts gesagt haben.

83

Finde die richtigen Futurformen.

1. je dis …	vous sortez …	nous prenons …
2. ils aident …	tu invites …	je pars …
3. il apporte …	nous applaudissons …	je finis …
4. nous écrivons …	tu devines …	nous croyons …
5. nous plaisons …	vous lisez …	nous rions …
6. il suit …	je vis …	elles offrent …

C
84

Setze die eingeklammerten Infinitive in das *futur simple*.

1. Il dit: «Je (mourir) de faim bientôt. Qu'est-ce que tu (faire) sans moi?»
2. Il (falloir) savoir comment réagir.
3. Quand est-ce que vous (aller) au théâtre ensemble?
4. Cette fille ne (comprendre) jamais ce que je lui explique.
5. Je (venir) chez toi si j'arrive à Lyon à l'heure.
6. Il (devoir) être nécessaire de parler avec les voisins.
7. Il croit que nous (avoir) beaucoup de problèmes avec le nouveau chef.
8. Je suis sûr que tu (vouloir) te reposer après ton arrivée.
9. Quand est-ce qu'ils nous (envoyer) les prospectus demandés?
10. Quand il (pleuvoir), je (rester) à la maison.
11. Il (prétendre) ne rien savoir et il ne (savoir) vraiment rien.
12. Je me demande qui nous (voir) ce soir chez notre mère.
13. Pourquoi est-ce que tu ne (pouvoir) pas venir?
14. Vous (connaître) les résultats des examens demain matin.
15. Les clients (payer) leur note, puis ils (quitter) l'hôtel.

- ***acheter, se lever, se promener, jeter, appeler etc.***

  Bei diesen Verben verwendet man nicht den Infinitiv zur Bildung der Zukunft, sondern den Präsensstamm, bei dem es zu leichten **Änderungen in der Schreibweise** kommt, wenn die Form **stammbetont** ist (d.h., wenn man die Endung nicht hört!):

acheter	*j'achète*	*j'achèterai*	*(accent grave!)*
se lever	*je me lève*	*je me lèverai*	
se promener	*je me promène*	*je me promènerai*	
jeter	*je jette*	*je jetterai*	(Verdoppelung des Konsonanten)
appeler	*j'appelle*	*j'appellerai*	

- **Verben, deren Infinitiv auf *-yer* endet, verwandeln *y* vor einem stummen *-e* zu *i*.**

nettoyer	*je nettoierai*	reinigen
essuyer	*j'essuierai*	abtrocknen, abwischen

Wenn sie auf ***-ayer*** enden, können sie das ***y*** behalten, wenn sie wollen:

payer	*je payerai* oder *je paierai*

D VERWENDUNG DES *FUTUR SIMPLE*

- Man drückt damit ein **Geschehen** aus, das **in der Zukunft** liegt.

  En été, nous irons en Grèce avec toute la famille.

- Man drückt mit dem *futur simple* auch mehr oder minder starke **Befehle** aus.

  «Tu rentreras à trois heures et tu seras à l'heure», dit son père.»
  („Du wirst um drei Uhr zu Hause sein und du wirst pünktlich sein", sagt sein Vater.)

- Außerdem verwendet man das *futur simple*, wenn man jemanden **höflich um etwas bittet**.

  «Je vous demanderai de me montrer votre carte d'identité.»
  („Ich möchte/werde Sie bitten ...")

- Eine wichtige Verwendungsmöglichkeiten ist jene **in Bedingungssätzen**, also in ***Si*-Sätzen**. Hier braucht man es in den „Fällen der Wirklichkeit".

***Si*-Satz**	**Hauptsatz**
présent	***futur simple***
Si tu pars demain,	*je t'accompagnerai.*
Si tu ne dis pas la vérité,	*je demanderai à votre prof ce que tu as fais.*

(Genaueres zum Thema ***Si*-Sätze** findest du ab Seite 162.)

85

Bei der Hellseherin …
Setze die richtigen Futurformen ein.

1. Ah, bonjour, Mademoiselle, donne-moi ta main et je te (*dire*) ce que ton avenir t'(*apporter*). Tu (*avoir*) au moins quatre enfants, c'est sûr, et tu (*vivre*) avec eux dans une grande maison près d'une grande ville. Tu (*mener*) une vie de princesse, et tu (*ne pas être*) souvent seule car ton mari (*travailler*) par Internet à la maison. Il t'(*acheter*) tout ce que tu (*désirer*). Vos enfants (*faire*) de grandes études et (*habiter*) à l'étranger. Mais tu les (*voir*) souvent avec tes petits-enfants.
2. Monsieur, attention! Un sorcier vous (*jeter*) un sort. Vous (*perdre*) votre travail et vous ne (*payer*) plus vos factures. On vous (*expulser*) de votre maison et vous (*mener*) une existence misérable. Vous (*essayer*) de faire un hold-up, mais la police vous (*arrêter*) et vous (*aller*) en prison. Monsieur, si vous venez me voir à temps, je (*conjurer*) le sort et je vous (*sauver*). Je vous (*épouser*) et nous (*avoir*) une vie magnifique ensemble.
3. Et vous, les enfants, vous (*être*) de très bons élèves! Vos parents (*être*) fiers de vous et vous (*obtenir*) votre bac très jeune. Vous (*faire*) des études à l'université et vous (*avoir*) des places importantes. Vous (*devenir*) chercheurs ou vous (*construire*) de grands édifices. Vous (*aimer*) vos jobs et votre vie.

C
86

Eine Übung zum „Automatisieren" der Verbformen.

1. er wird heißen, wir werden zahlen, du wirst hinzufügen
2. du wirst haben, er wird anbieten, er wird kommen, es wird regnen
3. ich werde kaufen, er wird warten, du wirst müssen, er wird sagen
4. wir werden schicken, man wird sehen, ich werde gehen, du wirst sein
5. ich werde laufen, sie wird wollen, er wird versuchen, du wirst halten
6. ich werde erhalten, er wird gefallen, du wirst auswählen
7. ich werde mich langweilen, er wird aufstehen, sie wird heißen

D
87

Übersetze und verwende *futur simple*, wenn möglich.

1. Falls er mich anruft, werde ich ihn fragen, ob er mit mir auf den Ball geht.
2. Da meine große Schwester noch keine Dauerbeschäftigung hat, wird sie eine Zeitarbeit annehmen müssen. (*travailler en intérim*)
3. Wenn wir nicht mehr lernen, wird er uns schlechte Noten geben.
4. Du wirst jetzt sofort deine Mutter anrufen und du wirst ihr sagen, dass du bei uns bist!
5. Wie ich sie kenne, wird sie wieder verrückte Ideen haben.
6. Nächstes Jahr werde ich Französisch studieren.
7. Ich werde jetzt aufstehen und für unsere Freunde Kaffee machen.
8. Wann werden eure Gäste kommen?
9. Dieses Team wird nie Fußballweltmeister werden.

E *FUTUR ANTÉRIEUR* – DIE VORZUKUNFT

Sie ist im Deutschen eine dreiteilige Verbform, die gebildet wird aus:

Personalform von werden + **Partizip Perfekt** + **haben/sein**

ich **werde gesprochen haben**
du **wirst gekommen sein**

Im Französischen besteht sie aus nur **zwei Teilen:**

Personalform *von* ***avoir/être**** *im* ***futur*** + ***participe passé*** **

j'aurai parlé ich werde gesprochen haben
tu seras venu(e) du wirst gekommen sein

* Du musst unbedingt wieder wissen, welche Verben mit ***avoir*** und welche mit ***être*** abgewandelt werden! (Das ist wie das kleine „Einmaleins" in Mathematik!)

** Außerdem müssen dir die **Formen** des jeweiligen ***participe passé*** klar sein!

Zur Erinnerung:	*j'aurai parlé*	*je serai allé(e)*
	tu auras parlé	*tu seras allé(e)*
	il aura parlé	*il sera allé*
	nous aurons parlé	*nous serons allé(e)s*
	vous aurez parlé	*vous serez allé(e)(s)*
	ils auront parlé	*ils seront allés*
	j'aurai été – **ich werde gewesen sein** ***j'aurai eu*** – **ich werde gehabt haben**	

F VERWENDUNG DES *FUTUR ANTÉRIEUR*

- Die Vorzukunft beschreibt ein Geschehen, das **zu einem bestimmten Zeitpunkt in der Zukunft beendet** sein wird.

  In drei Wochen werde ich dieses Buch beendet haben.
  Dans trois semaines, j'aurai terminé ce livre.

- In Verbindung mit dem *futur simple* bezeichnet es eine **Handlung**, die **vor der Handlung im *futur simple* beendet** sein wird.

  Wenn ich das Buch beendet haben werde, werde ich nach Italien fahren.
  Quand j'aurai terminé ce livre, j'irai en Italie.

QUAND J'AURAI TERMINÉ CE LIVRE, J'IRAI EN ITALIE!

88

Formen üben – je automatisierter sie für dich sind, umso leichter tust du dir, wenn du sie einmal „schnell brauchst". Bestimme die Zeit und setze den Infinitiv und die jeweilige Person im *futur antérieur* dazu.

1.	j'avais …	je pouvais …	ils veulent …
2.	tu viendras …	nous partirons …	j'ai pris …
3.	elle avait vendu …	tu arriverais …	ils disent …
4.	nous étions …	ils voyaient …	vous devriez …
5.	elle fera …	nous écrivons …	ils boiraient …
6.	on passera …	il aurait appris …	je vais …
7.	je me promène …	nous mangeons …	j'avais conseillé …
8.	il a organisé …	nous sommes sortis …	tu t'étais levé …
9.	tu aurais téléphoné …	elle connaîtra …	elle a trouvé …
10.	elles restent …	vous avez nagé …	on recrutait …
11.	tu mens …	je cousais …	il a peint …
12.	nous avons entendu …	je répondais …	elles ont dansé …

89

Zwei Handlungen im Infinitiv … Setze sie so in Beziehung zueinander, dass du einmal *futur simple*, einmal *futur antérieur* verwendest.

1. Je, recevoir, les résultats – je, te les, transmettre (dès que)
2. Tu, finir, ton travail – tu, me le, dire (aussitôt que)
3. Ma mère, prendre sa retraite – elle, retourner vivre à la campagne (quand)
4. Tu, lire ce roman – tu, comprendre mieux comment nos parents ont vécu (dès que)
5. Vous, planter, les fleurs – je, venir, les, arroser (quand)
6. Elle, avoir, son bac – elle, s'inscrire, à l'université (une fois que)
7. Je, revenir, du travail – nous, se mettre à table (dès que)
8. Les plans, être, terminés – la construction, commencer (quand)

F

90

Übersetze.

1. Morgen um diese Zeit wird mein Vater seinen Partner schon getroffen haben. (*son interlocuteur*)
2. Sie wird nicht mehr in die Schule gegangen sein.
3. Meine Töchter sind vor Mitternacht heimgekommen. Sie werden sich nicht amüsiert haben in dieser Bar.
4. Ich werde nach Paris fahren, wenn ich dieses Buch beendet haben werde.
5. Er hatte Erfolg. Er wird nicht mehr nervös gewesen sein.
6. Deine Großmutter wird ihre Einkäufe im Internet gemacht haben. (*faire son shopping sur Internet*)
7. Mein Onkel wird sein Auto verkauft haben.
8. Bald werden viele Krankheiten verschwunden sein. (*disparaître*)
9. Im Jahr 2020 werden alle Leute ein kleines elektrisches Auto gekauft haben. (*une voiture électrique)*
10. Naturkatastrophen werden die Verantwortlichen endlich auf die Idee gebracht haben, etwas zu verändern. (*donner l'idée à qqn*)

9. KAPITEL	*LE GÉRONDIF ET LE PARTICIPE PRÉSENT* – Der *gérondif* und das Mittelwort der Gegenwart (Partizip Präsens)

A BILDUNG UND GEMEINSAMKEITEN

Mit diesen beiden Formen kann man **Sätze verkürzen**, sie sind **unveränderlich** und werden **gleich gebildet**. Vor dem ***gérondif*** steht jedoch ***en***.

Bildung: Stamm: 1. Person Plural (ohne Endung *-ons*) **+ *-ant***

1. P. Pl.	*gérondif*	*participe présent*	Ausnahmen
nous rions	***en riant***	***riant***	*être* – ***étant*** *avoir* – ***ayant*** *savoir* – ***sachant***
nous prenons	***en prenant***	***prenant***	

- **Objektvertreter oder rückbezügliche Fürwörter** stehen unmittelbar **vor dem *gérondif*** und dem ***participe présent***.
  Die **Teile der Verneinung umschließen** das ***gérondif*** oder das ***participe présent* und diese Pronomen**.

  En ne buvant plus de café, elle dort mieux.
  Ne s'intéressant pas à l'art, Papa ne va jamais aux musées.
  En lui coupant les cheveux, elle lui a coupé l'oreille.

B *LE GÉRONDIF* UND SEINE VERWENDUNGSMÖGLICHKEITEN

Es drückt verschiedene Aspekte aus, kann aber **nur verwendet** werden, wenn der **Hauptsatz** und der verkürzte **Gliedsatz dasselbe Subjekt** haben!

1 Zum Ausdruck der Gleichzeitigkeit

Il écoute du Mozart en conduisant le tracteur.
Er hört Mozart, während er Traktor fährt/beim Traktorfahren.

Schlüsselwörter im Deutschen	im Französischen
während; immer wenn; als; beim + hauptwörtlich gebrauchtes Verb	*quand, pendant que, lorsque*

Soll betont werden, dass **zwei Handlungen**, die **nicht recht zusammenpassen**, **gleichzeitig** stattfinden, kann man das ***gérondif*** **durch *tout*** verstärken:

Elle a maigri ***tout en mangeant*** *régulièrement ses repas.*

2 Zur Verkürzung eines Artsatzes (Modalsatz)

Il apprend les mots en les répétant trois fois.
Er lernt die Wörter, indem er sie dreimal wiederholt/durch dreimaliges Wiederholen.

Schlüsselwörter im Deutschen	im Französischen
indem; dadurch, dass; durch + hauptw. gebr. Verb	*de la façon suivante*

A 91

Schreibe die Form des *participe présent* dazu.

1. lire	savoir ....
2. être	chanter ....
3. ouvrir	finir ....
4. prendre	mentir ....
5. avoir	écrire ....
6. plaire	faire ....
7. mettre	suivre ....
8. descendre	dire ....
9. venir	sortir ....
10. voir	aller ....
11. devoir	boire ....

B 92

Verbinde die Sätze durch ein *gérondif*, wenn dies möglich ist.

1. Quand Catherine fait ses exercices, elle est de mauvaise humeur.
2. Quand elle rentre à la maison, sa mère a déjà préparé le déjeuner.
3. Bien que Christine semble être intéressée, elle pense à autre chose.
4. Quand elle continue à manger comme ça, elle ne perdra jamais de poids.
5. Pépé tricote pendant que mémé écrit des e-mails à ses petits-enfants.
6. Marie fait la cuisine pendant qu'elle téléphone à sa mère.
7. Si vous arrivez après la fin de l'opéra, vous verrez encore la chanteuse.
8. Si on ne le prend pas au sérieux, on peut supporter ce qu'il dit.
9. Les enfants n'ont pas faim, mais je leur prépare quand même le diner.
10. Quoique ce chef soit un homme intelligent, il n'est pas capable d'écouter quelqu'un d'autre.
11. Bien qu'il soit doué, il ne réussit pas.
12. Mémé insultait beaucoup de gens. Elle disait toujours et à tout prix la vérité.
13. Elle m'a aidé. Elle m'a expliqué le problème.

93

Übersetze.

1. Tout en n'étant plus jeune, mon oncle a encore du succès auprès des femmes.
2. Il dort en ronflant.
3. Je lui dis de ne pas se sécher les cheveux au sèche-cheveux en prenant un bain.
4. Elle repasse le linge en regardant la télé.
5. En attendant son ami, Nicole lui a envoyé plusieurs SMS.
6. Tout en pleurant, elle m'a dit qu'elle avait gagné un prix important.
7. Tout en opérant le pauvre homme, le docteur a bavardé avec les infirmières.

3 Zur Verkürzung eines Einräumungssatzes (Konzessivsatzes) – oft verstärkt durch *tout*

Pierre téléphone à sa mère (tout) en lisant un journal.
Peter telefoniert mit seiner Mutter, obwohl er eine Zeitung liest.

Schlüsselwörter im Deutschen	im Französischen
obwohl, obgleich	*bien que/quoique + subjonctif*

4 Zur Verkürzung eines Bedingungssatzes (Konditionalsatzes)

En portant ses lunettes, elle ne serait pas si myope.
Wenn sie ihre Brille trüge, wäre sie nicht so kurzsichtig.

Schlüsselwörter im Deutschen	im Französischen
falls, wenn	*si, à condition de*

C *LE GÉRONDIF PASSÉ*

Will man mit dem ***gérondif*** eine Handlung ausdrücken, die **vor einer anderen** abgelaufen ist, steht auch das ***gérondif passé*** zur Verfügung.

Es besteht aus ***étant/ayant + participe passé.***

Après avoir fini ces cours, ***En ayant fini** ces cours,* Nachdem er den Kurs beendet hatte,	*il en savait assez sur le bricolage.* *il en savait assez sur le bricolage.* wusste er genug über das Basteln.
Comme nous étions restés chez elle, ***En étant restés** chez elle,* Da wir bei ihr geblieben waren,	*nous lui faisions plaisir.* *nous lui faisions plaisir.* machten wir ihr Freude.

D *LE PARTICIPE PRÉSENT* UND SEINE VERWENDUNGSMÖGLICHKEITEN

1 Ersetzung eines „Relativsatzes mit *qui*"

Das *participe présent* kann **jeden „Relativsatz** mit ***qui*"** ersetzen, der sich auf das ihm unmittelbar vorangehende Nomen bezieht. Dieses Nomen kann jeder beliebige Satzteil sein!
Paul qui a beaucoup de travail, rentre très tard. (Paul = Subjekt)
*Paul **ayant** beaucoup de travail, rentre très tard.*
Il cherche une nouvelle secrétaire qui l'aide avec efficacité. (une secrétaire = COD*)*
*Il cherche une nouvelle secrétaire l'**aidant** avec efficacité.*

2 Ersatz für einen kausalen Gliedsatz

Schlüsselwörter im Deutschen	im Französischen
da, weil	*comme, parce que*

Comme Paul n'a pas de secrétaire, il fait tout seul.
N'ayant pas de secrétaire, Paul fait tout seul.

94

Übersetze, indem du das *gérondif* verwendest.

1. Wenn man gerne Sport betreibt, sollte man diesen Cluburlaub ausprobieren.
2. Ich lerne neue Wörter durch das Lesen französischer Krimis.
3. Er nervt seine Freunde, indem er sie dauernd unterbricht, wenn sie ihm etwas erzählen wollen. (*interrompre*)
4. Er hat heute nichts geschrieben, obwohl er weiß, dass er das Buch am Wochenende beenden muss.
5. Ich sprach mit ihm über das Projekt, obwohl ich an etwas anderes dachte.
6. Wenn er nicht so müde wäre, würde er noch einige Hemden bügeln.
7. Als sie diese CD hörte, erinnerte sie sich, dass sie ihren Mann bei dieser Melodie (*sur cet air*) kennen gelernt hatte.
8. Er fand dieses Buch beim Stöbern bei einem „Bouquiniste". (*fouiner*)
9. Sie würde den Prüfungsstoff kennen, wenn sie mich fragen würde.

95

Verbinde die Sätze mit einem *gerondif* oder einem *gerondif passé*.

exemple: *Il avait lu quatre livres sur ce sujet. Il a assez appris pour réussir son examen.* ▶ **... Ayant lu quatre livres, il a assez appris ...**

1. Elle quitte son appartement bien qu'elle ne porte pas encore de jupe.
2. Mes filles prennent des douches deux fois par jour. Elles gaspillent beaucoup d'eau.
3. Marie avait oublié son mobile de la façon suivante: elle l'avait posé sur une table pour pouvoir essayer des lunettes.
4. Les voleurs ont disparu avec nos bijoux. Ils n'ont laissé aucune trace.
5. La police a des soupçons. Mais quand même elle ignore l'identité des coupables.
6. Elle fait du jogging tous les jours. Elle emporte toujours son MP3.
7. Géraldine repasse et elle regarde la télé.
8. On peut apprendre et s'amuser.
9. Elle a avancé l'heure du rendez-vous. Ainsi, elle est partie plus tôt du bureau.

96

***Participe présent* oder *gérondif*?**

1. (habiter) en Autriche, Séverine a appris à parler l'allemand couramment.
2. Mes élèves cherchent des correspondants (qui habitent en France).
3. Les visiteurs (qui possèdent un billet aller-retour) peuvent se présenter à l'autre guichet.
4. (posséder) un ticket, vous pourriez déjà entrer.
5. (Comme ma grand-mère ne pouvait plus fermer sa porte), elle a appelé la police.
6. Nous avons appris la nouvelle (regarder) le journal télévisé.
7. Parmi les CD (qui se trouvent chez nous), il y en a plusieurs de la Callas.
8. J'ai réussi mon examen (étudier) durant de nombreux jours.
9. Ils cherchent un prof (qui sache enseigner l'anglais et le français).
10. Martine (qui se lève toujours trop tard), rate beaucoup de bus.
11. (Bien que vous fassiez un effort), vous ne réussirez pas encore.

3 Ersatz für einen Temporalsatz

Schlüsselwörter im Deutschen	im Französischen
als; in dem Augenblick, als ...	*quand*

Quand Paul a regardé son bureau, il savait qu'il avait besoin d'une secrétaire.
Paul regardant son bureau savait qu'il avait besoin d'une secrétaire.

4 Um Vorzeitigkeit auszudrücken, verwendet man die zusammengesetzte Form des *participe présent*.

Sie besteht aus: ***ayant/étant + participe passé***

Mémé, qui avait mangé trop de chocolat, a fait du jogging.
Ayant mangé trop de chocolat, Mémé a fait du jogging.

Après être arrivée à la maison, elle a mangé trois gâteaux.
Étant arrivée à la maison, elle a mangé trois gâteaux.

E DAS *PARTICIPE PRÉSENT* ALS *ADJECTIF VERBAL*

Das ***adjectif verbal*** ist, wie jedes andere Adjektiv, **veränderlich**. Es kann **kein direktes Objekt** haben, **durch *très* ergänzt oder gesteigert** und nur **durch *pas* verneint** werden. Es drückt eine **dauernde Eigenschaft**, **einen Zustand** aus.

une femme (très) intéressante – une femme pas intéressante

Das **echte *participe présent*** ist **unveränderlich**. Es kann **ein direktes Objekt** oder **eine adverbiale Bestimmung** haben und **durch eine Satznegation verneint werden**.
Es drückt **eine Tätigkeit, eine Handlung** aus.

une femme intéressant les autres – une femme n'intéressant pas les autres
eine Frau, die die anderen (nicht) interessiert

F SCHREIBWEISE UND BEDEUTUNG

Die ***adjectifs verbaux*** haben manchmal **eine andere Schreibweise** und eine **andere Bedeutung** als das normale ***participe présent***.

participe présent		*adjectif verbal*	
*fatigu**ant***	ermüdend	*fatigant*	anstrengend
*sach**ant***	wissend	*savant*	gelehrt
*pouv**ant***	könnend	***puissant***	mächtig
*précéd**ant***	vorhergehend	*précéd**ent***	vorig
*provoqu**ant***	provozierend	*provocant*	provokant
*différ**ant***	sich unterscheidend	*différ**ent***	verschieden
... *les images **provoquant** les lecteurs.* ... die Bilder, die die Leser provozieren.		*Ses images **provocantes** sont connues.* Seine provokanten Bilder sind bekannt.	

D
97

Verbinde die Sätze mit Hilfe eines *participe présent.*

1. Joseph a fait beaucoup de gymnastique. Il est devenu très fort.
2. Mes parents aimaient la montagne. Ils se sont acheté un chalet en Suisse.
3. Ces livres ne lui plaisent pas. Ils racontent tous des histoires macabres.
4. Cette pluie va causer des inondations. Elle tombe depuis trois jours.
5. Les invités seront surpris de notre idée. Ils ne savent rien de notre projet.
6. Après la tempête, je suis arrivé devant notre maison. La maison n'avait plus de toit.
7. Tante Davida ne voulait décevoir personne. Elle a acheté un cadeau pour toutes ses seize nièces.
8. Bernard adore lire des romans. Il lit surtout ceux qui finissent bien.
9. Le jeune homme a rougi. Il a demandé à la jeune fille de danser avec lui.
10. Nous négligeons nos études. Nous ne passerons pas les examens.
11. Il a caché les tâches sur le canapé. Il s'est assis dessus.
12. Nathalie s'est blessée. Elle a ouvert une boîte de conserve avec un couteau.

98

Verkürze die Gliedsätze, indem du ein *participe présent* verwendest. (Auch Vorzeitigkeit!)

1. Elle marche et récite ses formules de maths en même temps.
2. L'oncle Mathieu qui connaît «Les Misérables» appelle sa nièce Gavroche.
3. Quand j'ai vu le film «Les Misérables», j'ai décidé de lire le roman aussi.
4. Comme Amélie avait oublié ses clés, elle n'a pas pu entrer chez elle.
5. Après être arrivée dans la rédaction, j'ai commencé à rédiger l'article.
6. Les restaurants qui ne ferment que le matin sont bien appréciés par ceux qui aiment vivre la nuit.
7. Gilles s'est fait arrêter parce qu'il téléphonait et conduisait en même temps.
8. Ma voisine qui désirait maigrir a fait un régime.
9. Les gens qui crient trop fort ne sont jamais entendus.
10. Les Min ont oublié leurs enfants dans la station service quand ils sont repartis.
11. La police qui leur a ramené les enfants leur a donné une contravention.

99

Participe présent oder *adjectif verbal*?

1. Mes oncles nous … (intéresser) tous savent raconter des histoires (intéresser) …
2. J'adore lire ses articles (provoquer) … dans ce journal (provoquer) … souvent le gouvernement actuel.
3. Il est (fatiguer) … d'essayer de persuader les élèves que l'ignorance les condamne à être manipulables.
4. Le jour (précéder) … sa mort il faisait encore un grand tour en vélo.
5. (Savoir) … qu'il allait échouer, il ne s'est pas rendu à l'épreuve.
6. Il ne faut pas être (savoir) … pour utiliser Internet.
7. J'ai voté pour deux personnes (différer).
8. Votre signature (différer) de celle qui figure sur votre passeport, nous ne pouvons pas vous laisser passer.

10. KAPITEL	*L'IMPARFAIT* – formal vergleichbar mit der Mitvergangenheit (Präteritum)

A BILDUNG

Dazu musst du die **1. Person Plural des *présent*** kennen. Von dieser Form **entfernt** man die Endung ***-ons***, und an den verbleibenden Stamm hängt man die ***imparfait*-Endungen *-ais, -ais, -ait, -ions, -iez, -aient***.

présent	*nous*	***aim**ons*	***finiss**ons*	***dev**ons*	***pren**ons*
imparfait	*j(e)*	*aim**ais***	*finiss**ais***	*devais*	*prenais*
	tu	*aim**ais***	*finiss**ais***	*devais*	*prenais*
	il/elle	*aim**ait***	*finiss**ait***	*devait*	*prenait*
	nous	*aim**ions***	*finiss**ions***	*devions*	*prenions*
	vous	*aim**iez***	*finiss**iez***	*deviez*	*preniez*
	ils/elles	*aim**aient***	*finiss**aient***	*devaient*	*prenaient*

Viele sonst unregelmäßige Verben werden in der 1. P. Pl. des *présent* regelmäßig gebildet: *nous allons, nous voulons, nous venons, nous avons etc.*

Einige (*présent-*) Ausnahmen

prenons – je prenais; buvons – je buvais; faisons – je faisais; lisons – je lisais; disons – je disais; plaisons – je plaisais; écrivons – j'écrivais etc.

Einzige **echte** Ausnahme: ***être* – *j'étais***

B VERWENDUNG

„*Imparfait*" bedeutet **„nicht perfekt"**, nicht zu Ende gebracht. Es wird daher dann verwendet, wenn eine Handlung in der Vergangenheit **nicht abgeschlossen ist**, wenn man ihren Anfang und vor allem ihr Ende nicht kennt.
Dabei kann es sich zB um Folgendes handeln:

- **Gewohnheiten oder wiederholte Handlungen**
  *Chaque jour, il **téléphonait** à sa mère.* (Jeden Tag rief er seine Mutter an.)
  Auch aus diesem Satz geht nicht hervor, wann er damit begonnen hat, sie jeden Tag anzurufen. Und ob er sie noch immer anruft, ist ebenfalls nicht klar.

- **Beschreibungen**
  *L'appartement n'**était** jamais très propre.* (Das Appartement war nie sehr sauber.)

- **Gefühle**
  *Hier, il **était** déprimé, mais il ne **savait** pas pourquoi.*
  (Gestern war er deprimiert, aber er wusste nicht warum.)

Die *présent*-Formen sind gegeben, gesucht sind die Formen des *imparfait* und die Infinitive.

1.	elle prend …	vous dites …	il fait …	ils viennent …
2.	je choisis …	tu tombes …	elle boit …	vous écrivez …
3.	je lis …	tu as …	elle suit …	il pleut …
4.	il met …	vous riez …	nous vivons …	ils vont …
5.	je veux …	il doit …	je connais …	nous croyons …
6.	il se tait …	ils bavardent …	je conduis …	elle connaît …

A 101

Unterstreiche alle *imparfait*-Formen.

1.	je prendrais	il riait	tu aurais	elle est
2.	je voulais	il devrait	nous pourrions	je cherchais
3.	ils feront	elle plaisait	ils étaient	il pleurait
4.	il pleuvait	il faudrait	tu entreras	nous avions
5.	tu connaissais	ils veulent	elle pleurait	vous coiffiez
6.	nous réagirons	tu finirais	je courrais	elle buvait

Setze die Infinitive ins *imparfait* und überlege, warum es hier stehen kann/muss.

1. Ils (chercher) … un appartement qui (être) … plus grand que le leur.
2. Mon père (se reposer) … toujours après le déjeuner.
3. On (s'amuser) … beaucoup avec notre cousin.
4. Il (faire) … du brouillard et il (être) … plutôt froid.
5. Pendant que mon père (travailler) … en Espagne, on (s'écrire) … régulièrement.
6. Ma grand-mère (se souvenir) … bien de tous mes amis.
7. En été, elle (porter) … toujours des lunettes noires.
8. Nous (fumer) … des gauloises bleues.
9. Elle (ne pas me plaire) …, elle (se maquiller) … trop.
10. Il (aimer) … s'écouter parler.
11. Il (essayer) … de rire tout en parlant.

Überlege, ob in den folgenden Sätzen das *imparfait* stehen kann.

1. Lisa aimait téléphoner à ses amies.
2. Hier, je demandais de l'argent à mon père. Il me donnait cent Euros.
3. Quand Patricia était jeune, elle partait toujours trop tard et elle arrivait partout en retard.
4. Le jeudi soir, Martine s'occupait de mes enfants.
5. Hier, je remarquais un grand homme qui observait notre maison.
6. Mes amis Ginette et Jean-Marc buvaient souvent trop d'alcool.
7. Si nos parents savaient tout, ils étaient assez fâchés, je suppose.
8. Presque tous les hivers nous faisions du ski dans les Alpes.
9. Comme d'habitude, il rencontrait sa femme à la maison dans l'après-midi.
10. Hier, quand les deux hommes se rencontraient, ils se donnaient une amicale poignée de main.

Weiters benötigt man das *imparfait*

- **in der indirekten Rede:** Steht das Einleitewort in einer vergangenen Zeit, so ersetzt das *imparfait* das *présent* der direkten Rede. (vgl. Seite 56)
  (Das *imparfait* der direkten Rede bleibt in der indirekten das *imparfait!)*

  Il a dit: «J'arrive avec ma mère et nous restons quelques jours chez vous.»
  Il a dit qu'il arrivait avec sa mère et qu'ils restaient quelques jours chez nous.
  Er sagte, dass er mit seiner Mutter komme und einige Tage bei uns bliebe.
  (Leider ist die deutsche Übersetzung nicht sehr hilfreich, was die Zeitenverwendung betrifft, da es hier andere Regeln gibt!)

- im ***Si*-Satz** in den „irrealen Fällen in der Gegenwart". Das heißt in jenen Fällen, in denen etwas nicht real, aber noch möglich ist.

  Si je pouvais dormir jusqu'à midi le dimanche, je serais bien contente.
  Wenn ich am Sonntag bis Mittag schlafen könnte, wäre ich sehr zufrieden.

  Wird ein ***Si*-Satz ohne Hauptsatz** verwendet, so drückt man damit einen Vorschlag aus.

  Si on allait à la maison? Wenn wir nach Hause gingen?
  Si tu cherchais un autre job? Wenn du einen anderen Job suchen würdest?

C *PASSÉ COMPOSÉ* UND *IMPARFAIT* IM VERGLEICH

Wichtig ist, dass **beide Zeiten keine verschiedene „Zeiten"** beschreiben, sondern immer Handlungen/Geschehnisse, die **vergangen** sind.
Unterschiedlich ist nur die **Art und Weise, wie der Sprecher die in der Vergangenheit liegende „Handlung" sieht.**

Während das ***imparfait* Handlungen** (Zustände, Geschehnisse, Gefühle etc.) beschreibt, die zu einer bestimmten Zeit in der Vergangenheit noch im Verlauf, also **nicht abgeschlossen** waren,	verwendet man das ***passé composé*** für **abgeschlossene Handlungen**, für Handlungen (Zustände, Geschehnisse, Gefühle), deren Anfangs- und Endpunkt man kennt.
imparfait	***passé composé***
*Il **faisait** chaud.* Hier kennt man weder Anfang noch Ende.	*Pendant deux semaines, il **a fait** chaud.* Hier ist die Dauer der Handlung begrenzt.
*Au cinéma, on **donnait** un vieux film avec Alain Delon.* Seit wann? Wie lange noch? Anfang und Ende unbekannt.	*Hier, on **a passé** un vieux film avec Alain Delon.* Man zeigte ihn einmal, vom Anfang bis zum Ende.

- Wird eine im Verlauf befindliche Handlung im *imparfait* von einer anderen (abgeschlossenen) unterbrochen, so verwendet man dafür *passé composé*.

  *Pendant que **je regardais** le film mon portable **a sonné.***
  Während ich den Film sah, läutete mein Mobiltelefon.

B
104

Setze die Sätze in die indirekte Rede.

1. Mémé nous a raconté: «Votre grand père aime jouer de la guitare. Chaque jour, après le petit déjeuner, il joue au moins dix minutes. Il préfère les vieilles chansons de Georges Moustaki et il connaît toutes les paroles d'Edith Piaf. Souvent je l'écoute avec plaisir, mais quelquefois il m'énerve un peu, surtout quand j'ai beaucoup de travail.»
2. Le nouveau directeur nous a dit: «Il est interdit de fumer dans l'école. Vous ne devez pas amener de portables. Vous êtes obligés d'aller en étude après la cantine. Enfin vos parents doivent signer ce règlement.»
3. David nous a dit: «Je fais du sport régulièrement. Pour être en forme, je me lève tous les jours à 5 heures et je cours une heure. Ensuite, je me douche, je m'habille et je déjeune avec mes parents. A 8 heures, je pars au lycée en vélo. J'aime rencontrer mes amis là-bas. On s'entend très bien.»

105

Füge die fehlenden Zeiten ein. (Solltest du das *conditionnel* noch nicht können, lass die Verbform des Hauptsatzes aus.)

1. Si tu (ne pas porter) … ces lunettes, tu (être) … plus jolie.
2. Si cette vendeuse (être) … plus polie, elle (vendre) … plus.
3. Je crois qu'il (être) … peut-être meilleur en orthographe s'il (lire) … plus.
4. Nous (venir) … chez vous régulièrement si nous (avoir) … une baby-sitter.
5. Si Naomi (apprendre) … le français, elle (pouvoir) … essayer de travailler comme fille au-pair.
6. Si le prof d'anglais (ne pas parler) … si vite, je le (comprendre) … mieux.
7. Je (ne pas appeler) … Sylvie souvent, si elle (ne pas habiter) … au Japon.

106

Passé composé* oder *imparfait?

1. Un jour, mon ami (appeler) … pendant que je (faire) … la cuisine. Je (oublier) … tout, je (parler) … avec lui et la viande (brûler) … au four.
2. En été, il (ne pas pleuvoir) … et on (ne pas avoir) … assez d'eau.
3. Nous (courir) … tous les dimanches et après, nous (aller) … au café.
4. Je (lire) … quand Paulette (entrer) … .
5. Quand Agnès (avoir) … des ennuis, elle (savoir) … bien se maîtriser, mais elle (tousser) … sans s'en rendre compte.
6. Pendant que les deux femmes (causer) …, elles (arriver) … à leurs voitures. Mais une voiture (ne plus être) … à sa place.
7. Quand Stéphane (être) … jeune, il (écrire) … des poèmes.
8. Je (présenter) … Carlo qui (enseigner) … l'espagnol à notre école à mes parents. Il (nous inviter) … à venir dans son restaurant.
9. Le jour où il (quitter) … le collège, il (brûler) … tous les documents qui (concerner) … ses études. Quelques mois après, il (s'en faire) … le reproche.
10. Mélissa (passer) … devant un immeuble. Elle (voir) … de la fumée et (appeler) … aussitôt les pompiers. Ils (venir) … très vite car leur caserne (ne pas être) … loin.
11. Il (prendre) … toujours son train à 7 heures. Mais ce jour-là il (se lever) … en retard et (le rater) … . Il (s'en vouloir) … toute la journée!

Das *imparfait* verwendet man auch für **Handlungen, die gleichzeitig verlaufen** und deren Anfang und Ende unwichtig bzw. unbekannt sind.	Beschreibt man hingegen **Handlungen, die nacheinander ablaufen**, wobei eine die andere begrenzt, brauche ich dafür das ***passé composé***.
*Pendant que **je regardais** le film, ma mère me **cherchait** partout parce que mon père ne **se sentait** pas bien.*	*D'abord, **j'ai été** au cinéma, puis je **suis allé** chez ma mère où j'ai pris mon dîner.*
Während ich den Film sah, suchte mich meine Mutter überall, weil sich mein Vater nicht wohl fühlte.	Zuerst war ich im Kino, dann ging ich zu meiner Mutter, wo ich mein Abendessen bekam.

Zur Beschreibung von **wiederholten Handlungen** braucht man das *imparfait*.	Sind die in der Vergangenheit wiederholten Handlungen jedoch durch irgendeine genaue Angabe **begrenzt**, so verwendet man das ***passé composé***.
Je buvais énormément de café. Ich trank sehr viel Kaffee.	***Pendant ces trois jours, j'ai bu** trop.* Während dieser drei Tage trank ich zu viel.

Es gibt übrigens bestimmte **„Signalwörter“**, die bei der Entscheidung, welche Zeit zu verwenden ist, helfen können:	
souvent, toujours, normalement, d'habitude, tous les jours, chaque jour/soir, pendant que, quelquefois, rarement etc.	*un jour, tout à coup, à ce moment-là, ce jour-là, alors, d'abord, puis, enfin, le lendemain, une fois, ensuite etc.*
*En Italie, j'allais **souvent** au cinéma.* *Et **chaque soir**, je rencontrais des amis dans un petit bar.* ***D'habitude**, on y buvait du vin rouge.*	***Un jour**, ma mère a téléphoné et elle m'a demandé de rentrer.* ***Le lendemain**, j'ai pris le train.*

Im Endeffekt kommt es bei der Zeitenverwendung aber sehr oft **auf den Kontext an** bzw. **darauf, was man ausdrücken will.**

*Pendant mon séjour en Italie, **je buvais** trop de café.*	*Pendant mon séjour en Italie, **j'ai bu** trop de café.*
Hier wird betont, dass dies **wiederholt** geschah.	Hier wird betont, dass **die Zeit vorbei ist**, in der ich zu viel Kaffee trank.
*Pendant mes deux mois en Italie, **j'allais** souvent au cinéma.*	*Pendant mes deux mois en Italie, **je suis allé** aussi au cinéma.*
Hier bestimmt das *souvent* die Zeit.	Hier versteht man eher „einmal“.

107

Und noch einmal geht es um die Frage, welche Zeit du verwenden musst. Versuche auch zu erklären, warum.

1. Notre ami Harald (voyager) … toujours sans bagages. Il (mettre) … seulement une brosse à dent, du dentifrice, un slip, une paire de chaussettes et un livre dans un petit sac avant de partir. Quand il (arriver) … dans le pays où il (vouloir) … rester il (s'acheter) … tout ce dont il (avoir) … besoin.
2. Davida (lire) … quand elle (entendre) … du bruit dans la rue. Elle (ouvrir) … la fenêtre et elle (voir) … deux filles qui (se battre) … Les deux (s'appeler) Claudine et Vanessa. Elles (être) … élèves au même collège et (se disputer) … souvent. Davida (fermer) … la fenêtre et (dire) …: «Qu'est-ce qu'elles sont bruyantes!»
3. Un jour, Michelle (faire) … la connaissance de la mère de David. Celle-ci (vivre) … à Francfort et elle (admirer) … son fils sans réserve. Michelle (espérer) … longtemps que cette amitié l'aiderait à gagner le cœur de David, mais lui, il (ne pas s'intéresser) … à elle.
4. Laura (porter) … des lunettes noires partout, elles (devenir) … sa marotte.
5. Lucie (aller) … rarement chez le coiffeur. Mais quand elle (se promener) … en ville, elle (voir) … une offre de coupe gratuite. Alors elle (entrer) … . On lui (laver) … les cheveux et on (essayer) … une nouvelle coupe sur elle. Ce (être) … très réussi! Alors on (fait) … des photos de Lucie pour les afficher sur les vitres.
6. Hier, je (aller) … au cinéma. Tout à coup, je (entendre) … des bruits désagréables. Je (se lever) … . Je (chercher) … une autre place où personne ne (manger) … de pop corn dans mes oreilles et où on (respecter) … les autres spectateurs.

C

108

Setze die Sätze in die richtige „vergangene" Zeit. (*imparfait, passé composé*)

1. Il pleut depuis plusieurs jours et nous sommes malheureux car nous ne pouvons pas jouer en dehors.
2. Pendant que Jean-Marie attend Véro avec impatience dans le café de leur ami, elle parle devant le café avec un vieux prof qu'elle aime bien.
3. Tout à coup, Maurice sort un gros bouquet de fleurs de son sac et le donne à la mère de Paulette. La mère est très émue et elle dit qu'elle veut nous inviter à manger une tarte.
4. Il ne sait pas où j'habite et pour cela, il le demande à mon prof.
5. Hier soir, nous allons au théâtre, nous voyons une pièce de Jean Genet qui nous plaît bien et après nous prenons un verre dans un bar dont nous connaissons le propriétaire.
6. Christophe est mort de rire car Yves glisse sur une crotte de chien devant toute la file d'attente au Louvre. Yves a tellement honte qu'il fait demi-tour. Christophe le retient et lui dit que ça porte bonheur. Christophe et Yves entrent alors dans le Louvre et là, Yves marche sur un billet de 20 Euros quand il attend aux vestiaires.

11. KAPITEL | *LES ADJECTIFS ET LES PRONOMS INDÉFINIS* – Die unbestimmten Begleiter und Fürwörter (Indefinitpronomen)

aucun, aucune **– kein(e) einzige(r)** ▶ siehe Seite 106 ff. im Kapitel *Négation*
personne, rien **– niemand, nichts** ▶ siehe Seite 104 ff. auch im Kapitel *Négation*

A *AUTRE (UN/UNE AUTRE, LES AUTRES)* – EIN(E) ANDERE(R), DIE ANDEREN ETC.

- Als ***adjectif*** wird es **mit dem Nomen übereingestimmt**, wobei es nur **eine Form für beide Geschlechter** gibt.

Montrez-moi encore une autre voiture.
Il me montre ***d'autres voitures****, mais elles sont trop chères.*
Er zeigt mir andere Autos, aber sie sind zu teuer.

Steht ***autre*** **als Adjektiv** vor einem Nomen im Plural, das Subjekt oder direktes Objekt ist, wird der unbestimmte Artikel ***des*** auf ***d'*** **verkürzt!**

Aber: *Je dois encore savoir les prix des autres voitures.*
Ich muss noch den Preis der anderen Autos wissen.

Hier ist *des autres voitures* ein **Präpositionalobjekt mit *de.***
De ist daher eine Präposition, die mit dem bestimmten Artikel ***les*** zu ***des*** verschmilzt!

- Als ***pronom*** wird es **mit einem Artikel davor** verwendet.

Il m'a montré trois voitures, mais j'en voulais une autre. (ein anderes ...)
Il attend toujours trop des autres. (Er erwartet immer zu viel von anderen.)

Wichtige Wendungen	
entre autres	unter anderem
rien d'autre	nichts anderes
l'un(e) l'autre, les un(e)s les autres	einander, gegenseitig
l'un(e) ... l'autre	der/die eine ... der/die andere
les un(e)s ... les autres	die einen ... die anderen
l'un(e) à l'autre	eine/r zum/zur anderen
l'un(e) après l'autre	eine/r nach dem/der anderen
l'un(e) derrière l'autre etc.	eine/r hinter dem/der anderen
autre chose	etwas anderes

109 **Übersetze.**

1. Wer ist die andere?
2. Ich will etwas anderes machen.
3. Du solltest andere Bücher lesen, nicht nur Comics.
4. Er raucht eine Zigarette nach der anderen.
5. Ich habe andere Romane von Romain Gary entdeckt.
6. Stellt euch einer hinter dem anderen auf. (*se mettre*)
7. In diesem Büro klebt einer auf dem anderen.
8. Freu dich auch über den Erfolg der anderen. Es gibt genug davon.
9. Das sind die Handtücher der anderen Gäste.
10. Die beiden helfen einander, wo sie können.
11. Es gibt Menschen, die glauben, dass immer die anderen mehr Glück haben.

110 **Setze die richtigen Formen ein.**

1. Je pense que tu attends trop … .
2. Cette route est barrée. Il faut prendre … chemin.
3. Pour le week-end, j'ai … projets que d'aller chez ta mère!
4. … aiment les sports collectifs, … préfèrent les sports individuels.
5. Il faut s'aider … pour réussir.
6. J'attends … notes de toi!
7. Pourquoi est-ce que … ont réussi leur contrôle et pas toi?
8. Je ne veux pas ce pantalon, j'en veux …!
9. … aiment l'opéra, … préfèrent les comédies musicales.

A

111 **Übersetze.**

1. L'enfer, c'est les autres. (*Sartre*)

2. Il faut respecter les autres.

3. Elle a beaucoup d'autres idées.

4. Il n'apprécie pas les idées des autres.

5. Ma chérie, je n'en aime aucune autre!

B CERTAIN, CERTAINE

- Als *adjectif* wird es **mit dem Nomen übereingestimmt**, es steht **vor ihm** und heißt übersetzt **ein gewisser, eine gewisse, gewisse/bestimmte.**

  Maman, un certain Monsieur Depardieu a téléphoné!
  Il y a certaines voitures que je n'aime pas.

- Als *pronom* kommt es nur als ***certains, certaines*** vor und heißt **manche, einige.**

  Certains pensent qu'il devrait démissionner.
  Parmi ces personnes, j'en connais certaines.

C CHAQUE; CHACUN, CHACUNE – JEDE(R) EINZELNE

- Als ***adjectif indéfini*** steht es **unverändert** vor dem Nomen im Singular.

  Chaque élève écrit ses devoirs. (Jeder Schüler ...)
  Il est content de chaque éléve. (Er ist mit jedem Schüler zufrieden.)

- Als ***pronom indéfini*** hat es die Formen ***chacun/chacune.***

  Chacun devrait connaître les formes du verbe «avoir». (Jeder sollte ... kennen.)
  Il faut savoir chacune de ces formes. (Man muss jede einzelne dieser Formen kennen.)

D MÊME (LE MÊME, LA MÊME, LES MÊMES)

- Als **vorangestelltes *adjectif*** wird es mit **„derselbe, dieselbe/der, die gleiche"** übersetzt.

  Elle achète toujours la même voiture que moi. (das gleiche Auto)
  Aujourd'hui, nous mangeons dans le même restaurant. (im selben Restaurant)

- ***même* nachgestellt** bedeutet **„selbst".**

  Mon prof de violon est la patience même. (ist die Geduld selbst/in Person)

- In Verbindung mit **betonten persönlichen Fürwörtern** heißt es **„selbst"**.

  Je vais réparer ma voiture moi-même. (Ich selbst werde ...)

- Als ***adverbe*** heißt ***même*** **„sogar"**. ***Même pas*** heißt **„nicht einmal"**.
  Même mes enfants sont fatigués. (Sogar meine Kinder sind müde.)
  Même mon fils ne sait pas pourquoi l'ordinateur ne fonctionne pas.

- Als ***pronom*** hat ***même*** **einen bestimmten Artikel** bei sich und wird mit **„der-, dieselbe(n)"** übersetzt.

  Depuis que mon grand-père est mort, Mémé n'est plus la même.
  Parmi les voitures, ce sont toujours les mêmes qui me plaisent.

B
112

Setze die richtige Form von *certain* ein und übersetze den Satz.

1. Notre prof de chimie ne semble pas comprendre … de nos questions.
2. Un roman de Françoise Sagan s'appelle «Un … sourire».
3. Il y a … phrases que je ne supporte pas bien.
4. … CD sont rayés.
5. Une … Françoise t'a appelé.
6. Regarde cette photo de classe; parmi ces élèves, j'en vois encore … .

C
113

Übersetze.

1. Jedes einzelne Kind bekam ein kleines Geschenk. (*recevoir*)
2. Jeder Einzelne muss einen Ausweis herzeigen. (*montrer*)
3. Triffst du ihn jeden Tag?
4. Sie fragt jeden Schüler, ob alles klar ist.
5. Man muss nicht jedes Mal gewinnen.
6. Jeder nach seinem Geschmack. (*le goût*)

A B C
114

Setze das passende Wort ein (*autre, certain, chaque, chacun*).

1. Un calendrier a été offert à … des habitants du village.
2. … d'entre vous doit choisir une activité sportive pour le bac.
3. … mois, elle paie 900 Euros pour cet appartement.
4. … des femmes a reçu un petit cadeau.
5. J'ai l'impression que … élèves ne me comprennent pas vraiment.
6. À … fois qu'il pleut, elle est de mauvaise humeur.
7. … modèles me plaisent beaucoup.
8. Nous répondons à … de ses lettres.
9. À … sa chance.
10. «… vieillard qui meurt est un livre qui disparaît.»
11. «… l'aiment chaud» est un titre de film.
12. Je prendrai un café avec toi une … fois, aujourd'hui, je ne peux pas.
13. … année elle fait un pèlerinage à Lourdes.

D
115

Übersetze.

1. Elle ne range pas sa maison elle-même.
2. Il faut éviter de faire les mêmes fautes.
3. Ils étaient tous venus: même le maire.
4. Son mari repasse ses chemises lui-même.
5. Même malade elle va travailler.
6. Je n'aime pas répéter trois fois les mêmes choses.
7. Cette fille est la beauté même.
8. Personne ne savait la réponse. Même pas Yves.
9. Je vais te donner un autre pantalon. Tu portes toujours le même.
10. C'est moi-même qui ai peint la maison!
11. Pourquoi est-ce que vous me posez toujours les mêmes questions?
12. Cette femme est le courage même.
13. Tout le monde a chanté: même Sophie qui a horreur de ça.

E PLUSIEURS – MEHRERE

Es ist **unveränderlich**, auch wenn es **als *adjectif*** verwendet wird!

On a regardé plusieurs maisons. (Wir haben mehrere Häuser angeschaut.)
Il y en avait plusieurs qui nous plaisaient bien. (Es gab mehrere, die ...)

F QUELQUE (QUELQUES); QUELQU'UN (QUELQU'UNE, QUELQUES-UNS, QUELQUES-UNES)

- Im **Singular ersetzt *quelque*** einerseits den unbestimmten Artikel ***un, une*** und kann mit **„irgendein(e)"** übersetzt werden.

  Je me souviens de quelque prof qui a écrit un roman policier.

Andererseits hilft es auch, eine unbestimmte Menge auszudrücken:	***quelquefois*** = manchmal ***quelque temps*** = einige Zeit

- Im **Plural** bedeutet es **„einige"**: *Il m'a montré quelques maisons.*

- ***quelqu'un*** ist ein **Pronomen**, es heißt **„jemand"** und steht in positiven Sätzen. (Jemand in negativen Sätzen wird zu „niemand" und heißt *personne!*)

  Quelqu'un nous a dit de ne pas acheter une vieille maison.

  Bezieht sich „jemand" eindeutig auf ein weibliches Wesen, verwendet man ***quelqu'une***:

  Quelqu'une d'entre vous serait-elle assez gentille pour m'aider?

- ***quelques-uns, quelques-unes*** bedeutet **„einige"** und kann sich auch auf Sachen beziehen.

  J'ai déjà regardé plusieurs maisons. Quelques-unes me plaisaient bien.

Wenn ***quelques-un(e)s* als Objekt** verwendet wird, hat es oft eine Ergänzung bei sich.

Regardez quelques-unes de ces maisons. Regardez-en quelques-unes.
J'ai montré la maison à quelques-uns de mes amis.

G TOUT (TOUTE, TOUS, TOUTES)

- ***Tout* als Begleiter des Nomens (im Singular)** wird mit diesem **übereingestimmt** und steht **vor dem Nomen und seinem Begleiter**. In diesem Fall heißt es **„der/die ganze ..."**.
  Dieser Begleiter kann ein **Artikel**, ein ***adjectif possessif*** oder ein ***adjectif démonstratif*** sein:

  *tout **le** film, toute **une** tarte, toute **sa** famille*

Welches Wort fehlt hier? (Manchmal sind mehrere Antworten möglich!)

1. En corrigeant les épreuves, j'ai constaté que ... élèves avaient copié.
2. Est-ce que Maman est là? ... qui est à la porte veut lui parler.
3. Ils ont un grand assortiment des revues. Je vais en acheter ... .
4. ... pensent que ce politicien devrait démissionner tout de suite.
5. Je vous sers ... chose?
6. ... d'entre vous a fouillé dans mon sac?
7. Je connais ... ministre qui aimerait devenir Président!
8. As-tu encore ... euros pour prendre le métro?
9. Les piles de ma radio sont mortes. Il faut en acheter d'... .
10. A la cantine, on mange toujours la ... chose.
11. Je n'ai trouvé que ... nouveautés à la bibliothèque.
12. Il y a toujours les ... vieilles revues sur les présentoirs.
13. La boulangère donne ... fois un bonbon à Nelsone. Cette femme est la bonté ... .
14. Il y a ... temps, ma grand-mère a eu un malaise dans le métro.
15. Je connais ... qui aimerait inviter Valérie à dîner.
16. Si ... faisait un effort, la rue serait plus propre.
17. A ... de ses concerts, Céline Dion a beaucoup de succès.

Übersetze.

1. Ich glaube, dass er jedes einzelne Wort verstanden hat.
2. Gewisse Menschen langweilen mich, weil sie sich für nichts interessieren.
3. Ich werde Ihnen mehrere Photos zeigen und Sie nehmen einige davon.
4. Er hatte soeben (*venir de*) die gleiche Idee wie einige Freunde.
5. Manchmal trifft man jemanden, mit dem man sich sofort gut versteht.
6. Jede von uns hatte mehrere Möglichkeiten.
7. Sie beklagte sich bei jemandem, dass sie alles selbst machen muss.
8. Er beschreibt in seinem Text einige Nachteile des Massentourismus.
9. Obwohl mein Großvater immer dieselben Geschichten erzählt, höre ich ihm gerne zu. Einige dieser Geschichten kenne ich schon auswendig.
10. Gewisse Autos sind mit Airbag ausgerüstet, andere haben zusätzlich eine Klimaanlage. (*equipé de, la climatisation*)
11. Ich habe ihm mehrmals gesagt, dass ich die Aufgabe selbst gemacht habe.
12. Es gibt viele andere Sachen zu tun als fernzusehen!

118

Füge die richtige Form von „*tout* + Begleiter" ein:

1. Notre chien a mangé ... viande. (*article*)
2. Où as-tu trouvé ... livres? (*adj. dém.*)
3. Je lui ai donné ... argent. (*adj. poss.*)
4. Le bébé a crié ... nuit. (*article*)
5. J'aimerais louer ... restaurant (*adj. dém.*) pour ma fête.
6. Ils ont déjà terminé ... travaux. (*adj. poss.*)
7. J'ai traversé .... piscine sans m'arrêter. (*article*)
8. Nous avons passé ... journée à faire les soldes. (*adj. poss.*)

***„tout"* ohne Artikel** bedeutet **„jede(r)"** und kommt in einigen Wendungen vor:

tout travail	jede Arbeit
en tout cas	auf jeden Fall
toutes directions	„alle Richtungen"
de tout cœur	aus ganzem Herzen
à toute vitesse	in aller Eile, mit höchster Geschwindigkeit

- ***Tout* als Adverb** heißt **„ganz"** (völlig; „total"). Es steht **ohne Artikel** und **unverändert** vor **einem Adjektiv**, das **mit einem Vokal** beginnt.

*Pierre est **tout** étonné.* Peter ist ganz erstaunt.
*Marie est **tout** étonnée aussi.* Marie ist auch ganz erstaunt.

Wenn **das Adjektiv mit einem Konsonanten** oder einem ***„h aspiré"*** beginnt, wird **bei der weiblichen Form übereingestimmt.**

*Elle est **toute** fatiguée.* Sie ist ganz müde.
*Elles sont **toutes** hardies.* Sie sind ganz/völlig unverfroren.

- ***Tout* als Pronomen** wird in Geschlecht und Zahl mit dem Wort **übereingestimmt**, das es ersetzt.

Tu as vu toutes ses voitures? *Oui, je les ai vues **toutes**.*
*Je les ai **toutes** vues.*

(Bei einem Satz wie *„Oui, je les ai vus **tous**»,* wird das „s" ausgesprochen: [tus])

Tout, toute, tous und *toutes* können als **verschiedene Satzglieder** verwendet werden.

***Tous** sont venus.* Alle sind gekommen.
***Tout** est clair.* Alles ist klar.
*Nous les saluons **toutes**.* Wir grüßen sie alle.
*Je pense toujours **à tout**.* Ich denke immer an alles.

Folgt den Formen *tous* oder *toutes* **ein Relativsatz**, so braucht man noch ***ceux* oder *celles***, also die **Pluralformen des *pronom démonstratif*.**

*J'ai regardé beaucoup de voitures, mais **toutes celles qui** me plaisaient, étaient trop chères.* (… alle die(jenigen), die mir gefielen, …)

tout ce qui (Subjekt) und ***tout ce que*** (Objekt) heißt **„alles, was"** und wird ziemlich oft verwendet.

***Tout ce qui** m'intéresse …* Alles, was mich interessiert, …
***Tout ce que** je fais …* Alles, was ich mache, …

H WEITERE *ADJECTIFS* BZW. *PRONOMS INDÉFINIS*

différents, divers (différentes, diverses)	verschiedene
maint (mainte, maints, maintes)	manche(-r, -s)
n'importe quel (quelle, quels, quelles)	irgendeine(-r, -s)
n'importe qui (quoi etc.)	irgendwer, irgendetwas
on	man; wir
quelconque (quelconques)	irgendeine(-r, -s)
tel (telle, tels, telles)	solch eine(-r, -s), derartig; dieser oder jener

119

„*tout*" als Begleiter, als Adverb oder als Pronomen?

1. En faisant la vaisselle, ma grand-mère chantait de … cœur.
2. … ce qu'il fait depuis des heures, c'est jouer à l'ordinateur.
3. Après la réunion, ils étaient … fatigués.
4. On a l'impression que … la dérange.
5. J'ai invité mes amies d'école et … sont venues.
6. Il essayait en vain de lui expliquer … avantages de son projet.
7. Ma mère a dormi pendant … film.
8. Elle était … heureuse de pouvoir nous raconter … nouvelles de … village.
9. Max fait des bêtises … journée.
10. Je fais … ce que tu veux, mais dis-moi … vérité.
11. … enfants habitent à l'étranger et ils sont … mariés.
12. Elle a fait … possible pour les réunir … à la St Sylvestre.
13. Les profs sont … fiers car … élèves ont réussi au bac.

120

Streiche die Formen weg, die nicht passen.

1. Je ne connais pas *toutes les / quelques / tous les* professeurs de mon école, mais seulement *plusieurs / certains / quelques-uns*.
2. Il m'a montré *les mêmes / plusieurs / chacun des* esquisses mais je voulais encore en voir *d'autres / quelques-unes / tous*.
3. Nous sommes *même / tous / tout* épuisés parce que nous avons travaillé *quelque / toute la / plusieurs* nuit.
4. *Chacun / quelqu'un / Certains* m'a téléphoné à minuit!
5. Isabelle, c'est toi qui as préparés *quelques / tous ces / les mêmes* sandwichs? – Oui, je les ai préparés *toute / toutes / mêmes* seule.
6. Elle veut que je lui rende visite *quelque / chaque / tous* dimanche.
7. Qu'elle soit blonde où brune, *quelque / chaque / une autre* femme plaît à Jean et il essaie de les draguer *plusieurs / toutes / chacune*.
8. Pour le voyage vous avez besoin *tous / entre autre / même* de votre passeport et d'un peu d'argent. *Tout / chaque / même* le reste est pris en charge.
9. *Quelquefois / chaque fois / plusieurs fois* nous avons du mal à nous comprendre *nous-mêmes / l'un l'autre / les unes les autres*.
10. Pendant les inondations, les gens s'aidaient *toutes / entre autres / les uns les autres*.

12. KAPITEL	NENNFORMKONSTRUKTIONEN (Infinitivkonstruktionen)

A INFINITIV NACH *VOULOIR, DEVOIR, POUVOIR, SAVOIR, ALLER*

je veux/vais ***dormir*** *je ne veux/vais pas* ***dormir***

Objektvertreter stehen vor dem Infinitiv, nicht vor der Personalform.
Je dois le lui ***donner****.* *Je ne dois pas le lui* ***donner****.*

B WEITERE INFINITIVKONSTRUKTIONEN OHNE PRÄPOSITION

- zB nach *oser* (wagen) und *se rappeler* (sich erinnern): *J'****ose dire*** *la vérité.*
- nach Verben des Wünschens wie *aimer (mieux), désirer, souhaiter, espérer, préférer*
  des Glaubens, Beabsichtigens: *compter, croire, penser, s'imaginer*
  des Sagens, Meinens: *admettre, avouer, affirmer, jurer, prétendre*
  der Wahrnehmung: *écouter, entendre, regarder, voir, sentir*

Il compte ***appeler*** *Ina. Il souhaite* ***sortir*** *avec elle. Il avoue* ***être*** *amoureux d'elle.*

Haben **Haupt- und Gliedsatz ein unterschiedliches Subjekt**, verlangen viele dieser Verben den ***subjonctif***.

zB ***Il*** *aimerait qu'****elle*** *sorte avec lui.* (vgl. Seite 166 ff.)

Verneinungsmöglichkeiten

Il n'avoue pas être amoureux d'elle.	***Il avoue ne pas être amoureux d'elle.***
Er **gibt nicht** zu, in sie verliebt zu sein. Hier wird einfach das Vollverb wie üblich verneint.	Er gibt zu, **nicht** in sie verliebt **zu sein**. Hier wird der Infinitiv verneint, weshalb die Teile der Verneinung vor ihm stehen.

Objektvertreter stehen **vor dem Infinitiv** und bleiben auch bei einer Verneinung dort.
Je crois connaître cette fille. *Je crois (ne pas)* ***la*** *connaître.*

Ausnahme: Bei den **Verben des Wahrnehmens** stehen die **Objektvertreter vor der Personalform**, nicht vor dem Infinitiv!

Je ***la vois*** *sourire.* Ich sehe sie lächeln.

C INFINITIVKONSTRUKTIONEN NACH À

- Findet man zB nach Verben wie *aider, apprendre, arriver,* (aber *il m'arrive de*), *chercher, commencer* (auch *commencer par*), *condamner, forcer* (aber *être forcé de*), *habituer, s'habituer, hésiter, inviter, obliger* (aber *être obligé de*), *pousser, penser* (auch *penser* + *Inf.*), *s'amuser, se décider* (auch *décider de*), *se mettre* etc.

*Il m'****aide à*** *préparer le repas.*	Viele dieser Verben drücken **ein Ziel**, **einen Zweck, ein Bestreben** oder **eine Bereitschaft** aus.
Elle nous ***invite à*** *dîner chez elle.*	
Hervé ***s'amuse à*** *provoquer les gens.*	

121

Forme die Sätze nach folgendem Muster um.

exemple: *Maurice est malade. (prétendre)* ▶ **… Maurice prétend être malade …**

1. Olaf veut gagner beaucoup d'argent avec son idée. (s'imaginer)
2. Maman travaille trop. (avouer)
3. Nous voulons arriver à l'heure. (espérer)
4. Je marche pour aller à l'école. (préférer)
5. L'accusé dit qu'il ne travaille jamais à deux. (jurer)
6. Le manager a vraiment besoin de vacances. (admettre)
7. Claude n'a pas d'amis dans son entreprise. (croire)
8. Elle apprend beaucoup pour l'interrogation. (prétendre)
9. Ils veulent aller en France avec les enfants. (souhaiter)
10. Il connaît ses droits. (affirmer)

122

Verändere die Sätze nach folgendem Muster und ersetze das unterstrichene Satzglied durch seinen Vertreter.

exemple: *Tu as vu: ton fils a embrassé cette femme.* ▶
… Tu l'as vu embrasser cette femme …

1. Max est tombé. Sa mère entend: il pleure.
2. Je regarde ma mère: elle travaille dans la cuisine.
3. Sylvie croit: elle doit corriger les épreuves.
4. Bernard aime Ina et il ose: il embrasse Ina et il dit à Ina qu'il l'aime.
5. Marie voit: les filles ne jouent plus dans le jardin.
6. Sabine affirme: elle ne connaît pas ces personnes.
7. Nous comptons: nous ne pourrons pas faire du ski la semaine prochaine.
8. Il a longtemps prétendu: il fait ses études à Vienne avec succès.
9. Les enfants écoutent: leur père joue du piano.
10. Je sens: la chaleur arrive. L'été a commencé.

123

***à* oder nichts?**

1. Je crois … devoir te dire que nous comptons … vendre cette maison.
2. Elle n'ose pas … demander à mon père s'il lui prête sa voiture.
3. Les enfants se sont habitués … aider leur mère dans la cuisine.
4. Roland vient de nous inviter … boire du beaujolais chez lui.
5. Elle souhaite … communiquer avec moi par e-mail.
6. Est-ce que tu commences … comprendre ce que je veux dire?
7. Ils hésitent … partir aux Maldives.
8. Je crois … savoir que tu vas te marier?
9. Les enfants s'amusent … fâcher la voisine.
10. Les élèves espèrent … avoir de bons résultats.

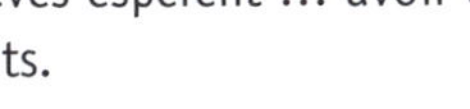

- Infinitiv nach *à* steht auch **nach einigen Adjektiven:** *prêt, agréable, difficile, facile, utile, inutile* etc.

Le roman est ***facile (difficile) à*** *lire.*
Il (= er, der Roman) *est* ***agréable à*** *lire.* (Er ist angenehm zu lesen.)

Nach einem **unpersönlichen *il* oder *cela*** steht bei diesen Adjektiven ***de*:**
Il (= es) ***est facile de*** *lire ce roman.* (Es ist leicht, den Roman zu lesen.)

D INFINITIVKONSTRUKTIONEN NACH *DE*

- Stehen **nach einer Reihe von Verben** wie zB *arrêter, cesser, finir, choisir, décider, demander, dire à qn, essayer, interdire à qn, jurer, offrir à qn, oublier, permettre, promettre, regretter, remercier, rêver, (s')excuser, se souvenir* etc.
- **Nach Nomen** (besonders in verbalen Wendungen) wie *avoir besoin, envie, peur, raison, le droit, l'habitude, l'impression, l'intention, le temps etc.*
- Nach **zahlreichen Adjektiven** wie *capable, content, désolé, déçu, étonné, fâché, fier, heureux, sûr, surpris* etc.

Mon oncle ***a arrêté de*** *fumer.*
Nous ***avons choisi de*** *partir pour l'Italie en été.*
Bernadette ***oublie*** *toujours* ***d'****éteindre la lumière.*

Infinitivkonstruktionen kann man **nur dann** verwenden, wenn **das Subjekt aus dem Hauptsatz mit dem des Gliedsatzes identisch ist** oder wenn das **Subjekt des Gliedsatzes im Hauptsatz als *objet* vorweggenommen** ist. Sonst muss bei vielen Ausdrücken der ***subjonctif*** verwendet werden. (vgl. Seite 166 ff.)

Je ***lui interdis de*** *m'appeler.* — ***J'****interdis qu'****on*** *m'appelle.*
Il ***regrette de ne pas vivre*** *à Paris.* — ***Je*** *regrette qu'****il*** *ne vive pas à Paris.*

E DER *INFINITIF PASSÉ*

Soll der Teil, der im Infinitiv steht, etwas **in Bezug zum Hauptsatz Vorzeitiges** ausdrücken, braucht man den ***infinitif passé.***

Bildung: ***avoir/être + participe passé***

Je pense ***avoir vu*** *ton amie.*	*Elle est heureuse d'****être venue*** *en France.*
Ich denke, dass ich deine Freundin gesehen habe (gesehen zu haben).	Sie ist glücklich, dass sie nach Frankreich gekommen ist (nach Frankreich gekommen zu sein).

- Etwaige **Objektvertreter stehen vor dem Infinitiv**, und wenn es sich dabei um ein ***objet direct*** handelt, wird das ***participe passé*** **übereingestimmt.**
Die **Teile der Verneinung** stehen wieder **vor** den Objektvertretern.

Les filles? Je pense ***les*** *avoir vu****es*** *devant la porte.*
Les filles? Je regrette de ne pas ***les*** *avoir vu****es****.*

B C 124

à oder nichts?

1. Quand Jacques parle français, il n'est pas facile … comprendre.
2. J'entends Vincent … tousser.
3. Vous vous attendiez … avoir un cyclone?
4. Est-ce que vous êtes prêts … partir?
5. Pépé est difficile … comprendre.
6. Il s'est décidé … partir seul.
7. Mamie a cru … entendre sonner le téléphone.
8. Tu peux … prêter ton dictionnaire à ta voisine?
9. Je commence … avoir froid.
10. J'ai regardé … tomber la vase, mais j'ai été trop lente.

125

Bilde Sätze nach folgendem Muster.

exemple: *Sandrine, tu ne sors pas avec ce type. (interdire)* ▶
… J'interdis à Sandrine de sortir avec ce type …

1. Non, je ne vais pas faire mes devoirs. (avoir l'intention)
2. Il épousera une femme riche et il ne travaillera plus jamais. (rêver)
3. Pépé sonne cinq fois à la porte avant d'entrer. (avoir l'habitude)
4. Nous allons t'aider quand tu déménages. (promettre)
5. Nos amis ne vont pas nous accompagner au Tyrol. (choisir)
6. Oui, Tom et Mehdi, vous pouvez aller voir ce film. (permettre)
7. On assistera à un concert de Giora Feidman à Rome. (heureux)
8. Elle a beaucoup de succès avec son roman. (contente)
9. Oh pardon, je ne veux pas vous déranger. (s'excuser)

6 126

Bilde Sätze mit Infinitivkonstruktionen. (Ist ein Satzglied unterstrichen, ersetze es durch sein Pronomen!)

exemple: *Sandrine avoue: je suis tombée amoureuse de Jean.* ▶
… Sandrine avoue être tombée amoureuse de lui …

1. Il jure: je suis rentré avant minuit et je n'ai pas vu la voiture.
2. Elle est déçue: elle a raté son examen.
3. Nous sommes fiers: nous avons fini notre pièce de théâtre.
4. Je suis heureuse: j'ai terminé mon travail avant les autres.
5. Céline est désolée: elle a raté son soufflé au fromage.
6. J'ai oublié mes clés dans la voiture, je crois.
7. Eric et Arielle sont malheureux: ils se sont disputés.
8. Nous nous rappelons: nous avons rencontré Muriel et Inès et nous les avons accompagnées chez elles.
9. Tu admets: tu n'es pas tombé, mais tu as sauté volontiers du mur.
10. Bernadette est désolée: elle n'a pas donné à manger au chien.
11. Agnès rêve: je veux faire un voyage en Australie.
12. Les téléspectateurs sont horrifiés: ils voient tant d'attentats à Bagdad.

F DER INFINITIV NACH ANDEREN PRÄPOSITIONEN

après **(+ *inf. passé*)** (nachdem)	*Après avoir lu ce roman, elle avait peur.*
avant de (bevor)	*Avant d'aller au lit, elle a fouillé la maison.*
pour (um zu)	*Elle m'a appelé pour me demander si j'arrivais.*
à condition de (unter der Bedingung, dass)	*J'ai dit oui à condition de pouvoir voir «Psycho».*
sans (ohne zu)	*Sans connaître ce film, elle a accepté.*
au lieu de (anstatt zu)	*Au lieu de la calmer, j'ai regardé un thriller.*
sous prétexte de (unter dem Vorwand)	*Sous prétexte d'être fatiguée, elle a quitté le salon.*
loin de (weit davon entfernt)	*Loin de m'occuper d'elle, j'ai continué à voir le film.*

ein Subjekt	verschiedene Subjekte
après	***après que***
Après être arrivé chez elle, j'ai allumé le magnétoscope.	*Après que* ***je*** *lui avais parlé du film,* ***elle*** *a dit qu'elle ne voulait pas le voir.*
avant de	***avant que (+ subjonctif)***
Avant d'allumer le magnétoscope, j'ai ouvert une bouteille de vin.	*Avant que* ***j'****aie ouvert le vin,* ***elle*** *m'a dit qu'elle ne voulait pas voir le film.*
pour	***pour que (+ subjonctif)***
Pour la calmer, je lui ai dit que j'étais fort en autodéfense.	*Pour qu'****elle*** *se calme, je lui ai dit que* ***j'****étais fort en autodéfense.*
sans	***sans que (+ subjonctif)***
Sans avoir vu le film, elle est partie.	*Sans qu'****elle*** *ait dit où elle allait,* ***je*** *savais qu'elle avait quitté la maison.*

G UMSCHREIBUNGEN DEUTSCHER ADVERBIEN MITTELS INFINITIVKONSTRUKTION

beinahe, fast – *avoir faillir + inf.*
Nous avons failli nous disputer. Wir hätten beinahe gestritten.

gern – *aimer + inf., aimer bien + inf., adorer + inf.*
J'aime / j'aime bien / j'adore regarder ces film. Ich schaue mir gerne diese Filme an.

gerade (in diesem Augenblick) – *être en train de + inf.*
Je suis en train de lire un roman de Marc Levy. Ich lese gerade einen Roman von …

gerade, soeben (vor einem Augenblick) – *venir de + inf.*
Elle vient de me dire qu'elle déteste les films policiers. Sie hat mir gerade gesagt, dass …

immer noch, weiter – *continuer à + inf.*
Elle continue à chanter. Sie singt immer noch.

immer, immer wieder, ständig – ***ne pas arrêter de / cesser de + inf.***
Elle n'arrête pas d'avoir peur. Sie hat ständig Angst.

lieber – ***aimer mieux + inf., préférer + inf.***
Elle préfère / aime mieux lire les romans d'amour. Sie liest lieber Liebesromane.

schließlich – ***finir par + inf.***
Elle va finir par me pardonner. Sie wird mir schließlich verzeihen.

127

Verbinde die Sätze mit passenden Infinitivkonstruktionen.

1. J'ai voulu regarder le film. J'avais lu le roman «Et si c'était vrai». (après)
2. Valérie veut absolument avoir ce pantalon. Elle ferait tout. (pour)
3. Il n'a pas fait la vaisselle. Il est parti avec ses amis. (au lieu de)
4. Nathan n'a pas pris de dentifrice. Il a utilisé de l'antiride. (à la place)
5. Nous allons en France. Nous voulons parler mieux le français. (pour)
6. Il n'est pas parfait en français. Il fait même de graves fautes. (loin de)

128

Verbinde die Wortgruppen zu Infinitivkonstruktionen – wenn möglich. Sonst nimm die entsprechenden Konjunktionen. (Setze die Hauptsätze dabei immer in eine Zeit der Vergangenheit!)

1. la voisine – retourner chez elle / nous raconter toute sa vie. (avant)
2. Philippe – ne pas acheter une voiture/ faire des économies (pour)
3. Mémé – boire du cognac / s'endormir tout de suite. (après)
4. Je – s'inscrire à un cours de danse / demander à ma mère (sans)
5. Marc – écouter de la musique dans son lit / sa mère – le savoir (sans)

129

Übersetze.

1. Du hättest beinahe Großmutters Geburtstag vergessen, nicht wahr?
2. Ich bin dabei, Ihnen zuzuhören. (*écouter*)
3. Sie hat ihn soeben verlassen. (*quitter*)
4. Die Schüler haben immer wieder mit ihm gestritten.
5. Dieser Mathematikprofessor arbeitet immer noch in derselben Schule.
6. Fabienne kümmert sich gerne um die Kinder ihrer Nachbarin.
7. Wir hätten lieber das andere Zimmer gehabt!
8. Max hätte sich beinahe den Fuß gebrochen.

130

Verbinde die jeweiligen Sätze oder Wortgruppen zu Infinitivkonstruktionen.

1. Anne n'a pas réussi son permis de conduire / elle le regrette
2. Les voisins ferment tous leurs volets / partir en vacances (avant)
3. Laetitia suit un régime / elle veut devenir mannequin (pour)
4. Elle a réussi son contrôle / elle n'avait pas révisé sa leçon. (sans)
5. Je me souviens très bien / je lui ai donné au moins 700 Euros
6. Elle refuse / elle ne veut absolument pas coopérer pour ce travail
7. Les enfants disent des grossièretés / leur mère leur interdit cela
8. Mélanie utilise du lait hydratant / elle a pris son bain (après)

13. KAPITEL	*LES ADJECTIFS ET LES PRONOMS INTERROGATIFS* – Die Fragewörter (Interrogativpronomen)

A *LES ADJECTIFS INTERROGATIFS*

- Das ***adjectif interrogatif*** begleitet ein Nomen, nach dessen „Beschaffenheit“ gefragt wird. Es wird mit dem Nomen in Geschlecht und Zahl **übereingestimmt**.

Sg. *masc.*	*quel*	Pl.	*quels*
Sg. *fém.*	*quelle*	Pl.	*quelles*

*Tu as **quel nom**? Dans **quelle rue** est-ce que tu habites?*
***Quels enfants** sont les tiens? **Quelles bêtises** vont-ils faire aujourd'hui?*

- **Verwendung**
  - **Attributiv**: Es steht direkt beim Nomen: ***Quelle adresse** a-t-il?*
  - **Prädikativ**: Es ist vom Nomen durch *être* getrennt: ***Quelle** est son **adresse**?*

Bei diesem Gebrauch kann es auch mit „was“ oder „wie“ übersetzt werden, je nachdem, was besser passt.

Quel est votre nom?	Wie ist Ihr Name?
Quel est ton plat préféré?	Was ist dein Lieblingsessen?

Manche Sätze werden überhaupt ganz anders übersetzt:

Quelle heure est-il?	Wie spät ist es?
Quel est ton âge? Quel âge as-tu?	Wie alt bist du?
Quel est ton poids?	Wie schwer bist du?

- Man begegnet dem *adjectif interrogatif* sowohl in der **direkten** als auch in der **indirekten Frage**:

direkt: *Quel livre a-t-il acheté?*
indirekt: *Je me demande quel livre il a acheté.*
(Hier gibt es keine Inversion und kein *est-ce que.*)

B *LES PRONOMS INTERROGATIFS*

1 Veränderbare zusammengesetzte Formen (immer mit Beziehungswort verwendet)

Mit ihnen fragt man **nach Personen oder Sachen**, die **schon erwähnt wurden** oder **die gleich erwähnt werden**. Sie werden **mit dem Wort**, das sie vertreten, **in Geschlecht (und Zahl) übereingestimmt**.

Sg. *masc.*	*lequel*	Pl.	*lesquels*	*De ces revues, **lesquelles** achètes-tu?*
Sg. *fém.*	*laquelle*	Pl.	*lesquelles*	***Laquelle** de ces deux revues achètes-tu?*

A 131 **Füge das richtige *adjectif interrogatif* ein. Übersetze den Satz.**

1. Pour … entreprise est-ce que ton père a travaillé?
2. J'aimerais bien savoir … est l'adresse e-mail de cette fille.
3. … excuse a-t-il encore trouvée pour refuser mon invitation?
4. Vous pouvez me dire à … station je dois descendre?
5. Au bord de … mer se trouve Saint-Malo?
6. … est le numéro de téléphone des pompiers?
7. … est sa nationalité?
8. … sont tes chanteurs préférés?
9. Sur … planètes vivent les hommes verts?
10. A côté de … ville se situe Rouen?

A 132 **Übersetze.**

1. Welche Musik bevorzugen Sie?
2. Wie alt sind Sie?
3. Welches Bier wollen Sie trinken?
4. Welchen Beruf übt er aus?
5. Er fragt mich, welches Geschenk ich wähle.
6. Dauernd fragt sie ihre Mutter, wie spät es ist.
7. Wir würden gerne wissen, in welchem Haus der Komponist gelebt hat.
8. Sie fragt ihn, in welchem Land er wohnt und was seine Muttersprache ist.

A 133 **Finde die passende Frage.**

1. …? – J'ai quinze ans.
2. …? – Nous sommes le 12 octobre.
3. …? – Ma mère préfère les romans de Marc Levy.
4. …? – Ce chien, le petit, là-bas.
5. …? – Ma fille s'appelle Bernadette.
6. …? – Sa dernière chanson, c'est «Une fille de l'Est». (Patricia Kaas)
7. …? – Je suis Verseau.
8. …? – Nous avons une Renault.

B 134 **Stelle Fragen nach folgendem Muster.**

exemple: *Muriel, Sophie ou Anne, quel prénom te plaît le mieux?* ▶
… Lequel de ces noms te plaît le mieux? …
… De ces prénoms, lequel te plaît le mieux? …

1. Sartre, Hugo ou Voltaire, quel auteur as-tu choisi au bac?
2. Maths, physique ou histoire-géo, quelle matière préfères-tu?
3. Tennis, golf ou ski, quel sport est-ce que tu pratiques le plus souvent?
4. Classique, jazz ou reggae, quelle musique écoutes-tu le plus souvent?
5. Cheddar, roquefort ou camembert, quel fromage manges-tu volontiers?
6. Lille, Nantes ou Nice, quelle ville as-tu déjà visitée?
7. Dominos, cartes ou échecs, à quel jeu jouez-vous souvent?

Wenn du **Konstruktionen mit *à* oder *de*** verwendest, kommt es zu Verschmelzungen:

- ***lequel* etc. nach der Präposition *à***

	masc.	*fém.*		*masc.*	*fém.*
Sg.	***auquel***	***à laquelle***	*Pl.*	***auxquels***	***auxquelles***

- ***lequel* etc. nach der Präposition *de***

	masc.	*fém.*		*masc.*	*fém.*
Sg.	***duquel***	***de laquelle***	*Pl.*	***desquels***	***desquelles***

J'ai plusieurs romans de cet auteur. ***Auquel*** *est-ce que tu t'intéresses?*
Nous avons lu quelques pièces de Molière. ***Desquelles*** *s'agit-il?*

2 Unveränderbare einfache Formen ohne Beziehungswort bei der direkten Frage. (vgl. auch Seite 96)

Frage nach Personen	
Subjekt	***Qui*** *arrive?* ***Qui est-ce qui*** *arrive?*
dir. Objekt	***Qui*** *as-tu vu?* ***Qui est-ce que*** *tu as vu?*
indir. Objekt	***À qui*** *as-tu donné ce cadeau?* ***À qui est-ce que*** *tu parles?*
Präpositionalobjekt	***Avec qui*** *es-tu parti?* ***De qui est-ce que*** *tu as parlé?*

Frage nach Sachen	
Subjekt	***Que*** *se passe-t-il?* ***Qu'est-ce qui*** *se passe?*
dir. Objekt	***Que*** *fais-tu?* ***Qu'est-ce que*** *tu fais?*
indir. Objekt	***À quoi*** *penses-tu?* ***À quoi est-ce que*** *tu penses?*
Präpositionalobjekt	***Avec quoi*** *est-il arrivé?* ***Avec quoi est-ce qu'****il est arrivé?*

Bei der **indirekten Frage**, bei der es **weder Inversion noch die Umschreibung mit *est-ce que*** gibt, verwendest du **folgende Formen:**

Frage nach Personen	
Subjekt	*Je me demande* ***qui*** *arrive.*
dir. Objekt	*Je te demande* ***qui*** *tu as vu.*
indir. Objekt	*Je te demande* ***à qui*** *tu as donné ce cadeau.*
Präpositionalobjekt	*Je te demande* ***avec qui*** *tu es parti et* ***de qui*** *tu as parlé.*

Frage nach Sachen	
Subjekt	*Je te demande* ***ce qui*** *se passe. (qu'est-ce qui ▶ ce qui)*
dir. Objekt	*Je te demande* ***ce que*** *tu fais. (qu'est-ce que ▶ ce que)*
indir. Objekt	*Je te demande* ***à quoi*** *tu joues.*
Präpositionalobjekt	*Je te demande* ***avec quoi*** *il est arrivé.*

B

135

Setze die richtigen Formen ein. (*lequel, duquel, auquel* etc.)

1. … de ces trois formes est-ce qu'on trouve sur le drapeau américain?
2. Avec … de ces actrices cet acteur est-il marié?
3. À … livre fais-tu allusion?
4. Dans ce film, on voit des élèves qui fondent un club où ils lisent des poèmes. … s'agit-il?
5. … de ses amis fait-il le plus confiance?
6. … de ces trois clés est la bonne?
7. … journaux êtes-vous abonnés?
8. À … de ces femmes Marie a-t-elle confié son fils?
9. … de ses voisins se plaint-il le plus souvent?

136

Setze die passenden Fragewörter ein, wenn nötig mit einer Präposition.

1. … ta mère s'occupera-t-elle quand tu auras ton propre appartement?
2. … penses-tu de ce problème?
3. … est-ce que vous êtes content dans votre vie?
4. … vous éliriez s'il y avait des élections demain?
5. … est-ce que tu penses quand tu as cet air-là?
6. … bus prend-elle pour aller au lycée?
7. … est-ce que ce tableau ressemble?
8. … de ces profs as-tu remis ta copie?

B

137

Übersetze und setze die Fragen danach in die indirekte Rede.

1. Die Kunden fragen uns: „Wen haben Sie ausgewählt? Für wen haben Sie sich entschieden? Wer soll der neue Personalchef werden?"
2. Max fragt sie: „Was kaufst du mir? Wer bringt mir ein Geschenk? Von wem bekomme ich Spielsachen? Mit wem und womit kann ich spielen?"
3. Ich frage: „Von welchem Film sprecht ihr? In welchem Kino habt ihr ihn gesehen? Mit wem habt ihr über den Film gesprochen?"

138

Adjectif interrogatif* oder *pronom interrogatif?

1. Je me demande … m'a téléphoné à deux heures du matin et … de mes amies a peut-être eu des problèmes sérieux.
2. … de nos projets vous ont plu? Dites-moi … projet vous voulez présenter aux parents, … va le leur présenter et … vous aimeriez vous occuper maintenant.
3. A … agence vous avez téléphoné? … des hôtesses vous a répondu? … voyages vous a-t-elle conseillés? Pour … vous êtes-vous décidé?
4. … métro devons-nous prendre pour aller à St Michel? A … station faut-il descendre? … de ces trajets est le plus court?
5. Sur … site les élèves surfent-ils souvent? … de ces ordinateurs permettent l'accès à Internet? … des profs faut-il demander la clé de la salle informatique?
6. … des arrondissements de Paris aimerais-tu habiter? … genre de logement recherches-tu? … budget peux-tu investir? A … étage veux-tu habiter?

14. KAPITEL *L'INTERROGATION* – Die Frage

A *L'INTERROGATION TOTALE* – DIE ENTSCHEIDUNGSFRAGE

Bildungsarten

- Man setzt ***est-ce que*** vor den Aussagesatz und ändert nichts an der Wortstellung:

  Vous parlez français?
  Est-ce que *vous parlez français?*

- Die **Intonationsfrage** (hauptsächlich im gesprochenen Französisch) behält die **Wortstellung des Aussagesatzes** und man kennzeichnet nur durch die besondere **„Intonation" der Stimme am Satzende**, dass es sich um eine Frage handelt.

  Vous avez parlé français?

- Die **Inversionsfrage** gehört dagegen dem geschriebenen (bzw. „gehobenen") Französisch an. Bei ihr wird das **Subjekt des Satzes hinter die Personalform** gestellt und mit einem **Bindestrich** ans Verb gehängt.

Tu apprends le francais.	*Vous avez parlé français.*
*Apprends-**tu** le français?*	*Avez-**vous** parlé français?*

  Endet in der Inversionsfrage die Personalform mit einem Vokal und das Subjekt des Satzes *ist* ***il/elle*** oder ***on***, so fügt man (der Aussprache wegen) ***-t-*** ein!
  Il parle français avec ses amis.
  *Parle-**t**-il français avec ses amis?*

  - Die **einfache Inversionsfrage** bildet man, wenn das **Subjekt** ein **Personalpronomen** (*tu, elle, il, nous ...*), ***ce*** (das) oder ***on*** (man) ist. Das **Subjekt** steht „einfach" **hinter der Personalform.** (Nachstellung von *je* eher unüblich)

    Veux-tu être mon ami? Va-t-il au cinéma? Est-ce possible? A-t-on acheté assez?

    Ist das **Prädikat ein rückbezügliches Verb**, so bleibt das rückbezügliche Fürwort vor dem Verb, **nur das Subjekt** wandert **hinter das Verb**!

    S'*appelle-t-il Guillaume?* ***Vous*** *amusez-vous bien?*

    Wenn du **verneinte Inversionsfragen** stellen willst, dann sehen diese so aus:

Tu *n'**es** pas fatigué?* *N'**es-tu** pas fatigué?*	*ne ... pas* **rahmt** also **die Personalform und das Pronomen** ein, das ja durch einen Bindestrich mit der Personalform verbunden ist!

  - **Die komplexe Inversionsfrage:** Ist das Subjekt ein Nomen oder ein Name, **beginnt man** die Frage **mit dem Nomen** und bildet dann erst die **Inversion**, indem man das **Subjekt mit Hilfe des Personalpronomens wiederholt.**

Tes amis parlent français?	*Ma mère est arrivée hier?*
*Tes amis **parlent-ils** français?*	*Ma mère **est-elle** arrivée hier?*

139 **Suche die beiden anderen Arten der Fragesätze:**

exemple: *Est-ce que vous travaillez aujourd'hui?* ▶
... Vous travaillez aujourd'hui? Travaillez-vous aujourd'hui? ...

1. Tu es arrivée?
2. Va-t-il avec nous?
3. On prend un apéritif?
4. Ils se sont ennuyés?
5. Avez-vous faim?
6. Es-tu partie à six heures?
7. Est-ce que tu écrirais la lettre pour moi?
8. Tu habites encore à Francfort?
9. Aime-t-il le rap?
10. Est-ce qu'il va passer?

140 **Finde zu den Antworten die Inversionsfrage und die Frage mit *est-ce que*.**

exemple: *...? Oui, je suis professeur.* ▶
... Êtes-vous (es-tu) professeur? ...
... Est-ce que vous êtes professeur? ...

1. ...? Non, je n'ai pas vu ton livre.
2. ...? Oui, nous nous amusons bien.
3. ...? Oui, il a travaillé avec ce grand magicien.
4. ...? Non, ce n'est pas un problème.
5. ...? Oui, nous avons dit la vérité.
6. ...? Non, mon père n'a plus de voiture.

141 **Übersetze und verwende immer *est-ce que* und (einfache) Inversion.**

1. Haben Sie Kinder? Sind Sie glücklich mit Ihrem Job?
2. Sprechen Sie nicht Ungarisch? Lernen Sie wenigstens Griechisch?
3. Isst du noch Fleisch? Kaufst du oft Früchte und Gemüse?
4. Raucht ihr? Trinkt ihr regelmäßig Alkohol?
5. Du hast keine Katze? Willst du keine Katze?
6. Haben Sie heute schon Ihre Frau umarmt?

142 **Bilde Inversionsfragen aus folgenden Intonationsfragen.**

1. Vous allez prendre un verre avec moi?
2. Tes parents se sont contentés des places au balcon?
3. Vous avez déjà écrit les e-mails?
4. Il a vraiment lu tous les romans de Marc Lévy?
5. Il savait réparer ta voiture?
6. Elle a donné à manger aux poissons?
7. Vous n'avez pas vu le film «L'espion qui venait du froid»?
8. Madame Michelle avait un gros bouton sur son nez?
9. Simon n'est pas toujours très discret?
10. Martin et Alice partent en colonie cet été?

B L'INTERROGATION PARTIELLE – DIE ERGÄNZUNGSFRAGE

1 Frage nach Personen (*qui*)

Fragst du nach **einer Person, die Subjekt** eines Satzes ist, verwendest du

qui *Qui vient ce soir?*	oder	***qui est-ce qui*** (zweimal *qui*!) *Qui est-ce qui vient ce soir?*

Fragst du nach dem **direkten Objekt**, willst du also zB wissen, **wen** man sieht, liebt, einlädt, küsst etc., verwendest du

bei der **Inversionsfrage***	bei der **Frage mit *est-ce que***
qui	***qui est-ce que***
Qui as-tu invité?	***Qui est-ce que*** *tu as invité?*

* **Einfache Inversionsfrage** nur, wenn ein **Pronomen Subjekt** des Satzes ist, **sonst komplexe Inversionsfrage:** zB *Qui Pierre a-t-il vu?*

Fragst du nach einer Person, die eine **andere Ergänzung** ist, also nach einer Präposition im Satz steht, so verwendest du diese Präposition gefolgt von ***qui***.

bei der Inversionsfrage	**bei der Frage mit *est-ce que***
à, de, avec, pour qui …	***à, de, avec, pour qui est-ce que*** …
A qui penses-tu?	*A qui est-ce que tu penses?*
De qui ton frère parle-t-il?	*De qui est-ce que ton frère parle?*

2 Frage nach Sachen (*que*)

Fragst du nach dem **Subjekt** eines Satzes, willst du also wissen, **was** gefällt, Spaß macht etc., so reicht es, wenn hier **nur die umschriebene Frage** erklärt wird.

qu'est-ce qui
Qu'est-ce qui se passe? (Was passiert?)

Fragst du nach dem **direkten Objekt**, willst du also wissen, **was** man tut, denkt, sieht, schreibt etc., verwendest du

bei der Inversionsfrage	**bei der Frage mit *est-ce que***
que	***qu'est-ce que***
Que fais-tu?	*Qu'est-ce que tu fais?*

Die **Inversionsfrage** verwendest du, wenn

- das Subjekt ein persönliches Fürwort ist: *Que fait-il?*
- das Subjekt ein Nomen oder ein Eigenname ist und der Satz kein weiteres Satzglied hat: *Que fait Pierre? Que font mes parents?*
- Hat der Satz eine weitere Ergänzung, verwende die Frage mit *est-ce que!* *Qu'est-ce que nous faisons maintenant?*

Frage nach	nach Personen		nach Sachen	
	Inv.	Umschreibung	Inv.	Umschreibung
Subjekt	*qui*	*qui est-ce qui*	---	*qu'est-ce qui*
Objekt	*qui*	*qui est-ce que*	*que*	*qu'est-ce que*

B 1
143

Stelle Fragen nach den unterstrichenen Personen. (Versuche immer die Umschreibung mit *est-ce que* und die Inversionsfrage!)

1. <u>Kevin</u> va épouser <u>sa petite voisine</u>.
2. Vous êtes allé <u>chez votre ami Nathan</u>?
3. Ma mère s'est occupée <u>de mon fils malade</u>.
4. <u>Agnès</u> avait des problèmes <u>avec sa famille</u>.
5. Tu achètes un pyjama <u>pour ta nièce</u>.
6. J'ai cherché <u>mon oncle</u>.
7. Nous avons rencontré <u>les profs</u> devant le théâtre.

B 1
144

qui* oder *qui est-ce que?

1. … va venir chez nous ce soir? – C'est Claude.
2. … l'a invité? – Je pense que c'était Maman.
3. Pour … préparez-vous ce repas? – Pour mon oncle Anselme.
4. À … avez-vous apporté les bières? – Aux Lavin.
5. … ma mère trouve-t-elle gentil? – Les Chartier.
6. … tu as aidé à faire les devoirs? – J'ai aidé Martine.
7. À … Max ressemble? – À sa mère.
8. … t'accompagne à l'aéroport? – J'y vais seul.
9. … Marina attend devant le cinéma? – Ses copines.

B 2
145

que, qu'est-ce qui, qu'est-ce qu(e)?

1. … lis-tu? – Un journal.
2. … tu as vu? – Un vieux film de Godard.
3. … intéresse vos élèves? – Pas grand chose.
4. … faites-vous ici? – Rien d'important.
5. … tu fais ce week-end? – Je dors.
6. … te ferait plaisir? – Un bon bain.
7. … ils font après l'école? – Leurs devoirs.

B 1 2
146

Frage nach den fett geschriebenen Satzgliedern.

1. **Christa** faisait toujours **de longues promenades** avec son chien.
2. Vous n'avez pas encore de cadeau **pour votre prof de maths**.
3. Ma grand-mère a acheté **des fleurs à son vieil ami**.
4. **Mon père** nous montre **toutes ses photos**.
5. Tu aimerais inviter **tes amis**.
6. Ils disent souvent **des bêtises**.
7. Hier, **mes parents** ont invité **nos voisins**.
8. Il n'aime pas **la couleur** de notre maison.
9. **Il** prétend avoir vu **une girafe** dans la rue.
10. **Jérôme** parle **avec le voisin** devant la porte.
11. Les enfants posent toujours **des questions embarrassantes à leurs parents**.
12. Daniel rend **la clé des vestiaires au gardien**.
13. **Séverine** prend **le bus** pour aller travailler.

Willst du bei der Frage nach Sachen eine **Intonationsfrage** gebrauchen und das Fragewort an das Ende des Satzes stellen, brauchst du das Wort ***quoi***.

Que manges-tu?	*Qu'est-ce que tu manges?*	*Tu manges **quoi?***
Que fait-il?	*Qu'est ce qu'il fait?*	*Il fait **quoi**?*

Fragst du nach einer Sache, die eine **andere Ergänzung** ist, also nach einer Präposition im Satz steht, so verwendest du **diese Präposition**, gefolgt von ***quoi***.

bei der Inversionsfrage	Frage mit *est-ce que*	Intonation
***à, de, avec quoi** …*	***à, de, avec quoi est-ce que** …*	***à, de, avec quoi***
À quoi pense-t-il?	*À quoi est-ce qu'il pense?*	*Il pense à quoi?*
De quoi parle-t-il?	*De quoi est-ce qu'il parle?*	*Il parle de quoi?*

C FRAGE NACH ERGÄNZUNGEN MIT HILFE VERSCHIEDENER FRAGEWÖRTER

wann	***quand***	warum	***pourquoi***
bis wann	***jusqu'à quand***	wie	***comment***
seit wann	***depuis quand***	wie viele	***combien***
wie lange	***combien de temps***	wie oft	***combien de fois***
wo, wohin	***où***	wie lange	***combien de temps***
von wo	***d'où***	bis wohin	***jusqu'où***

- **Die Intonationsfrage** gehört hauptsächlich ins gesprochene Französisch. Bei ihr werden die **Fragewörter ans Ende** des Satzes gestellt. (*Tu vas **où**?*)
- Frage mit ***est-ce que:*** **An den Beginn** der Frage kommt das **Fragewort**, anschließend *est-ce que,* und schließlich fügst du den Rest des Satzes **in gerader Wortfolge** an, d.h. Subjekt vor Objekt.

  ***Pourquoi** est-ce que tu ne sors pas?* ***Où** est-ce que je dois aller?*
- Bei der **Inversionsfrage** gibt es wieder einiges zu beachten.
  - Ist das **Subjekt ein Personalpronomen** ▶ **einfache Inversion**:
    *Quand **est-il** arrivé? Où **sont-ils** allés?*
  - Ist das **Subjekt ein Nomen** oder **ein Eigenname** und der **Satz enthält kein Objekt** ▶ ebenfalls **einfache Inversion:**
    *Où habitent **vos parents**? Quand arrive **Christine**?*
  - Wenn das **Subjekt ein Nomen** oder **ein Eigenname** ist und der **Satz ein (direktes) Objekt** enthält ▶ **komplexe Inversion**:
    *Quand tes amis **ont-ils** écrit cette carte? Où Marc **a-t-il** trouvé cette bouteille?*

Bei ***pourquoi*** muss man (außer bei der Umschreibung mit *est-ce que)* **immer die komplexe Inversion** verwenden, auch wenn der Satz kein direktes Objekt enthält.
*Pourquoi Paulette **est-elle** venue?*

147

Suche die Fragen zu den folgenden Antworten. (Stelle Intonationsfragen)

1. ...? Je crois qu'elle s'intéresse **à Alexandre**.
2. ...? **Les Bertin**, nous avons invité les Bertin.
3. ...? **Rien**, rien ne s'est passé.
4. ...? Le prof s'est moqué **de ma prononciation.**
5. ...? Nous y sommes allés **avec Jean et Patrick**.
6. ...? Cette crêperie appartient **à un ami de mes parents**.
7. ...? On a joué **au tennis**.
8. ...? Ce sont **les voisins** qui ont fait du bruit.
9. ...? Il s'intéresse seulement **à son ordinatuer**.

148

Stelle die passenden Fragen. (Immer mit *est-ce que* und der weiteren angegebenen Frageart)

exemple: *Moi, je voudrais avoir* ***une chambre calme****. Et toi? (Int.)* ▶
... Qu'est-ce que tu aimerais avoir? Tu aimerais avoir quoi? ...

1. Je ne suis plus arrivée **parce que j'avais mal à la tête**. Et toi? (Inv.)
2. Nous habitons à Marseille **depuis trois années**. Et vous? (Int.)
3. André aimait manger **à la cantine**. Et toi? (Inv.)
4. Mes parents allaient régulièrement **en Italie** en été. Et tes parents? (Inv.)
5. J'ai perdu **20** kilos l'année dernière. Et toi? (Int.)
6. Sylvie a lu **jusqu'au chapitre 2**. Et Carole? (Inv.)
7. Norbert a appris la nouvelle **par la radio**? Et vous? (Inv.)
8. Céline a invité **des copines de fac** à son mariage? Et son fiancé? (Inv.)
9. Elle a arrêté l'école **parce qu'elle a trouvé un travail**? Et Léon? (Int.)
10. Son père est un fan **de Zidane**. Et ton père? (Int.)
11. Elle va à la piscine **deux fois par semaine**. Et vous? (Inv.)
12. Je viens **de Normandie**. Et eux? (Inv.)

149

Übersetze. (*est-ce que*)

1. Wer hat meinen Sohn gesehen? Wen hat mein Sohn gesehen?
2. Woran erinnert sich deine Großmutter nicht? Was weiß sie noch?
3. Wohin müsst ihr heute Abend fahren? Warum bleibt ihr nicht daheim?
4. Wann werden sie mich verstehen? Wer kann mich verstehen?
5. Was machen Sie hier? Warum sind Sie zu uns gekommen?
6. Wie hat er uns gefunden? Wie lange will er bleiben?
7. Woher hat er dieses Buch? Wem hast du es geborgt?
8. Wie kann Max diese Schwestern ertragen? *(supporter)*
9. Wie viele Seiten hast du schon gelernt?
10. Wie oft wiederholt der Professor seine Erklärungen?
11. Wer braucht meine Hilfe? Wem kann ich helfen? (!)
12. Wen fragst du? Wen rufst du an? Auf wen wartest du? Worauf wartest du?
13. Was muss man auf diese Frage antworten?
14. Wann ist Baudelaire gestorben? Was hat er geschrieben?
15. Wo wollten sich Romeo und Julia treffen?

15. KAPITEL *LA NÉGATION* – die Verneinung

A NICHT – *NE ... PAS*

- **Einteilige Zeitform**
  Handelt es sich beim Verb, das verneint werden soll, um eine **einteilige Zeitform**, so wird diese **von *ne* und *pas* eingerahmt.**

Je	***ne***	*travaille*	***pas***	*aujourd'hui.*
Tu	***n'***	*avais*	***pas***	*ce livre?**

* Beginnt das Verb mit einem Vokal, bleibt vom ***ne*** nur ***n'***.

- **Mehrteilige Zeitform**
  Bei mehrteiligen Zeitformen wird jeweils **die Personalform**, also **die konjugierte Form**, von den Teilen der Verneinung eingerahmt.

Je	***n'***	*ai*	***pas***	*travaillé*	*aujourd'hui.*	*p. c.*
Tu	***n'***	*avais*	***pas***	*eu.*	*ce livre.*	*pl.-qu.-pf.*
Ils	***n'***	*auraient*	***pas***	*dit*	*la vérité.*	*cond. II*
Je	***n'***	*ai*	***pas***	*été vu*	*par le prof.*	*passif, p. c.*

- **Infinitivkonstruktionen**
  Der Begriff **Infinitivkonstruktionen** hat zwei Bedeutungen:
  - **Erstens** sind jene Konstruktionen gemeint, die aus **Modalverb + Infinitiv** bestehen. Hier kann man nur das Modalverb verneinen (ich will – ich will nicht), wobei wiederum die **Personalform des Modalverbs von** den Teilen der **Verneinung umschlossen** wird, egal, in welcher Zeit es steht.

Je	***ne***	***veux***	***pas***		*dormir.*	
Je	***n'***	***ai***	***pas***	***dû***	*faire*	*ce travail.*
Tu	***n'***	***auras***	***pas***	***pu***	*voir*	*ton ami.*

vouloir, devoir, pouvoir faire qch	etw. tun wollen, müssen, können
aller faire qch	etwas tun werden
aimer faire qch	etwas gerne tun
savoir faire quelque chose	etw. tun können (im Sinne von „wissen“)
il faut faire quelque chose	man muss etw. tun, es ist nötig, etw. zu tun

  - Überdies gibt es auch Konstruktionen, die aus **„Vollverb“ + Infinitiv** bestehen. Bei diesen kann man sowohl das Vollverb als auch **den Infinitiv verneinen**.

Paul	*avoue*		*être impoli.*	Paul gibt zu, unhöflich zu sein.
Paul	***n'avoue***	***pas***	*être impoli.*	Paul gibt nicht zu, unhöflich zu sein.
Paul	*avoue*	***ne pas***	*être poli.*	Paul gibt zu, nicht höflich zu sein.

150

Beantworte die Fragen mit einer Verneinung.

1. Est-ce que tu vas au cinéma avec moi, François? – Non, je ...
2. Tes voisins sont gentils? – Non, ils ..., je les déteste.
3. Vous arrivez aujourd'hui? – Non, je ...
4. C'est toi, Martine? – Non, ce ..., je suis Valérie.
5. Est-ce que tu apprends la leçon facilement? – Non, je ...
6. Est-ce que ces croissants sont bons? – Non, ils ...
7. Le livre français est difficile à lire? – Non, il ...
8. Les enfants aiment les épinards? – Non, ils ...

A

151

Verneine die Sätze und übersetze sie. (Mehrere Möglichkeiten)

1. Nous avions pensé que Jean irait à la maison.
2. Elle a lu le livre que tu avais conseillé aux élèves.
3. Si tu révises tes leçons, tu auras des problèmes.
4. Elle a acheté la voiture qu'elle a vue à la télé.
5. J'ai mangé le repas que maman a préparé.
6. Vous avez oublié le livre dont vos amis ont besoin.

A

152

Beantworte die Fragen wieder mit einer Verneinung. (Achte auf das *ne ... pas de*!)

1. Est-ce que tu as lu le livre de ton prof d'anglais? – Non, je ...
2. Les enfants voulaient faire une promenade avec le chien? – Non, ils ...
3. Aimeriez-vous faire une balade en montgolfière? – Non, je ...
4. Est-ce que tu as pensé à acheter du pain? – Non, je ...
5. Il a raté l'avion de 13h00? – Non, il ...
6. Tu avais préparé ce gâteau tout seul? – Non, je ...
7. Vous savez bien parler le chinois? – Non, nous ...
8. Les enfants ont lavé la voiture de papa? – Non, ils ...
9. Vous avez envie de danser la valse? – Non, nous ...
10. Ils ont apporté une bouteille de vin pour son anniversaire? – Non, ils ...
11. Tu as l'intention d'acheter un appartement? – Non, je ...
12. Tu aurais dû rentrer avant minuit? – Non, je ...
13. Nous écoutons un CD dans ta chambre? – Non, nous ...
14. Maman a préparé des sandwichs pour les enfants? – Non, elle ...

153

Übersetze.

1. Er gibt vor, nicht zufrieden zu sein.
2. Er wünscht, nicht weggehen zu müssen.
3. Wir wagen es nicht, nicht pünktlich zu kommen.
4. Sie behaupten, diese Dame nicht zu kennen?
5. Ihr beabsichtigt nicht, eure Aufgaben zu machen?
6. Sie glaubt, nicht gut Französisch zu sprechen.
7. Er hat keine Lust, heute Russisch zu lernen.
8. Sie hatten nicht das Glück, dort nette Leute kennen zu lernen.
9. Er gibt zu, keine guten Noten zu haben.

Noch zwei Beispiele, wie „**Infinitive der Vergangenheit**" verneint werden. (Vgl. Seite 86)

Elle		*jure*		*avoir fait*	*ce tableau.*
Elle	***ne***	***jure***	***pas***	*avoir fait*	*ce tableau.*
Elle		*jure*	***ne pas***	***avoir fait***	*ce tableau.*
Sie beteuert, dieses Bild gemacht zu haben.					
Sie **beteuert nicht**, dieses Bild gemacht zu haben.					
Sie beteuert, dieses Bild **nicht gemacht** zu haben.					

Elle	*a*	*avoué*		*être rentrée*	*à sept heures.*
Elle	***n'a pas***	***avoué***		*être rentrée*	*à sept heures.*
Elle	*a*	*avoué*	***ne pas***	***être rentrée***	*à sept heures.*
Sie hat zugegeben, um 7 Uhr heimgekommen zu sein.					
Sie hat nicht zugegeben, um sieben Uhr heimgekommen zu sein.					
Sie hat zugegeben, nicht um sieben Uhr heimgekommen zu sein.					

- **Objektvertreter**
  Stehen **vor der Personalform ein oder mehrere Objektvertreter**, so rahmen ***ne*** und ***pas*** diese mit ein, sie bleiben also unmittelbar vor dem Verb.

Tu manges la pomme?	*Non,*	*je*	***ne***	***la***	***mange***	***pas.***	
Tu as mangé la pomme?	*Non,*	*je*	***ne***	***l'***	***ai***	***pas***	*mangée.*
Tu le lui aurais donné?	*Non,*	*je*	***ne***	***le lui***	***aurais***	***pas***	*donné.*

Bei **Infinitivkonstruktionen** sind die **Objektvertreter** von der Verneinung nicht betroffen, da sie ohnehin **erst vor dem Infinitiv** stehen.

Tu veux voir ton oncle?	*Non,*	*je*	***ne veux pas***		***le***	***voir.***
Il préfère prendre ces pommes?	*Non,*	*je*	*préfère*	***ne pas***	***les***	***prendre.***

B KEIN – *NE ... PAS DE*

Erinnere dich: Nach **Mengenangaben** verwendet man nicht den vollen Teilungsartikel, sondern nimmt nur ***de***. Und da „**kein, keine**" auch eine Mengenangabe ist, nämlich eine „**Nullmenge**", steht nach ***ne ... pas* nur *de***.

*Tu prends un pastis? Non, je **ne** bois/prends/veux **pas de** pastis!*

Ausnahmen

- Wenn ***être*** **verneint wird, bleibt der Artikel bestehen.**
  Es wird in diesem Fall ja nicht die Menge verneint, sondern die Bezeichnung.
  *Je trouve que ce n'**est** pas **du** malheur, mais une chance pour elle.*
  *Ce ne **sont** pas **des** pommes, ce sont des poires.*

- Nach ***aimer*** kommt der **bestimmte Artikel**, auch wenn es verneint ist!
  *Il n'aime pas **le** café/**la** limonade. Je n'aime pas **les** moules.*

154

Bilde aus den Wortgruppen ganze Sätze nach folgendem Muster:

exemple: *Il, avouer / ne pas, arriver, avant minuit* ▶
… Il avoue ne pas être arrivé avant minuit …

1. Tu, ne pas, jurer / voir, cet homme, dans ce bar
2. Vous, jurer / ne pas, parler, avec cet homme
3. Papa, croit / ne pas, rester, plus longtemps que les autres
4. Elle, raconter / ne pas, avoir le courage, aller chez le dentiste
5. Nous, être sûrs / ne pas, savoir, tous les verbes irréguliers
6. Vous, leur, dire / ne pas, vouloir, les, voir
7. Ils, être, contents / ne pas, dépenser, trop d'argent
8. Je, estimer / ne pas, avoir à te donner, d'explications

155

Verneine die folgenden Sätze.

1. Je vais te la dire.
2. Il voulait nous rencontrer.
3. Nous vous les avons montrés.
4. Nous l'avons appris hier.
5. Je veux te la raconter.
6. Vous voulez en manger.
7. Tu veux y aller.
8. Tu lui as téléphoné.
9. Tu les y as appelés?
10. Colette prétend le lui avoir donné.
11. Ils t'en auront envoyé beaucoup.
12. Ils vont nous accompagner.
13. Je le trouve.
14. Ils y en ont fait.
15. Je les ai mis sur la table.
16. Nous pouvons les lui lire.

B

156

Beantworte die Fragen.

1. Vous avez une voiture? Non, nous …
2. Annie, il y a des élèves autrichiens dans ton cours? Non, il …
3. Votre prof, il donne des cours particuliers? Non, il …
4. Dans votre famille, on mange de la viande? Non, on …
5. Vous aimez la viande? Non, je …
6. Le soir, on fait du sport, d'accord? Non, nous ne …, nous (*ne pas aimer*)
7. Les enfants ont de la place dans la voiture? Non, ils …
8. Vous buvez du café le matin? Non, nous …
9. Ce sont des pommes françaises? Non, ce …
10. Est-ce que c'est un livre intéressant? Non, ce …

157

Übersetze.

1. Wir haben keinen Hunger, wir wollen keine Pizza essen.
2. Er glaubt, dass er in diesem Ort keine Freunde hat.
3. Hast du keine Uhr? Nein, ich mag keine Uhren.
4. Diese Kinder haben im August keine Ferien.
5. Er hat gestern keine Freunde getroffen.
6. Warum haben die Schüler keine Fragen?
7. Sie schreibt keine Briefe für ihn, sie macht ihm keinen Kaffee, sie telefoniert nicht. Sie ist keine Sekretärin.

C NICHT MEHR – *NE … PLUS*

Hier gelten die bei *ne … pas* besprochenen Regeln.

Je	***ne***	*travaille*	***plus***		*dans cette entreprise.*	■ Rahmt Personalform ein
Je	***n'***	*aurais*	***plus***	*travaillé*	*dans cette entreprise.*	
Je	***ne***	*veux*	***plus***	*travailler*	*dans cette entreprise.*	
Il		*avoue*	***ne plus***	*travailler*	*dans cette entreprise.*	■ Verneinter Infinitiv
Je	***ne***	*mange*	***plus de***		*viande.*	■ Mengenangabe
Ils	***ne***	*sont*	***plus des***		*enfants.*	■ *«être»* verneint

D NIE – *NE … JAMAIS*

Il	***ne***	*travaille*	***jamais.***			■ Rahmt Personalform ein,
Je	***n'***	*y aurais*	***jamais***	*travaillé.*		■ inklusive Pronomen
Je	***ne***	*veux*	***jamais***	*y travailler.*		
Il		*avoue*	***ne jamais***	*travailler.*		■ Verneinter Infinitiv
Je	***ne***	*mange*	***jamais de***		*viande.*	■ Mengenangabe
Ils	***n'***	*étaient*	***jamais des***		*enfants.*	■ *«être»* verneint

Willst du **nie** besonders betonen, kannst du es an den Anfang des Satzes stellen.

Jamais *je* ***ne*** *travaillerais dans cette entreprise.*
Niemals würde ich in diesem Unternehmen arbeiten!

E NICHTS – *NE … RIEN*

- Ist *rien* **Subjekt** eines Satzes, so steht es **am Beginn.** ***Ne*** **folgt** ihm:

  Rien ne *l'intéresse.* Nichts interessiert ihn (sie).

- Ist *rien* **direktes Objekt** des Satzes, steht ***ne*** **vor der Personalform,** ***rien*** **danach.**

  Il ***ne*** *fait* ***rien.*** Er macht nichts.
  Je ***ne*** *lui ai* ***rien*** *dit.* Ich habe ihm nichts gesagt.

- Ist *rien* **indirektes Objekt**, steht *ne* zwar dort, wo man es gewohnt ist, aber ***rien*** hat seinen Platz **hinter dem Verb bzw. dem Partizip**.

Il ***ne*** *pense* ***à rien.***	*Il* ***n'****a pensé* ***à rien.***	*Il* ***n'****aurait pensé* ***à rien.***
Il ***ne*** *s'occupe* ***de rien.***	*Il* ***ne*** *s'est occupé* ***de rien.***	*Il* ***ne*** *se serait occupé* ***de rien.***

nichts Neues	*rien de nouveau*	etwas Neues	*quelque chose de nouveau*
nichts anderes	*rien d'autre*	etwas anderes	*quelque chose d'autre*

Auch bei den Infinitivkonstruktionen gelten die oben genannten Regeln:
(ne …) rien = direktes Objekt: **vor** Infinitiv — *Il préfère* ***ne rien*** *manger.*
(ne …) rien = indirektes Objekt: **nach** Infinitiv — *Il préfère* ***ne*** *penser* ***à rien.***

158

Verneine die Sätze, indem du „nicht mehr“ verwendest. Du kannst auch das fett gedruckte Objekt durch sein Pronomen ersetzen.

1. Tu restes encore **à Paris**? – Non, je ...
2. Ina doit encore faire **ses devoirs** avec sa mère? – Non, elle ...
3. Catherine avait encore étudié **le japonais**? – Non, elle ...
4. Mesdames, vous prenez encore **du vin**? – Non, merci, nous ...
5. Les Charpentier? Ils sont encore des amis de tes parents? – Non, ils ...
6. Est-ce qu'il cherche encore une petite amie? – Non, il ..., il a fait trop de mauvaises expériences.

D

159

Nun verwende bei der Antwort „nie“.

1. Tes parents ont souvent passé leurs vacances en Italie? – Non, ils ...
2. Vous fumiez à notre âge? – Non, nous ... (p.c.)
3. Tu aimes faire du ski? – Non, je ... (p.c.)
4. Ton grand-père, il veut encore devenir pilote? – Mais il ... (imparfait)
5. Ces types, sont-ils des musiciens? – Non, ils ... (p.c.; les garçons du bar)
6. Ta tante prétend encore avoir rencontré Jean-Paul Sartre? – Elle ... (p.c.)
7. As-tu parfois envie de partir à l'aventure? – Non, je ...
8. Les voisins consomment trop d'énergie? – Non, ils ..., ils sont écologistes.

E

160

Die Antwort ist jetzt „nichts“.

1. Qu'est-ce qui vous plaît ici?
2. A-t-il beaucoup bu hier soir?
3. De quoi est-ce qu'elle s'est souvenue après l'accident?
4. Est-ce que vous lui avez dit quelque chose?
5. Ils ont déjà décidé ce qu'ils vont faire après?
6. Est-ce qu'ils connaissent ces villes en Provence?
7. Ton frère, est-ce qu'il s'est intéressé à quelque chose?
8. Ton père et toi, vous avez mangé quelque chose?
9. Il a besoin d'une voiture?

C – E

161

Beantworte die Fragen mit der passenden Verneinung. (nicht mehr, nie, nichts)

1. Est-ce qu'il vous arrive souvent d'être en retard?
2. Ton chef, a-t-il dit aussi quelque chose d'autre?
3. Il se plaint toujours du mauvais temps?
4. On sonne encore à la porte?
5. Qu'est-ce qu'il a mangé?
6. Est-ce qu'il fume encore?
7. Qu'est-ce que tu as lu ce matin?
8. Ils révisent toujours leurs leçons?
9. Est-ce qu'il travaille encore à la banque?
10. Est-ce qu'elle parle toujours de la mode?
11. Et vous deux, vous allez encore à l'école?
12. Qu'est-ce que Marc a descendu à la cave?

F NIEMAND – *NE ... PERSONNE*

- Ist *personne* **Subjekt** eines Satzes, so steht es ebenfalls **am Beginn, *ne* folgt ihm.**
  Personne ne *me trouvera ici.*

- Ist *personne* **(direktes oder indirektes) Objekt** eines Satzes, steht ***ne*** wiederum **vor der Personalform, *personne* hinter dem (Voll-)Verb bzw. dem Partizip**:

Je	***n'***	*ai rencontré*	***personne***	*sur mon chemin.*
Je	***ne***	*veux voir*	***personne.***	
Je	***n'***	*ai dit*	***à personne***	*où j'allais.*
Je	***ne***	*vais m'occuper*	***de personne***	*aujourd'hui.*

- Ist *personne* **Objekt einer Infinitivkonstruktion,** steht es **in jedem Fall hinter dem Infinitiv**:

  Je préfère ***ne*** *voir* ***personne.***
  Je préfère ***ne*** *parler* ***à personne.***
  Je préfère ***ne*** *m'occuper* ***de personne.***

Ich kenne **niemand Netteren** als mich.
Je ***ne*** *connais* ***personne de plus gentil*** *que moi.*

Ich werde **niemand anderen** fragen.
Je ***ne*** *demanderai* ***à personne d'autre.***

G KEIN(E) EINZIGE(R) – *NE ... AUCUN(E)*

Dieses Wort wird mit dem Nomen, auf das es sich bezieht, **im Geschlecht übereingestimmt** (gewöhnlich nur im Singular!):
aucun *tableau,* ***aucune*** *raison*

Außerdem kann es **als Pronomen** (ohne nachfolgendes Nomen) und **als *adjectif*** (Begleiter eines Nomen) verwendet werden, wobei es als letzteres häufiger vorkommt.

- Ist es **Subjekt**, steht es **am Beginn des Satzes**, *ne* kommt hinterher.

  J'ai demandé cela à tous mes élèves, mais ***aucun ne*** *le sait.*
  Aucun tableau *de Lise* ***ne*** *me plaît.*

- Ist es **direktes oder indirektes Objekt** des Satzes, steht es **hinter dem Verb bzw. dem Partizip** (bzw. bei einer Infinitivkonstruktion hinter dem Infinitiv). In diesem Fall wird es immer von einer Ergänzung begleitet.

  Lise fait beaucoup de tableaux, mais je ***n'en*** *aime* ***aucun.***
  Je ***n'****aime* ***aucun de*** *ses tableaux.*
  Elle ***n'****a fait* ***aucun*** *tableau intéressant.*
  Je préfère ***n'****acheter* ***aucun*** *de ses tableaux.*

162

Verneine die Sätze.

1. Je veux voir quelqu'un.
2. Vous avez téléphoné à quelqu'un.
3. Mémé y avait rencontré quelqu'un.
4. Il va partir avec quelqu'un d'autre.
5. Je connais quelqu'un de très beau.
6. Quelqu'un a raconté cette histoire.
7. Il a aidé quelqu'un à trouver la solution.
8. Nous avons regretté avoir invité quelqu'un.
9. Après cette semaine, il espère se souvenir de quelqu'un.
10. Paul demandera son chemin à quelqu'un.
11. Quelqu'un t'a dit que l'acteur ne jouerait pas.
12. Il y aura beaucoup de gens chez nous à Pâques.
13. Je connais d'autres garçons aussi intéressants que toi!
14. Quand elle est malade, elle veut voir du monde.
15. Monte en voiture avec quelqu'un pour revenir.

163

Übersetze.

1. Er will niemanden um Rat fragen.
2. Bei diesen Abenden trifft man niemand Interessanten.
3. Es gibt Tage, an denen man niemanden sehen will und mit niemandem reden möchte.
4. Wenn du mit niemandem teilst, wirst du bald keine Freunde mehr haben.
5. Er behauptet, niemanden zu brauchen.
6. Meine Tante konnte niemandem zuhören.
7. Sie glaubt jedoch, dass niemand ihr zuhört.
8. Manchmal hatte er das Gefühl, niemanden zu mögen.

G
164

Verneine mit *aucun(e)*.

1. Tu vas ranger tous les livres de tes enfants? – Non, je …
2. Dans cet hôtel, il y avait du bruit la nuit? – Non, il …
3. Est-ce que les élèves du collège ont beaucoup de temps libre? – Non, ils …
4. Tu as déjà des idées pour ta dissertation de philosophie? – Non, je …
5. Les transports sont-ils tous en grève? – Non, …
6. Madame, vous transportez des liquides dans vos bagages? – Non, je …
7. Vous n'avez pas de cosmétiques? – Non, je …
8. Céline, tu as vu les plantations de ma grand-mère? – Non, je …
9. Au cours de votre projet avez-vous reçu de l'aide de la part de la ville? – Non, nous …
10. Ton ami aura beaucoup d'idées en ce qui concerne les cadeaux de Noël? – Non, il …
11. Il a lu des journaux ce matin? – Non, il …
12. Tu as eu des jours libres pendant ce mois? – Non, je …
13. Est-ce qu'il a un grand nombre d'amis dans cette ville? – Non, il …
14. Elle a certainement obtenu beaucoup de bons résultats? – Non, elle …

H POSITIVE VERWENDUNGEN

Enthält ein Satz schon eine Verneinung, verwendet man

rien	für **etwas**	*aucun*	für **eine(r)**
personne	für **jemand**	*jamais*	für **je(mals)**

*Il **ne** pense **jamais rien** de mal.*	Er denkt **nie etwas** Schlechtes.
*Il **n'**insulte **jamais personne**.*	Er beleidigt **nie jemanden**.
***Personne ne** l'a **jamais** estimé.*	**Keiner** hat ihn **je** geschätzt.
*Ses tableaux? Il **n'**en vendra **jamais aucun**.*	Er wird **nie eines** verkaufen.

***sans rien** dire*	**ohne etwas** zu sagen
sans** parler **à personne	**ohne mit jemandem** zu sprechen
sans que** Paul le sache **jamais	**ohne dass** Paul es **je** weiß

I KOMBINATIONEN

ne … plus jamais (jamais plus)	nie mehr, nie wieder
ne … plus rien	nichts mehr
ne … plus personne	niemand mehr
ne … plus aucun(e)	keine(r) mehr

ne … pas toujours	nicht immer
ne … toujours pas	immer noch nicht
ne … toujours rien	immer noch nichts
ne … toujours personne	immer noch niemand
ne … toujours aucun(e)	immer noch keine(n)
(*toujours* steht dabei zwischen Verb und Partizip: *Il n'a toujours vu personne.*)	
ne … pas encore	noch nicht, noch keinen
ne … encore rien	noch nichts
ne … encore personne	noch niemand
ne … encore jamais	noch nie

J NUR/ERST – *NE … QUE; SEULEMENT; SEUL (-E; -S; -ES)*

Hier ist die Verwendungsart zu beachten, um zu wissen, wie es zu übersetzen ist.

- **nur + Subjekt – *il n'y a que … qui; seul (-e, -s, -es)***

Nur **Paul** weiß es.	***Il n'y a que Paul** qui le sache.*
	***Seul Paul** le sait.* (oder: *Paul seul le sait.*)
Nur **meine Eltern** wissen es.	***Il n'y a que mes parents** qui le sachent.*
	Seuls mes parents le savent.* (*vor einem Nomen)
Nur **ich** weiß es.	***Il n'y a que moi** qui le sache.*
	Moi seul le sais.* (*hinter einem Personalpronomen)

H 165

Übersetze.

1. Habt ihr nie jemandem gesagt, dass ihr nichts gesehen habt?
2. Sie betraten das Geschäft, ohne jemanden zu grüßen.
3. Mach dir keine Sorgen, er hat nie etwas Böses getan.
4. Sie ist schwierig, denn nichts hat ihr jemals gefallen.
5. Dieser Lärm verheißt nie etwas Gutes.
6. Im Büro war um 16 Uhr keiner mehr.
7. Er ging weg, ohne etwas zu sagen.
8. Mein Onkel war immer einsam, aber er hat sich nie um jemanden gekümmert.
9. Niemand hat jemals ihre Kinder gesehen.

I 166

Und noch eine Übersetzungsübung.

1. Seit sie weiß, dass sie 5 Kilo zugenommen hat, isst sie nichts mehr.
2. Er hat immer noch keinen einzigen Satz geschrieben!
3. Wir können zusperren. Es ist niemand mehr im Geschäft.
4. Alle hoffen, dass es nie wieder Krieg gibt.
5. Ihr wisst nicht immer, dass ihr heute viel mehr Rechte habt als wir.
6. Wir haben noch niemandem gesagt, dass wir immer noch nichts von ihr gehört haben. Sie hat seit Wochen kein E-Mail mehr geschickt.
7. Ich glaube, dass er sein Studium noch immer nicht beendet hat und noch immer nichts verdient hat.
8. Noch nie war ich so glücklich.
9. „Ich werde nie mehr zu spät zu lernen beginnen“, sagte er oft.
10. Sie ist schon seit zwei Wochen in Frankreich, aber sie hat noch nichts gelernt.
11. Ich habe noch nie so schöne Ferien verbracht.
12. Wir haben noch immer niemanden gefunden, der die Kinder beaufsichtigt.
13. Obwohl er so unhöflich ist, hat er noch immer keine Probleme mit den Nachbarn.
14. Er lebt schon seit vier Monaten in Amerika, aber er hat noch immer keine Freunde gefunden.
15. Heute Morgen habe ich noch niemanden am Strand gesehen.
16. Ich fühle mich nicht wohl, ich werde nie mehr so viele Kirschen essen.
17. Ich warte schon so lange, aber es gibt immer noch keine Antwort.
18. Wir gehen nach Hause, es gibt nichts mehr zu tun.

I 167

Übersetze.

1. Nur mein Vater weiß, dass ich hier bin.
2. Nur du kannst mir die Wahrheit sagen.
3. Nur Sophie sagte nicht, dass sie müde sei.
4. Nur Véronique wollte ihn einladen.
5. Nur ich wagte es, ihn zu fragen.
6. Nur diese Übung wird dir helfen.
7. Nur ich gefalle ihm.

- **nur (erst) + Ergänzung jeder Art – *ne ... que; seulement***
  Ne steht **vor** der Personalform, ***que*** **vor der Ergänzung,** auf die es sich bezieht.

  Papa kennt nur einen Teil der Geschichte.
  *Papa **ne** connaît **qu'**une partie de l'histoire. (Il connaît seulement une partie ...)*

  Ich erzählte die Geschichte nur meiner Mutter.
  *Je **n'**ai raconté l'histoire **qu'**à ma mère. (J'ai raconté l'histoire seulement à ...)*

  Papa ist erst 45 Jahre alt.
  *Papa **n'**a **que** 45 ans. (Il a seulement 45 ans.)*

  Er isst nur, wenn **er Hunger hat.**
  *Il **ne** mange **que** quand il a faim. (Il mange seulement quand il ...)*

  Bei Sätzen, die mit ***que*** eingeleitet sind, kann nur ***seulement*** verwendet werden!

  Er sagt **nur, dass** er eines Tages reich sein wird.
  *Il dit **seulement qu'**il sera riche un jour.*

- **nur + Verb – *ne faire que; seulement***

  Was machst du? – Ich denke nur nach.
  *Que fais-tu? – Je **ne** fais **que** réfléchir. (Je réfléchis seulement.)*

- **nur + Infinitiv, Adjektiv, Nomen ohne Artikel – *seulement***

Man kann es **nur hoffen**!	*On peut **seulement l'espérer**!*
Ich bin **nur unzufrieden.**	*Je suis **seulement mécontent.***
Ich habe **nur Hunger**!	*J'ai **seulement faim.***

- **nicht nur ... sondern auch – *non seulement ... mais aussi***

  Sie ist **nicht nur nett, sondern auch intelligent.**
  *Elle est **non seulement gentille, mais aussi intelligente.***

K WEDER ... NOCH – *NE ... NI ... NI*

- ***ne*** steht **vor der Personalform, *ni* vor jedem Wort**, auf das es sich bezieht.
  *Je **ne** suis **ni** heureux **ni** malheureux. Je **ne** sais jouer **ni** du piano **ni** du violon.*

- **Nach *ni*** steht normalerweise **kein unbestimmter oder Teilungsartikel**!
  *Mon oncle **n'**a **ni** femme **ni** enfants.* Mein Onkel hat weder Frau noch Kinder.

- Werden **Verben** verneint, muss ***ne*** **bei jedem Verb** stehen!
  *Il **ne** boit **ni ne** fume.* Weder raucht er, noch trinkt er.

- Willst du **mehrere Ergänzungen** (auch Subjekte, Adjektive oder Infinitive) **verneinen**, steht ***ni*** **vor jeder dieser Ergänzungen**, *ne* hat seinen gewohnten Platz:

  *Je **n'**ai trouvé mon chat **ni** chez elle **ni** dans la rue.*
  Ich habe meinen Kater weder bei ihr noch auf der Straße gefunden.

  ***Ni** mes parents **ni** mes amis **ne** l'ont vu.*
  Weder meine Eltern noch meine Freunde haben ihn gesehen.

  *Je **ne** l'ai **ni** insulté **ni** mis à la porte!*
  Ich habe ihn weder beleidigt noch hinausgeworfen.

J 168

Beantworte die Fragen, indem du *ne ... que* verwendest. (Welche Funktion hat das Satzglied, zu dem „nur/erst" gehört?)

1. Quel âge as-tu? Je ... (16 ans)
2. Est-ce que tu manges de la viande? Je ... (des légumes)
3. Les enfants connaissent les réponses? Non, ... (Marc)
4. Nous avons encore 50 kilomètres à faire? Non, nous ... (10 km)
5. Les clients ont faim? Ils ... (soif)
6. La mère a eu beaucoup de cadeaux pour son anniversaire? Elle ... (fleurs)

J 169

Übersetze.

1. Er hat nur zwei Monate an seinem Projekt gearbeitet.
2. Werdet ihr erst um vier Uhr früh heimkommen?
3. Nur wer die Liebe kennt, weiß, wie ich leide.
4. Es gibt nur Orangensaft in diesem Haus.
5. In diesem Film wollte der Held nur eine Nacht mit ihr verbringen.
6. Er hätte ihr nur eine Million Dollar bezahlt.

J 170

Verbinde die Sätze nach folgendem Muster.

exemple: *Elle est tombée sur les escaliers. Heureusement, elle (faire un rêve).* ►
... Heureusement, elle a seulement fait un rêve ...

1. Son chien est perdu. Il pense qu'il est parti pour toujours. Heureusement (le chien, rendre visite à son amie, une bergère allemande).
2. Ils voient un hold-up. Par bonheur ils apprennent que cela (être, une scène, pour le nouveau film de la série «Le Commissaire Rex»).
3. J'ai des problèmes avec ma mère. Je pense qu'elle va me défendre de sortir avec mes amis. Mais elle (me faire faire la vaisselle pour deux semaines).
4. Le professeur pense que la dernière épreuve va être une catastrophe. Heureusement (quatre élèves, rater, l'épreuve).

171

weder ... noch

exemple: *Il est malade. Mais sa famille et ses amis ne lui font pas les courses et ne promènent pas son chien.* ►
... Ils ne lui font ni les courses ni ne promènent son chien ...

1. Il est triste. Catherine ne le regarde pas et n'accepte pas son invitation.
2. Il était paresseux. Il n'a pas révisé ses leçons et il n'a pas fait ses devoirs.
3. Marion n'a pas de chance. Elle ne gagne pas au loto et elle ne trouve pas l'homme idéal.
4. Sa femme est partie. Elle n'a pas laissé de mot et elle n'a pas dit au revoir.
5. Tout va mal ce matin. Il ne se lève pas à temps et il n'attrape pas son bus.
6. Les vacances sur la Côte d'Azur n'étaient pas agréables. Il ne faisait pas beau et il ne faisait pas chaud.

16. KAPITEL *LE PASSÉ COMPOSÉ* – Die Vergangenheit (Perfekt)

Grundsätzlich wird das ***passé composé*** gebildet wie die deutsche Vergangenheit:

Personalform von ***avoir/être*** im *présent* + ***participe passé***

ich habe gesprochen	*j'*	*ai*	*parlé*
ich bin angekommen	*je*	*suis*	*arrivé(e)*

A BILDUNG DES *PARTICIPE PASSÉ*

- **Verben auf *-er***

Du nimmst ihnen ihre Infinitivendung weg und hängst **-*é*** an den Stamm:

parl(er)	*aim(er)*
parlé	***aimé***
(gesprochen)	(geliebt)

- **Verben auf *-ir***

Sowohl die Verben **mit Stammerweiterung** *(finir)* als auch jene **ohne Stammerweiterung** *(sortir, partir, servir* etc.) bilden ihr ***p. p.* auf -*i***.

finir	*sortir*	*partir*
fini	***sorti***	***parti***

Diejenigen, deren Präsensformen wie die der Verben auf *-er* sind *(ouvrir, offrir* etc.), verlieren *-rir* und haben ein ***p. p.***, das **auf -*ert*** endet.

ouvrir	*offrir*	*couvrir*
ouvert	***offert***	***couvert***

Und schließlich gibt es noch *venir* und *tenir*. Bei beiden endet das ***p. p.* auf -*u***. (ebenso: *devenir, revenir etc.)*

venir	*tenir*	*mourir*
venu	***tenu***	***mort****

*Ausnahme

- **Verben auf *-re***

Die **regelmäßigen Verben** dieser Gruppe bilden ihr ***p. p.* auf -*u***.

attendre	*rendre*	*vendre*	*naître*
attendu	***rendu***	***vendu***	***né****

*Ausnahme

Die anderen verlieren Teile ihres Stammes und enden auf **-*u***, **-*t*** oder **-*i(s)***.

boire	*lire*	*plaire*	*croire*	*dire*	*faire*
bu	***lu***	***plu***	***cru***	***dit***	***fait***
prendre	*apprendre*	*mettre*	*rire*	*écrire*	*vivre*
pris	***appris***	***mis***	***ri***	***écrit***	***vécu***

- **Verben auf *-oir***

Ihre Partizipien enden (fast alle) auf **-*u***. (Manche verlieren Teile ihres Stammes!)

devoir	*pouvoir*	*vouloir*	*savoir*	*recevoir*	*voir*
dû	***pu***	***voulu***	***su***	***reçu***	***vu***

- zu ***avoir*** gehört ***eu*** zu ***être*** gehört ***été***

Bei den folgenden Übungen handelt es sich hauptsächlich um **„Automatisierungsübungen"**, das heißt, die Formen des ***passé composé*** sollen für dich einfach selbstverständlich werden!

A 172 **Finde die verlangte Form des *présent* und des *passé composé*.**

1. dire – je …	choisir – nous …	attendre – tu …
2. savoir – ils …	rendre – vous …	croire – je …
3. avoir – nous …	vendre – tu …	sortir – je …
4. offrir – tu …	lire – vous …	faire – ils …
5. pouvoir – ils …	vouloir – tu …	devoir – nous …
6. mettre – il …	apprendre – il …	ouvrir – je …
7. voir – nous …	savoir – je …	vivre – il …
8. prétendre – ils …	mentir – je …	être – vous …

A 173 **Mach aus den Infinitivgruppen Sätze im *passé composé*.**

1. ma mère – vendre sa vieille voiture
2. Nadine – voir ce film au cinéma
3. Antoine – perdre son portable
4. Marc – attendre sa petite amie
5. je – recevoir un texto
6. ils – nous offrir un apéritif
7. Papa – rire de cette histoire
8. elle – ouvrir la lettre
9. il – croire au Père Noël

A 174 **Antworte auf die Fragen nach folgendem Muster. (Du kannst auch die jeweiligen Objekte durch ihre Pronomen ersetzen.)**

exemple: *Tu vas offrir ce vin à nos voisins?* ▶
… Non, j'ai déjà offert ce vin à nos voisins …
… Je le leur ai déjà offert …

1. Vous voulez boire le champagne avec moi? – Non, nous …
2. Nous prenons un bain, maman? – Non, vous …
3. Vous aller demander l'autorisation à la directrice? – Non, …
4. Tes enfants lisent ce journal? – Non, ils …
5. Ils vont me donner ce cadeau? – Non, ils …
6. Tu écris à ta mère? – Non, j(e) …
7. Tu dois encore montrer tes devoirs à tes parents? – Non, j(e) …

A 175 **Schreib zu den Partizipien den jeweiligen Infinitiv.**

1. voulu …	offert …	pris …	parti …
2. rendu …	mis …	dû …	tombé …
3. plu …	vécu …	su …	servi …
4. plu …	écrit …	sorti …	allé …
5. dit …	pu …	eu …	bu …

B *PASSÉ COMPOSÉ* MIT *AVOIR* ODER *ÊTRE*?

- Die **meisten Verben** werden mit ***avoir*** abgewandelt! *(j'ai parlé, tu as fini …)*

Auch ***être*** wird mit ***avoir*** abgewandelt! („ich bin gewesen")

j'	*ai*	***été***	*nous*	*avons*	***été***
tu	*as*	***été***	*vous*	*avez*	***été***
il/elle	*a*	***été***	*ils*	*ont*	***été***

- ***Passé composé* mit *être***

Die meisten Verben, die das ***passé composé* mit *être*** bilden, sagen etwas über die **Richtung einer Bewegung** aus. (Frage: „wohin" – *où* oder „woher" – *d'où*)

- Verben der **Bewegungsrichtung**

aller – (re)venir	gehen – (zurück)kommen	*je suis allé(e)*
partir – arriver	abreisen – ankommen	*tu es parti(e)*
sortir – entrer	(hin)ausgehen – eintreten	*il est sorti*
monter – descendre	hinaufgehen – hinuntergehen	*elle est montée*
rentrer	heimgehen	*nous sommes rentré(e)s*
retourner	zurückgehen	*vous êtes retourné(e)s*
tomber	fallen	*ils sont tombés*

auch: ***rester*** (bleiben); ***devenir*** (werden); ***mourir*** (sterben); ***naître*** (geboren werden)

- Abwandlung mit ***être***: **Übereinstimmung des Partizips!**

Ist das Subjekt	weibliche Einzahl	*p. p.* **+ e**	***allée*** (vgl. Seite 8 ff.)
	männl./weibl. Mehrzahl	*p. p.* **+ (e)s**	***allé(e)s***

Achtung: *Bonjour,* ***Madame/Mesdames****, quand est-ce que* ***vous*** ***êtes arrivée(s)****?*

Die Verben der **Bewegungsart** *(danser, courir, marcher, nager* etc.*)* werden mit ***avoir*** abgewandelt: *j'ai dansé, tu as couru, il a marché, nous avons nagé …*

- **Alle rückbezüglichen Verben** werden mit ***être*** abgewandelt.

je	*me*	***suis***	*amusé(e)*	*nous*	*nous*	***sommes***	*lavé(e)s*
tu	*t'*	***es***	*appelé(e)*	*vous*	*vous*	***êtes***	*habillé(e)s*
elle	*s'*	***est***	*blessée*	*ils*	*se*	***sont***	*coiffés*

- ***avoir* oder *être* – je nach Bedeutung**

Als Verben der Bewegungsrichtung: *être*. Folgt ihnen ein direktes Objekt: *avoir*!

descendre (hinuntergehen)	*Je suis descendu(e).*
descendre (hinuntertragen)	*J'ai descendu* ***la valise.***
monter (hinaufgehen)	*Je suis monté(e).*
monter (hinauftragen)	*J'ai monté* ***la valise.***
sortir (ausgehen)	*Je suis sorti(e).*
sortir (herausnehmen)	*J'ai sorti* ***un bouquet de fleurs.***

176

Mach aus den Infinitiven die richtigen Formen des *passé.*

1. Nous (sortir) … dans une boîte très sympa et nous (boire) … de bons vins.
2. Le gangster (menacer) … les clients de la banque.
3. Son équipe (gagner) … le match, et après ils (aller) … au restaurant.
4. Valérie qui (être) … Miss France en 2003 (tomber) … dans les escaliers.
5. Julie (rester) … à la maison et elle (regarder) … la télé toute la nuit.
6. Luc et Yvonne (rencontrer) … Philippe à minuit.
7. La batterie de mon portable (mourir) … .
8. Hier, je (se blesser) … quand j(e) (réparer) … mon vélo.

A B
177

***être* oder *avoir*? Übereinstimmung oder nicht?**

1. Anne, tu … déjà fait… du ski cet hiver?
2. Les filles … monté… en pause à la cafétéria.
3. Madame, est-ce que vous … lu… ce roman?
4. Evelyne, quand est-ce que tu … rentré…? – Je … revenu… à six heures.
5. Nous … descendu… les vieux meubles dans la cave.
6. Ton frère … eu… de la chance! Il … gagné… une nouvelle voiture.
7. Le gangster … sorti… une arme.
8. Nous … rentré… le parasol quand il a commencé à pleuvoir.

A B
178

Übersetze. (Alle Formen der Vergangenheit und des Präteritum sind hier mit dem *passé composé* zu übersetzen!)

1. Wir sind ins Kino gegangen und haben uns einen guten Film angesehen.
2. Sie hat sich gestern Abend amüsiert, und dann ist sie nach Wien abgereist.
3. Er hat das Paket auf den Kasten hinaufgehoben.
4. Ich bin in Paris gewesen und habe dort meine Cousine besucht.
5. Wer hat den Abfalleimer hinuntergetragen? (*la poubelle*)
6. Gestern sind wir mehr als eine Stunde gelaufen.

A B
179

Übersetze.

1. du hast gelacht	er ist gegangen	ich bin hinaufgegangen
2. wir haben getrunken	du bist gewesen	er ist heimgekommen
3. ich habe gesagt	ihr seid gefallen	sie ist geboren
4. du bist ausgegangen	wir haben gehabt	ich habe gefallen
5. wir sind marschiert	sie haben erfahren	ihr seid angekommen

180

Setze die Sätze in das *passé composé,* stimme das *p. p.* überein.

1. *Elle s'excuse* auprès de l'artiste.
2. *Les deux sœurs s'habillent* à la mode.
3. *Les animaux s'enfuient* quand le chasseur *s'approche*.
4. Dans ses œuvres, *cet écrivain s'engage* contre le racisme.
5. *Les enfants se brossent* les dents, puis *ils se couchent*.
6. *André se fiance* avec une belle chanteuse.
7. *Nous nous donnons* rendez-vous devant la mairie.

C DAS *PASSÉ COMPOSÉ* UND DIE OBJEKTVERTRETER

- Gibt es im *passé-composé*-Satz Objektvertreter, so stehen diese, wie gewohnt, vor der Personalform, sofern es sich nicht um eine Infinitivkonstruktion handelt.

*Tu **as** vu Brigitte?*	*Oui, je*	***l'***	*ai*	*vue.*
*Vous **avez** parlé à Brigitte?*	*Oui, nous*	***lui***	*avons*	*parlé.*
*Tu as **voulu voir** Brigitte?*	*Oui, j'*		*ai*	*voulu **la** voir.*

- Steht ein **direkter Objektvertreter vor dem *participe passé***, wird dieses mit ihm **übereingestimmt**, auch beim *passé composé* mit *avoir*. (Vgl. Seite 10)

*Nous **les** avons vu**(e)s**.* *Il **m'**a présent**é(e)** à ses parents.*

D DAS *PASSÉ COMPOSÉ* UND DIE VERNEINUNG

Wird ein Satz, der in der Vergangenheit steht, verneint, so **umschließen die beiden Teile der Verneinung die Personalform**!

*Tu **as** préparé le repas?*	*Non, je **n'** ai*	***pas***	*préparé le repas.*
*Tu **es** allé au cinéma?*	*Non, je **ne** suis*	***pas***	*allé au cinéma.*

Wenn es **Objektvertreter** gibt, so **bleiben** diese unmittelbar **vor dem Hilfsverb**.

*Tu as vu **Brigitte**?*	*Non, je ne **l'** ai pas*		*vue.*
*Tu **en** as parlé **à ses parents**?*	*Non, je ne **leur en** ai pas*		*parlé.*

E VERWENDUNG DES *PASSÉ COMPOSÉ*

Hier wird **nur kurz die Verwendung des *passé composé*** besprochen, einen Vergleich mit dem bzw. eine Abgrenzung zum *imparfait* findest du ab Seite 72.
Das *passé composé* wird folgendermaßen verwendet:

- **Darstellung einer Handlung**, die **in der Vergangenheit abgeschlossen** wurde. Man **kennt** oft ihren **Anfang**, vor allem ihr **Ende**, die **Dauer** ist **begrenzt**.

  *Hier, il **a terminé** son travail à dix heures du soir.* (Ende um 22 Uhr)
  *Moi, j'**ai travaillé** de dix heures à vingt-deux heures.* (von 10 bis 22 Uhr)
  *Pierre **est entré** dans la chambre.* (war vorher draußen, ist dann drinnen ...)

- **Darstellung einer Handlungskette** (abgeschlossene, aufeinanderfolgende Handlungen; eine Handlung beendet quasi die vorherige)

  *D'abord, il **a téléphoné** avec Marie, puis il **a pris** un bain et après il **est sorti**.*

- Wenn **wiederholte Handlungen** durch eine genaue Angabe **begrenzt** sind.
  *Je t'**ai dit** mille fois de ne pas courir dans la chambre.*

Übersetzt wird das *passé composé* im „Schriftdeutsch" mit dem Präteritum!

181

avoir oder *être?* **Setze die richtige Form ein.**

1. Hier, ma mère … tombée. Elle … sorti une grande table dans le jardin.
2. Chérie, tu … déjà monté les fleurs?
3. Daniel … descendu les bouteilles à la cave et il … remonté avec de la bière.
4. Aline … passé un bon week-end. Elle … visité Paris!
5. Philippe … passé chez moi et … oublié son briquet sur la table.
6. Sébastien … descendu cette piste rouge sans tomber.
7. Elle … monté ce meuble toute seule.
8. Le voyageur … acheté son billet sur Internet et l'… imprimé lui-même.
9. Il … parti en ville et … rentré avec un bouquet de fleurs.
10. Gisèle … montée l'escalier et elle … été tout près de la chanteuse.

182

Ersetze zuerst den Infinitiv durch die richtige Personalform, antworte danach und ersetze dabei das Objekt durch sein Pronomen.

1. M. et Mme Müller (prendre) ce train? – Non, ils …
2. Papa, tu (réparer) mon vélo? – Oui, je …
3. Vous (mettre) les chaises sur le balcon? – Oui, je …
4. Tu (aller) en Autriche? – Non, je …
5. On (répondre) à ta lettre? – Non, on …
6. Vous (recevoir) ma lettre? – Non, je …
7. Tu (rendre) déjà le livre? – Non, je …
8. Vous (offrir) ce fromage à vos invités? – Non, je …
9. Vous (aller) à la piscine hier? – Non, nous …
10. Séverine (lire) toutes ces histoires aux enfants de Trixie? – Oui, elle …
11. Elle (aller) chercher sa lettre recommandée? – Oui, elle …
12. Tu (partir) de l'aéroport Charles de Gaulle? – Non, je …
13. Pierre (attendre) son ami Fabien devant le café? – Non, il …
14. Vous (se promener) avec Jean-Marie et Véronique? – Oui, nous …
15. Tu (se réjouir) du cadeau de ta grand-mère? – Oui, je …

183

Überlege, ob die Sätze im *passé composé* stehen können oder nicht. Wenn ja, setze die richtige Form ein.

1. Il y a quelques minutes, je (recevoir) la lettre de mon amie dans laquelle elle écrit que sa mère (mourir) la semaine dernière.
2. Demain nous (partir) pour la Bretagne. L'été dernier, nous (y faire) la connaissance d'un couple qui (nous inviter) à aller les voir.
3. Nous (entrer) dans le restaurant. Nous (s'asseoir) et nous (commander). Puis la serveuse (apporter) les kirs. Alors nous (trinquer). Santé!
4. Hans (travailler) déjà depuis sept heures du matin. Hier, il ne (finir) qu'à dix heures du soir. Il (se coucher) vers minuit.
5. Nous (rendre) visite à notre voisine qui nous (faire) des crêpes. Je (aimer) beaucoup les crêpes sucrées!
6. Ce matin, je (jouer) de la guitare et puis, je (aller) en ville et je (acheter) des baskets.
7. Quand Papa (rentrer) il nous (raconter) des nouvelles intéressantes.

17. KAPITEL	*LA VOIX PASSIVE –* Die Leideform (Passiv)

A BILDUNG

Die Umwandlung eines Aktiv-Satzes in einen Passiv-Satz passiert wie im Deutschen: Das **Objekt** aus dem **Aktiv-Satz** wird zum **Subjekt** des **Passiv-Satzes**, das **Subjekt** aus dem **Aktiv-Satz** zum **„Täter"**, zum ***complément d'agent*****, des Passiv-Satzes.**

Aktiv		
Subjekt		Objekt
François	*achète*	*la maison.*
La maison	*est achetée*	*par François.*
Subjekt		„Täter"

Passiv im Deutschen	Passiv im Französischen
Personalform von **werden + Partizip Perfekt**	Personalform von ***être + participe passé***
Sie **wird** vom Professor **gelobt.** Wir **werden** vom Chef **eingeladen.**	*Elle* ***est louée*** *par le professeur.* *Nous* ***sommes invités*** *par le chef.*

- Wenn ein **Verb mit *être*** abgewandelt wird, muss man das ***participe passé*** mit dem Subjekt **übereinstimmen**!

  *La souris a été mangé**e** par notre chat.*
  *Les souris ont été mangé**es** par notre chat.*

Man kann das Passiv nur aus Verben bilden, die **ein *objet direct* verlangen.**

sujet		*objet direct*
Marie	*garde*	*mes enfants.*
Mes enfants	*sont gardés*	*par Marie.*
Meine Kinder	werden	von Marie gehütet.

B DER PASSIVSATZ UND DIE VERSCHIEDENEN ZEITFORMEN

Um passive Sätze in alle Zeiten zu setzen, muss man nur die Formen von *être* kennen.

présent	*je **suis***	*aimé*	*passé composé*	***j'ai été***	*aimé*
imparfait	***j'étais***	*aimé*	*plus-que-parfait*	***j'avais été***	*aimé*
futur	*je **serai***	*aimé*	*futur antérieur*	***j'aurai été***	*aimé*
cond. présent	*je **serais***	*aimé*	*cond. passé*	***j'aurais été***	*aimé*
subjonctif	*je **sois***	*aimé*			

B 184

Setze die folgenden Sätze ins Passiv.

1. Beaucoup de gens ont salué cet homme célèbre.
2. Monique range la cuisine aujourd'hui.
3. C'est le grand-père qui lit le journal à ce moment.
4. J'espère que Madame Pien va retrouver son chat.
5. C'est Nicolas qui accompagne la belle chanteuse au piano.
6. Le petit prince apprivoise le renard.
7. Cet acteur lit ces poèmes en public.
8. Des photographes ont pris la star en photo.
9. Lyon a gagné le match contre Marseille.
10. Son adversaire a perdu la balle.

B 185

Übersetze.

1. „*La vie en rose*" wurde in den vierziger Jahren von Edith Piaf gesungen.
2. Diese alte Kette wurde von einem Experten auf 500 € geschätzt.
3. Wurden alle diese Bilder von Picasso gemalt?
4. Die gestohlenen Fahrräder werden normalerweise nicht gefunden.
5. Dieses Unternehmen wird bald von einer japanischen Gruppe gekauft werden.
6. „Das Parfum" wird in unserem Kino nicht mehr gespielt.
7. „Das Parfum" ist von Patrick Süskind geschrieben worden.
8. Die Nachricht wird von allen Zeitungen verbreitet. (*diffuser*)

B 186

Setze die folgenden Sätze in die angegebene Zeit.

1. Le suspect (interroger, passé composé) par les enquêteurs.
2. Il est nécessaire que vous (examiner, subj.) par un médecin.
3. Quand son prochain roman (terminer, futur), il partira en voyage.
4. Ces films (ne pas voir, imparfait) par beaucoup de jeunes.
5. Ce chien (oublier, passé composé) par son propriétaire.
6. Si l'équipe ne s'était pas entraînée si fort, elle (battre, conditionnel passé) par ses adversaires.
7. Notre maison (construire, passé composé) en 1903.
8. Mais elle (abandonner, passé composé) par son premier propriétaire.

B 187

Setze die Sätze ins Passiv. Beachte dabei die Zeit!

1. Le cambrioleur aurait blessé ma grand-mère si papa n'était pas rentré du travail à ce moment.
2. On passera certainement cette chanson à la radio.
3. Les résultats de l'examen ont déçu notre prof.
4. Benoîte nous invitera en Autriche pour les vacances.
5. Les enfants vont apprécier le spectacle.
6. Les déménageurs ont emmené les meubles dans le nouvel appartement.
7. On a vu les filles au cinéma et pas à l'école.
8. L'hurricane aura détruit la ville.

C DER „TÄTER“

- ... wird meist durch die Präposition ***par*** genannt.
  *Le vase a été cassé **par le chien**.*
  *Cette chanson était interprétée **par Jacques Brel**.*
- Nach einigen Verben verwendet man ***de***, wenn der „Täter“ **ein abstraktes Nomen** ist. Dabei kann sich auch die Bedeutung des Verbs ändern.
  *Je suis frappé/surpris **de ton courage**.* — *Tom a été frappé **par Jerry**.*
  Ich bin von deinem Mut überrascht. — Tom wurde von Jerry geschlagen.
  Weitere Beispiele dieser Art: *être écrasé **de travail**, être accablé **de soucis** etc.*
- Nach einigen **Partizipien**, die einen **Zustand** ausdrücken, verwendet man auch ***de:***
  *Julie est toujours **accompagnée d'**un adulte.* (begleitet von)
  *La chanteuse est **adorée du** public.* (bewundert)

  Weitere Partizipien dieser Art sind zB: *aimé, connu, craint, recouvert, déçu, détesté, entouré, étonné, protégé, suivi, admiré, écouté, respecté etc.*

D FUNKTIONEN DES PASSIVS

Es ermöglicht, den **„Täter“** zu **verschweigen,**

- ... weil er **unbekannt** (oder **noch nicht bekannt**) ist;
  *Je suis sûre que notre théâtre **sera subventionné**.*
  Ich bin sicher, dass unser Theater subventioniert werden wird. (Von wem?)
- ... weil es **umständlich (oder unmöglich)** ist, **ihn** genau **zu nennen**;
  *Le jury **sera** bientôt **désigné**.*
  Die Jury wird bald bestimmt werden. (Von wem, ist nicht klar bzw. unwesentlich.)
- ... weil **er (aus dem Zusammenhang) bekannt oder „logisch“ ist**;
  *Anne **a été opérée** hier.*
  Anne wurde gestern operiert. (Von einem Arzt, das kann man annehmen.)

E BESONDERHEITEN

Im französischen Passivsatz braucht zwar der „Täter“ nicht genannt zu werden, das **Subjekt muss jedoch immer angegeben sein**!

Subjekt		„Täter“	
Mon livre	*sera lu*	*par tout le monde.*	▶ „Täter“ genannt
Mon livre	*sera lu.*		▶ „Täter“ nicht genannt

Ein Satz wie „Jetzt wird geschlafen!“ ist im Französischen nicht möglich.
In der geschriebenen Sprache gibt es jedoch schon ein **„unpersönliches Passiv“**:

Es wird erinnert, dass ... ▶ ***Il est rappelé** que ...*
Es wurde entschieden, dass ... ▶ ***Il a été décidé** que ...*

C 188 ***De* oder *par*?**

1. La femme a été invitée pour le repas … son admirateur.
2. L'actrice connue en a assez d'être suivie … ces journalistes partout.
3. Comme elle était frappée … son impertinence, elle ne savait pas quoi dire.
4. Notre prof de math est craint … ses élèves.
5. L'homme politique avait été tué … un fou.
6. Ce matin, notre jardin était recouvert … neige.
7. Cette note m'a été transmise … le directeur.
8. Le règlement intérieur doit être respecté … tous les élèves.
9. Il a été arrêté … les policiers.

189 **Bilde Sätze im Passiv nach folgendem Muster. Verwende dabei die richtige Zeitform, die aus den Angaben hervorgeht.**

exemple: *hier / les plantes / livrer à domicile.* ▶
Hier, les plantes ont été livrées à domicile.

1. il m'a dit que / la piscine / ouvrir / demain
2. il est frappant que / cet écrivain / ne pas connaître / dans notre pays
3. il y a deux semaines / ces objets / découvrir / en Grèce
4. il souhaite que / ce poème / apprendre par cœur / par tous ses élèves
5. il faut que / la facture / payer / immédiatement
6. les règles / devoir / respecter / exactement
7. les surgelés / devoir/ conserver / au congélateur
8. demain / cet acteur / enterrer / en présence du Ministre de la Culture

D 190 **Wandle die Sätze in ihre passive Form um.**

1. On a emprisonné le responsable de ce cambriolage.
2. Elle a apprécié qu'on ait décoré les vitrines.
3. Je trouve triste qu'on ait détruit ces bâtiments.
4. Tout le monde devrait respecter la nature.
5. Il faut qu'on libère tous les prisonniers politiques.
6. Il faut interdire les téléphones mobiles aux cafés.
7. L'amour a transformé Gisèle.

191 **Übersetze.**

1. Leider wurde die Ausstellung nicht von vielen Leuten besucht.
2. Dieser Aufsatz wurde von einem der besten Schüler geschrieben.
3. Alkohol ist für Jugendliche unter 16 Jahren verboten.
4. Das Meer in der Nähe der Inseln wird seit gestern von einem großen Ölteppich bedeckt.
5. Die Stücke des Autors, von dem das Regime immer wieder kritisiert wurde, sind ganz einfach verboten worden.
6. In Frankreich ist „die Zigarette" auf allen öffentlichen Plätzen verboten.
7. Die Kleidungsstücke aus dem Ausverkauf werden nicht umgetauscht.

F PASSIVERSATZ

1 Umschreibung durch „*on*"

Die oben zitierten Wortgruppen des unpersönlichen Passivs würden also so lauten:

On a rappelé que ..., on a décidé que ... etc.

Diese Art des Ersatzes verwendet man einerseits, wenn der „Täter" nicht genannt werden soll/darf/kann: ***On a escroqué*** *un million à M. Tromp.*
M. Tromp wurde um eine Million betrogen.

Andererseits ist sie nötig, um einen deutschen Passivsatz ohne Subjekt zu übersetzen:

On continue *à chercher le fraudeur.*
Nach dem Betrüger wird noch immer gesucht.

2 Umschreibung durch ein pronominales Passiv

Le breton ***se parle*** *en Bretagne.*
Wörtlich übersetzt hieße der Satz: Bretonisch „spricht sich" in der Bretagne.

Im Deutschen gibt es nur **wenige Verben**, mit denen man ein pronominales Passiv bilden kann (**durch ihre Umwandlung in ein rückbezügliches Verb**).
Das **Französische** kennt jedoch eine **Fülle von Möglichkeiten**, die man benützt, wenn man den „Täter" nicht nennen will/kann/darf. Einige Beispiele

s'acheter	*Ce fromage* ***s'achète*** *chez Madame Laitier.*
se vendre	*Ce fromage* ***se vend*** *bien.* (Er verkauft sich gut.)
s'apprendre	*Le breton* ***s'apprend*** *à l'école.*
se manger	*Le fromage* ***se mange*** *après les autres plats.*
se dire	*Ça* ***ne se dit pas***. (Das sagt man nicht.)
s'écrire	*Ce mot* ***ne s'écrit pas*** *comme ça.*
se traduire	*Cette phrase* ***se traduit*** *autrement.*
se voir	*Le Mont Saint-Michel* ***se voit*** *de loin.*
se lire	*Ce roman* ***se lit*** *facilement.*
se boire	*Le cidre* ***se boit*** *très frais.*

Auch in einigen festen Wendungen kommt diese Form vor:

Ça/cela ne se fait pas.	Das macht man nicht!
Ça/cela se voit.	Das sieht man.
Ça/cela se comprend.	Das versteht sich.

3 Pronominale Umschreibung mit *se faire + infinitif*

Cyrill ***s'est fait voler*** *sa bicyclette.*
Cyrill wurde das Fahrrad gestohlen.

Cyrill ***s'est fait couper*** *les cheveux.*
Cyrill ließ sich die Haare schneiden.

Passiv sind nur jene Sätze gemeint, in denen etwas passiert, was für das Subjekt unangenehm bzw. unerwünscht aussieht.

192

Forme die folgenden Sätze um, indem du sie mit *on* umschreibst.

1. Le peintre regrette que ses œuvres n'aient pas été vendues.
2. C'est vraiment dommage que ce bon musicien ne soit pas connu.
3. Nous avons été confrontés à un problème sérieux.
4. Les CD sont copiés de façon illégale.
5. Savez-vous si son adresse a été rendue publique?
6. L'autoroute est fermée à cause d'un accident.
7. Un nouveau Président va être élu prochainement en France.
8. Les places de parking gratuites vont être supprimées.

193

Bilde aus den Wortgruppen vollständige pronominale Umschreibungen.

exemple: *Je crois que (ce mot, ne plus, écrire avec «h»)* ▶
... Je crois que ce mot ne s'écrit plus avec «h» ...

1. C'est (une histoire captivante, lire facilement)
2. Pour les enfants, (une langue étrangère, apprendre vite)
3. Des bâtiments comme ça (ne pas construire, en quelques mois)
4. Tu ne penses pas que (ces phrases, traduire, autrement)?
5. Avant Noël, (les jeux vidéo, vendre très bien)
6. En France, (les crêpes, manger, aussi avec du fromage)
7. Un œuvre de Picasso (ne pas, trouver, facilement)
8. Je suis sûr que (ce mot, ne pas, écrire, avec «h»)

194

Bilde aus den vorgegebenen Sätzen Aktiv- oder Passivsätze.

1. Aujourd'hui, un courriel s'écrit souvent en minuscules.
2. Tu crois qu'on comprendra ton explication?
3. Le prof attend que nous fassions le devoir jusqu'à mardi.
4. On a vraiment construit ce théâtre en trois mois?
5. Cet incendie qui a dévasté tout le village a été causé par une cigarette.
6. La leçon n'a pas été suffisamment répétée.
7. Le groupe a repris des chansons des Beatles pour faire un nouvel album.
8. Les places pour le concert de Michel Polnareff se sont bien vendues.
9. Les invitations pour ton anniversaire ont été envoyées depuis longtemps.

Übersetze, indem du bei den Sätzen ohne „Täter" bzw. Subjekt eine Konstruktion mit *on* oder eine pronominale Umschreibung verwendest.

1. Nach den Konzerten wird gerne ins italienische Restaurant nebenan gegangen.
2. In diesem Unternehmen wird sehr produktiv gearbeitet.
3. Zum Fisch wird gerne Weißwein getrunken.
4. Du musst verstehen, dass man das nicht sagt.
5. Spaghetti werden nicht mit Messer und Gabel gegessen.
6. Diese Betriebsanleitung ist nicht verständlich. *(le manuel)*
7. Anna wurde ein kranker Zahn gezogen. *(arracher)*
8. Mein Name schreibt sich nicht so.

18. KAPITEL	*LES PRONOMS PERSONNELS* – Die persönlichen Fürwörter (Personalpronomen)

		verbundene Formen		unverbundene Formen
	Subjekt	direktes	indir. Objekt	
1. P. Sg.	*je*	*me*	*me*	*moi*
2. P. Sg.	*tu*	*te*	*te*	*toi*
3. P. Sg. m./f.	*il/elle*	*le/la*	*lui*	*lui/elle*
1. P. Pl.	*nous*	*nous*	*nous*	*nous*
2. P. Pl.	*vous*	*vous*	*vous*	*vous*
3. P. Pl. m./f.	*ils/elles*	*les*	*leur*	*eux/elles*

DIE UNBETONTEN (VERBUNDENEN) PERSÖNLICHEN FÜRWÖRTER

A SUBJEKT

Erwähnenswert ist hier, dass das deutsche **Anredefürwort** „Sie" ***vous*** heißt.

Was **machen Sie**? – *Qu'est-ce que **vous faites**?*

B DIREKTES OBJEKT *(PRONOMS PERSONNELS COMPLÉMENTS D'OBJET DIRECT; COD)*

1. P. Sg.	*me*
2. P. Sg.	*te*
3. P. Sg. m./f.	*le/la*
1. P. Pl.	*nous*
2. P. Pl.	*vous*
3. P. Pl. m./f.	*les*

Diese Formen sind also **direktes Objekt** des Satzes. Sie können schon genannte Personen oder Sachen ersetzen.

*Tu regardes **la revue?** – Oui, je **la** regarde.*

C INDIREKTES OBJEKT *(PRONOMS PERS. COMPLÉMENTS D'OBJET INDIRECT; COI)*

1. P. Sg	*me*
2. P. Sg.	*te*
3. P. Sg. m./f.	*lui*
1. P. Pl.	*nous*
2. P. Pl.	*vous*
3. P. Pl. m./f.	*leur*

Diese Formen sind **indirekte Objekte** des Satzes, können jedoch **nur Personen** ersetzen.

Bei ***me*** und ***te*** fällt der Vokal weg, wenn das darauffolgende Wort mit einem Vokal oder einem stummen *h* beginnt.

*Tu montres tes photos **à Véronique**? – Oui, je **lui** montre mes photos.*

Solltest du dein **Personalpronomen-Wissen kurz überprüfen** wollen, so ist die folgende Übung 196 das Richtige für dich. Für die, die jedoch zuerst die **einzelnen Pronomen und ihre Regeln genauer wiederholen oder lernen** wollen, ist diese **Übung erst am Ende** zu machen!

A 196 **Ersetze die unterstrichenen Ergänzungen durch ihre Vertreter.**

exemple: *Mon père va nous prêter sa voiture.* ▶ **... Mon père va nous la prêter ...**

1. Maman va demander cette recette à sa voisine.
2. L'enfant montre sa poupée à la vieille dame.
3. Notre grand-mère pense beaucoup à ses petits-enfants.
4. Ils sont allés en Italie avec leurs parents.
5. Ne prête pas ton livre à tes frères.
6. La voisine s'est occupée de nos plantes.
7. Anne s'intéresse à la musique.
8. Je pense toujours aux vacances avec Philippe.

A 197 **Übersetze.**

1. Nehmt ihr auch Kaffee? Madame, was möchten Sie trinken?
2. Was machst du heute? Was machen sie (Anne und Gérard)?
3. Wohin geht ihr? Ihr begleitet euren Bruder in die Schule?
4. Sie (die Kinder) wissen, was sie tun müssen.
5. Das können Sie nicht tun. Das könnt ihr nicht tun.
6. Sie sagt ihren Eltern nicht, wohin sie geht.
7. Wer sind Sie? Woher kennen Sie mich?

B 198 **Beantworte die Fragen und ersetze die direkten Objekte durch Pronomen.**

1. Tu as mis les CDs sur l'étagère? – Oui, je ...
2. Valérie a fait ce gâteau toute seule? – Oui, elle ...
3. Tu as déjà écrit le courriel? – Oui, je ...
4. Elle a déjà rendu son livre à son amie? – Oui, elle ...
5. Vous avez donné votre adresse à la réceptionniste? – Oui, nous ...
6. Tu as lu les livres au lycée? – Oui, je ...
7. Vous avez déjà vu ce film? – Oui, nous ...

C 199 **Beantworte die Fragen und ersetze die indirekten Objekte durch Pronomen.**

1. Vous avez écrit une carte postale à vos voisins? – Oui, nous ...
2. Tu rends visite à Eric dans son nouvel appartement? – Oui, je ...
3. La vendeuse montre les jupes aux clientes? – Oui, elle ...
4. Elle a déjà téléphoné à son amie? – Oui, elle ...
5. Vous ouvrez la porte à notre voisine? – Oui, nous ...
6. Papa prête sa voiture à Jasmine? – Oui, il ...
7. Tes enfants envoient ces dessins à leurs grands-parents? – Oui, ils ...

Vergleiche			
		à	indirektes Objekt (*COI*) (*me, te, lui, nous, vous, leur*)
Subjekt	Verb		
(*je, tu* etc.)			direktes Objekt (*COD*) (*me, te, le, la, nous, vous, les*)

D VERBEN, DIE MAN SICH MERKEN SOLLTE

Prinzipiell lässt sich das *objet direct* mit dem 4. Fall und das *objet indirect* mit dem 3. Fall vergleichen. Das heißt, dass in den **meisten** Fällen, in denen im Deutschen ein Objekt im 4. Fall steht, im Französischen ein *objet direct* zu finden ist, und dort, wo wir ein Objekt im 3. Fall haben, das Französische ein *objet indirect* verlangt.

Subjekt	Verb	O4/*objet dir.*	O3/*objet indir.*
Ich	zeige	das Bild	meinem Bruder.
Je	*montre*	*le tableau*	*à mon frère.*

Einige Verben, die ein anderes Objekt als die deutschen verlangen:

demander *Je demande*	***+ objet indirect*** *à ma mère.*	*Je **lui** demande.*	Ich frage sie.
téléphoner *Je téléphone*	***+ objet indirect*** *aux parents.*	*Je **leur** téléphone.*	Ich rufe sie an.
parler *Je parle*	***+ objet indirect*** *à ma mère.*	*Je **lui** parle.*	Ich spreche ihn/sie.
aider *J'aide*	***+ objet direct*** *mes parents.*	*Je **les** aide.*	Ich helfe ihnen.
attendre *J'attends*	***+ objet direct*** *mes parents.*	*Je **les** attends.*	Ich warte auf sie.
féliciter *Je félicite*	***+ objet direct*** *ma mère.*	*Je **la** félicite.*	Ich gratuliere ihr.

E STELLUNG DER OBJEKTVERTRETER

Regel 1: Pronomen stehen vor der Personalform, egal, um welche Zeit es sich handelt.
Regel 2: Legt die Ausnahme fest: Handelt es sich um eine **Infinitivkonstruktion**, stehen die **Pronomen vor dem Infinitiv** und nicht vor der Personalform.

Die Personalform ist die **konjugierte Form des Verbs**, also jene Form, die sich nach **Person/Zahl/Zeit** ändert! (*j'**ai** dit, tu **as** dit, il **avait** dit, nous **aurions** dit* etc.)

Lass uns zuerst einmal **Regel 1** genauer betrachten:

Nous	*regardons*	***la revue.***		*Nous*	***la***	*regardons.*	
J'	*ai regardé*	***la revue.***		*Je*	***l'***	*ai regardée.**	
Il	*avait donné*	*la revue*	***à Paul.***	*Il*	***lui***	*avait donné*	*la revue.*

* Da das *objet direct* **vor** dem ***p. p.*** steht, wird es mit ihm übereingestimmt!

200 **Unterstreiche das indirekte Objekt rot, das direkte blau und schreib auf, wodurch das jeweilige Objekt ersetzt werden müsste.**

1. Votre secrétaire n'a pas encore téléphoné à M. Leclerc.
2. Tu veux que je te raconte cette histoire?
3. Notre professeur nous a appris le logarithme.
4. Qui vous a transmis ces informations?
5. Ne donnez pas vos clés à cet homme.
6. Il est rappelé aux candidats qu'il est interdit d'utiliser le dictionnaire.
7. Je vous ai apporté quelques bouteilles de vin.
8. Nous aimons regarder les enfants jouer.
9. Est-ce que vous avez rendu l'argent à votre amie?
10. Leur prof a répondu à tous ses élèves.

201 **Übersetze.**

1. Hast du Anne schon gefragt, ob sie dir hilft?
2. Warum hilfst du ihnen nicht?
3. Wo könnte ich Ihren Direktor sprechen? – Sie treffen ihn im Kaffeehaus.
4. Er hat vor der Bar auf sie gewartet. (*Zwei Möglichkeiten*)
5. Leihst du mir dein Fahrrad? – Ja, du findest es in der Garage.
6. Wir werden ihr einen Brief schreiben und ihr sagen, wann wir sie treffen.
7. Wann bringen Sie mir die Karte? Ich warte seit einer Viertelstunde auf sie.

202 **Setze die richtigen Pronomen ein.**

1. Ce film est super! Je … ai vu trois fois. Tu … connais?
2. C'est son amie? Il m' a promis de me … présenter.
3. Tu me dois une explication! – Je vais te … donner demain.
4. Maman, est-ce que tu pourrais … expliquer cet exercice? – Non, je ne peux pas te … expliquer, je ne … comprends pas non plus.
5. Monsieur, est-ce que vous … racontez cette histoire encore une fois? Nous aimons vraiment … écouter.
6. C'est toi qui … as offert ce joli bouquet de fleurs? Je … dis merci.
7. Ce sont mes voisins qui … observent toujours. Je … déteste.
8. Hier, j'ai rencontré Sylvie et sa sœur. Je … ai invitées à boire un verre avec moi. Et je … ai donné ton adresse.

203 **Wohin mit den Pronomen?**

1. lui — J'ai expliqué la situation.
2. le — Tu vois la première fois?
3. les — Je vais voir devant l'église.
4. lui — Nous avons dit la vérité.
5. leur — Nous avons déjà rendu les livres.
6. vous — Nous allons présenter à notre prof.
7. vous — Elle a expliqué le chemin?
8. l' — Je avais vue devant la gare.
9. me — Quand est-ce que tu vas montrer mon cadeau?

Ist ein Satz, der einen oder mehrere Objektvertreter enthält, **verneint**, so bleiben die Pronomen an ihrem Platz vor der Personalform und werden von den Teilen der Verneinung, die die Personalform einrahmen, mit umschlossen.

*Je **ne la** regarde **pas**.* *Il **ne lui** avait **pas** donné la revue.*

Nun zu **Regel 2**: **Bei Infinitivkonstruktionen** (= Personalform + Infinitiv) steht der Objektvertreter in den meisten Fällen **vor dem Infinitiv.**

Je veux/peux/dois/vais etc. ***te voir***.

Da die Teile der **Verneinung** die Personalform einrahmen, die **Pronomen** aber **vor dem Infinitiv** stehen, sind sie von der Verneinung **nicht betroffen** (siehe Sprechblase):

F *EN*

1 *En* vertritt Ergänzungen mit *de,* wobei es (hauptsächlich) Dinge vertritt und unterschiedliche deutsche Bedeutungen hat.

Tu viens	*de la gare?*	Kommst du vom Bahnhof?
Oui, j'	***en** viens.*	Ja, ich komme **von dort.**
Tu parles	*des vacances?*	Sprichst du über die Ferien?
Oui, j'	***en** parle.**	Ja, ich spreche **darüber**.
Tu t'occupes	*de mes plantes?*	Kümmerst du dich um meine Pflanzen?
Oui, je m'	***en** occupe.**	Ja, ich kümmere mich **darum**.

* Personen werden in diesen Fällen von ihrem unverbundenen Pronomen vertreten: *Tu parles **de Jean**? Oui, je parle **de lui**.*

2 *En* vertritt Ergänzungen, vor denen ein Teilungsartikel bzw. unbestimmter Pluralartikel steht, und wird mit „welche, welches" übersetzt.

*Tu as des cigarettes? – Oui, j'**en** ai.*	Hast du Zigaretten? – Ja, ich habe welche.
*Tu as du sel? – Oui, j'**en** ai.*	Hast du Salz? – Ja, ich habe welches.

Bei diesen Sätzen kann **nach dem Prädikat noch eine Mengenangabe** stehen:

*Tu as de l'argent? – Oui, j'en ai **assez*** (genug), ***beaucoup*** (viel), ***trop*** (zu viel)
*Tu veux prendre des pommes? – Oui, je veux en prendre **trois/deux kilos** …*

3 *En* vertritt direkte Ergänzungen, die von einem unbestimmten Artikel oder Adjektiv begleitet werden, das eine Menge angibt (*un, une, plusieurs* ...). Hier wiederholt man am Ende des Satzes den Artikel bzw. die Mengenangabe in ihrer pronominalen Form.

*Tu as **une** voiture?* *Oui, j'**en** ai **une/deux/plusieurs**.*
*Tu me donnes **quelques** cassettes?* *Oui, je t'**en** donne **quelques-unes**.*

Beantworte die Fragen, ersetze die unterstrichenen Objekte durch ihre Vertreter und stelle sie an den richtigen Platz. (Achte auf die Übereinstimmung des *p. p.*)

1. Qui a conseillé à Marie d'acheter cet ordinateur? – C'est moi qui ...
2. Est-ce que Pauline peut faire la tarte? – Oui, bien sûr, elle ...
3. Qu'est-ce que tu veux donner à Simone? – Je ... un DVD.
4. Tes amis vont apporter ton cadeau? – Non, ils ...
5. Comment as-tu trouvé cette jolie maison? – Je ... à l'aide d'une amie.
6. Quand est-ce que tu vas rendre mes livres? – Je ... demain.
7. Qu'est-ce que le prof a interdit aux élèves? – Il ... de jouer dans la cour.
8. Pourquoi est-ce que tu veux écrire la lettre? – Je ... pour m'excuser.
9. On va offrir ce poste à ton père? – Non, on ...
10. Est-ce que tu ne m'as pas appelée hier soir? – Mais si, je ...
11. Quand va-t-il rendre les livres à son prof? – Il ... demain, j'en suis sûre.

205

Übersetze.

1. Ich möchte sie morgen Abend anrufen. (*2 Möglichkeiten*)
2. Das große Geheimnis? Sie hat es ihrem Vater anvertraut. (*confier*)
3. Wir haben Ihnen einen Aperitif angeboten.
4. Er kann ihnen den Weg zeigen. Ich glaube, er kennt ihn.
5. Wir wollen sie/Sie einladen. (*3 Möglichkeiten*)
6. Wir werden ihr gerne helfen, weil wir sie wirklich mögen.
7. Er hat nicht mit euch über die Arbeit gesprochen. (*parler à*)
8. Du sollst mich fragen, ob du mir helfen kannst.

206

Ersetze in den Sätzen, in denen es möglich ist, die Ergänzungen durch *en*.

1. Il parle beaucoup de son voyage.
2. On fait un plan de travail ensemble?
3. Qui a acheté cette bouteille?
4. Il va au Portugal?
5. Je suis sûr de mon opinion.
6. Inge aime parler de sa digestion.
7. Qu'est-ce que tu penses de mon idée?
8. Mémé s'occupe souvent de ma sœur.
9. Je me souviens de cette chanson.
10. Qui s'occupe de ce problème?
11. Elle est très fière de ses enfants.
12. Elle n'écrit plus beaucoup de lettres.

Beantworte die Fragen und ersetze die unterstrichenen Satzglieder durch ihre Pronomen.

1. Qu'est-ce que tu vas offrir à ta mère? – Je ... des fleurs.
2. Est-ce que vous prenez encore une pomme? – Oui, ... (deux)
3. Où est-ce que tu as trouvé ce coffre à bijoux? – Je ... (derrière notre maison)
4. Vous pourriez montrer la ville à ces touristes? – Non, je ...
5. Est-ce qu'il est déjà sorti de l'école? – Non, il ...
6. Vous comprenez vos enfants, Madame? – Non, je ...
7. Vous avez encore du beurre? – Non, on ... (ne plus)
8. Il t'a laissé quelques photos? – Oui, il ... (plusieurs)
9. Il a laissé ces photos chez toi? – Oui, il ...
10. Vous venez directement de l'aéroport? – Non, nous ...

Diese Regel **gilt nicht**, wenn der Satz **verneint** ist!
Tu cherches ***une cigarette****? – Non, je n'****en*** *cherche pas.*

- Was die Stellung von ***en*** im Satz betrifft, so gelten dieselben Regeln wie bei den anderen Objektvertretern.

	Tu parles ***de tes problèmes*** *avec moi?*
vor der Personalform	*Oui, j'****en*** *parle avec toi.*
vor dem Infinitiv	*Oui, je vais* ***en*** *parler avec toi.*
eingerahmt von der Verneinung	*Non, je n'****en*** *parle avec personne.*
von der Verneinung nicht betroffen	*Non, je ne vais pas* ***en*** *parler avec toi.*
nach einem anderen Objektvertreter	*Je* ***lui en*** *ai déjà parlé.*

G *Y*

1 Dieses Wörtchen kann Ergänzungen mit der Präposition *à* vertreten. Es steht dabei nur für Dinge (m./f., Singular und Plural), nicht für Personen.

penser à	*Tu penses* ***aux cadeaux****? Oui, j'****y*** *pense!*
participer à	*Tu vas participer* ***à la réunion****? Oui, je vais* ***y*** *participer.*

Weitere Verben: *s'intéresser à, s'adresser à, croire à, s'attendre à, réfléchir à …*

Wenn Personen vertreten werden sollen, muss man bei diesen Verben die **betonten, unverbundenen Formen** verwenden.

Tu penses	***à Mimi****?*	*Oui, je pense*	***à elle****.*

2 Weitaus häufiger findet man *y* in seiner Funktion als Ortsergänzung. Hier vertritt es Ergänzungen mit der Präposition *à* und solche mit anderen Präpositionen (außer *de*), wenn sie eine Ortsbestimmung einleiten!

Vous habitez	***à Paris****?*	
Nous	***y***	*habitons.*
La photo est	***dans le sac****?*	
Oui, elle	***y***	*est.*

Steht vor *y je, me, te, se, le, la,* oder *ne,* so fällt bei diesen der Vokal weg. zB *j'y suis, je t'y ai vu* etc.

In der **Stellung unterscheidet sich *y* nicht** von den anderen Pronomen:	
Es steht entweder **vor der Personalform,**	*Elle* ***y est*** *allée.*
es wird von der **Verneinung** mit eingerahmt	*Elle* ***n'y est pas*** *allée.*
oder es steht **vor dem Infinitiv,**	*Elle veut* ***y aller****.*
wo es von den Teilen der Verneinung nicht betroffen ist.	*Elle ne veut pas* ***y*** *aller.*
Es steht **hinter einem** vorhandenen **Objektvertreter**.	*Je* ***les y*** *ai vus.*
Kommt im Satz auch ein *en* vor, steht ***y* vor *en***.	*Nous* ***y en*** *avons mangé.*

B – F 208

Kreuze die richtige Antwort an.

1. Tu as vu le sel?
   ❍ J'en ai vu. ❍ J'ai le vu. ❍ Je l'ai vu.
2. Tu as goûté ce vin rouge?
   ❍ Oui, j'en ai goûté. ❍ Oui, j'ai goûté un. ❍ Oui, je l'ai goûté.
3. Il est fier de son fils?
   ❍ Il est fier de lui. ❍ Il en est fier. ❍ Il est fier de le.
4. Elle a besoin de ses amis?
   ❍ Elle en a besoin. ❍ Elle a besoin d'eux. ❍ Elle les a besoin.
5. Vous avez pris un taxi?
   ❍ Je n'en ai pas pris. ❍ Je l'ai pris. ❍ J'ai en pris.
6. Elle parle de ses vacances?
   ❍ Elle y parle. ❍ Elle en parle jamais. ❍ Elle n'en parle pas.

G 209

Beantworte die Fragen und ersetze, wenn möglich, eine Ergänzung durch *y*.

1. Il téléphone à sa petite amie? – Oui, …
2. Tu as répondu à cette question? – Non, …
3. Vous avez de la neige au Tyrol? – Oui, …
4. Le chat est sous le canapé? – Non, …
5. Tu as mal à la gorge? – Oui, …
6. Elle a découvert ce restaurant? – Oui, …
7. Ils pensent toujours aux vacances? – Oui, …
8. Elle a participé à la réunion? – Oui, …
9. Tu as envoyé une carte de Lyon? – Oui, …
10. Michel s'intéresse au lecteur MP3? – Oui, …
11. Elles ont des problèmes à la maison? – Oui, …
12. Tu habites à Reims? – Oui, …
13. Ils sont déjà entrés dans l'immeuble? – Oui, …

Ersetze die unterstrichenen Ergänzungen, wenn möglich, durch *y* oder *en*.

1. Est-ce que tu penses déjà à l'école?
2. Nadine se réjouit de son résultat à l'examen.
3. Est-ce que Marie est amoureuse de Luc?
4. Je ne me suis pas encore habitué au climat de ce pays.
5. Est-ce qu'elle reste encore aux Etats-Unis?
6. Est-ce que tu penses quelquefois à cette famille suisse?
7. Je me contente de la solution.
8. Il fait partie de l'équipe?
9. Ils sont allés au cinéma.
10. Tu viens chez nous à la Pentecôte?
11. Elle parle toujours de ses mauvaises expériences.
12. Son frère ne s'intéresse plus au rap.
13. Vous êtes satisfait du tourisme de cette année?
14. Ces élèves pensent seulement au weekend.

H ZWEI OBJEKTVERTRETER

Wenn zwei (oder drei) Objektvertreter in einem Satz zu finden sind, muss eine bestimmte Reihenfolge eingehalten werden. Präge sie dir in Form dieses Dreiecks ein!

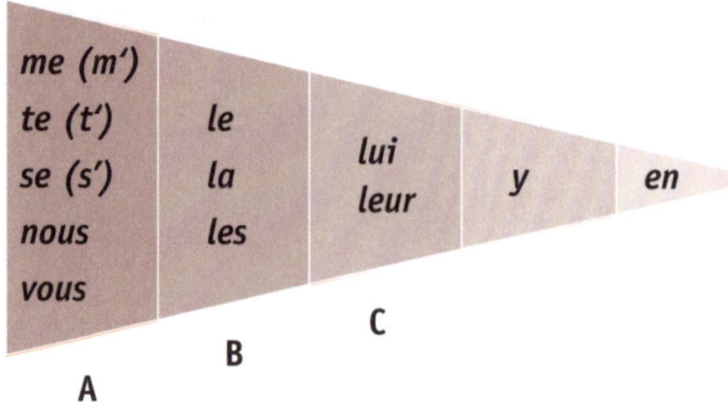

Folgende **Kombinationen** sind möglich

A – B *Je **te le** donne, je **vous les** montre* etc.
B – C *Je **le lui** donne, je **les leur** montre* etc.
A – C ist nicht möglich!

y und ***en*** kommen immer am Ende, wobei ***y*** vor ***en*** steht.
Il m'y a vu, il lui en donne, il y en prépare, il me les y a donnés …

Dieses Schema ist einfach:

1. Du stellst fest, welche Vertreter im Satz auftauchen.
2. Du bestimmst ihre Reihenfolge.

Jean	***nous***	*prépare souvent*	***ce repas.***	
Jean bereitet	uns		diese Mahlzeit	oft zu.

nous gehört zu **A** („Wem bereitet er sie zu?")
ce repas ist direktes Objekt und wird durch ***le*** ersetzt, das zu **B** gehört:
Daher steht *nous* vor *le*: *Jean **nous le** prépare souvent.*

Merke dir die Reihenfolge in Form eines **„Nonsens-Gedichts"**:
mele, tele, sele, lelui, leleur Aussprache: mölö, tölö, sölö, lölui, löleur

Um dir die Reihenfolge der Objektpronomen so gut einzuprägen, dass du bei ihrer Verwendung nicht mehr überlegen musst, such dir einen Satz mit zwei Ergänzungen und setze ihn in alle dir bekannten Zeiten, verneine ihn und bilde anschließend noch eine Infinitivkonstruktion mit ihm.

Beispiel	*Tu écris **la lettre à la grand-mère.***
Einfache Zeit	*Tu la lui écris. Tu ne la lui écris pas.*
passé composé	*Tu la lui as écrite. Tu ne la lui as pas écrite.*
Infinitivkonstruktion	*Tu vas la lui écrire. Tu ne vas pas la lui écrire.*

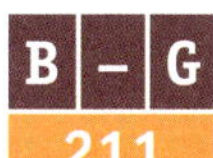
211

Ersetze bei den Antworten das unterstrichene Satzglied durch sein Pronomen.

1. Où est-ce que tu as mis mes lunettes? – Je … sur la table.
2. Est-ce que l'entraîneur est content du match? – Non, il …
3. Est-ce que tu as mis les bouteilles dans le placard? – Non, je …
4. Chérie, tu apportes les outils à Papa? – Oui, je …
5. Marc leur a présenté toutes ses petites amies? – Non, mais il … beaucoup.
6. Elle va rencontrer sa correspondante à Bruxelles? – Oui, elle …
7. Nous voyons la tante Sophie ce week-end à Vienne? – Non, vous …
8. Tu as envie d'un café? – Oui, j' …
9. Nous allons manger une pizza ensemble? – Non, nous … au moins deux.

212

Wohin mit den Pronomen?

1. Tu as trouvé?	y, le
2. Elle a donnée.	la, me
3. J'ai vus.	les, y
4. Tu as déjà montrée?	lui, la
5. Il a écrit.	leur, en
6. La marchande vend.	lui, en
7. Je veux voir.	te, y
8. Il a donnés.	nous, les

213

Ersetze das direkte und das indirekte Objekt durch die passenden Pronomen.

1. Elle n'aime pas montrer sa chambre à ses amies.
2. Vous avez redonné le porte-monnaie au propriétaire?
3. Elle n'a pas donné son numéro de téléphone au jeune homme.
4. Est-ce que tu peux lire la carte de grand-père aux enfants?
5. Tu nous présentes tes copains?
6. Vous empruntez vos vélos à Mathieu.
7. Il nous a toujours dit la vérité.
8. Mon père n'a jamais demandé le chemin à ma mère.
9. Je viens de décrire notre maison à mes amies.

214

Teste nun dein bisheriges Gesamtwissen, indem du alle Ergänzungen ersetzt.

1. Il a retrouvé son agenda sous la table.
2. J'ai vu ma sœur en café.
3. Elle a bu deux tasses de café au bar.
4. Elle avait trouvé ces tableaux dans ce magasin.
5. Je ne veux pas prêter ma voiture à mon frère.
6. Les élèves n'ont pas encore rendu les cahiers au professeur.
7. Nous n'allons pas encore donner d'argent à Max.
8. On ne nous a pas offert beaucoup d'activités dans ce club.
9. J'aimerais vous organiser des leçons de gym.
10. Florence te prépare la sauce.

I DIE BETONTEN (UNVERBUNDENEN) PERSÖNLICHEN FÜRWÖRTER

1. P. Sg	*moi*	Pl.	*nous*
2. P. Sg.	*toi*	Pl.	*vous*
3. P. Sg m./f.	*lui / elle*	Pl.	*eux / elles*

Verwendung

1 Zur **Betonung des Subjekts**, wobei die unverbundene Form vor oder nach dem Satz stehen kann: ***Moi, j'aime le jazz. J'aime le jazz, moi!***

2 Die **Hervorhebung des Subjekts oder eines direkten Objekts** kann auch durch die sogenannte ***mise en relief*** erfolgen, die aus

c'est **+ betontes Pronomen +** ***qui*** ... oder aus
c'est **+ betontes Pronomen +** ***que*** ... **besteht.**

C'est moi qui *aime le far breton,*	**Ich** mag den *Far breton,*
c'est vous qui *ne l'aimez pas.*	**ihr seid es, die** ihn nicht mögen.
C'est d'elle que *nous parlons.*	Über ***sie*** sprechen wir.

Bei der Hervorhebung des Subjekts mit *c'est ... qui* muss **die Personalform** verwendet werden, die zu der **hervorgehobenen Person** gehört!

C'est ***moi qui suis*** *malade. C'est* ***toi qui vas*** *au collège?*

3 Auch um einen anderen **Objektvertreter** zu **verstärken** oder in einem **Satz ohne Verb** gebraucht man die unverbundenen Formen.

Je ***le*** *connais,* ***lui****.*
Qui prend encore du jambon? – ***Moi****, s'il te plaît.*

4 Diese Pronomen werden **nach Präpositionen** verwendet!

Il va au cinéma ***avec moi et toi****.*
J'ai un cadeau ***pour elle****, pas* ***pour lui****.*
On va s'occuper ***de vous.***
Ils veulent partir ***sans nous.***

Handelt es sich um ein **indirektes Objekt**: verbundene Pronomen!

Tu montres ce film ***à Marie****? – Oui, je* ***lui*** *montre ce film.*
Aber: *Tu* *penses* ***à Marie****? – Oui, je pense* ***à elle.***

(Ebenso: *s'adresser à, s'intéresser à, se confier à, s'en prendre à, s'en remettre à*)

5 In **Aufzählungen**:

Ma mère ***et moi****, ton père* ***et toi****, nous sortons ce soir.*

6 Diese Pronomen können mit ***même, seul*** **oder einem Zahlwort** verbunden werden:

Je vais le faire ***moi-même****.* ***Lui seul*** *me comprend.* ***Eux quatre*** *vont venir.*

215 **Beantworte die Fragen, indem du das unterstrichene Satzglied durch sein unverbundenes Pronomen ersetzt.**

1. Ils se rencontrent chez Eve ce soir? – Non, ils …, ils vont à la discothèque.
2. Elle est amoureuse de Philippe? – Mais non, elle …, elle aime David.
3. Les élèves se moquent de leur prof? – Non, ils …, mais de cette histoire.
4. Est-ce qu'il a vraiment acheté ces roses pour Fabienne ? – Oui, il …
5. Tu ne veux pas partir sans tes parents? – Mais si, je …
6. Tu as vraiment rêvé de cette belle actrice? – Oui, je …
7. Tu vas faire ce projet avec André? – Oui, je …
8. Je prends ma douche après Nina? – Non, … (*impératif*)

216 **Bilde Sätze mit *c'est … qui* oder *c'est … que* nach folgendem Muster.**

exemple: ***Marc*** *arrive ce soir.* ► **… C'est lui qui arrive ce soir …**

1. J'ai vu **Hélène** dans les Galeries Lafayette.
2. **Jérôme** a mangé la plupart des crêpes.
3. **Le dentiste** est à côté de Mme Bernard.
4. Vous avez présenté **vos amis** à vos parents.
5. **Les enfants** font ce bruit épouvantable.
6. Nous invitons souvent **les Berger**.
7. Je demande **aux élèves** s'ils m'ont compris.
8. Elle parle toujours **de son voisin**.

217 **Unverbundenes oder verbundenes Pronomen?**

1. Elle pense **à son mari** qui est au Canada maintenant? – Oui, elle …
2. Est-ce que tu veux partir **sans ta petite amie**? – Non, je …
3. Tu as peur **d'un accident nucléaire**? – Oui, j(e) …
4. Ton fils a peur **de son prof de maths**? – Non, il …
5. Cette femme s'occupe **de tes enfants**? – Oui, elle …
6. Ce cadeau est vraiment **pour Mathilde**? – Oui, c'est …
7. Tu veux offrir ce champagne **à tes amis**? – Oui, je …
8. Ta sœur s'est confiée **à tes parents**? – Non, elle …

218 **Beantworte die Fragen und ersetze die unterstrichenen Satzglieder durch Pronomen.**

1. Vous êtes allés au concert avec votre frère? – Oui, nous …
2. Il a acheté du chocolat à sa nièce? – Non, il …
3. Tu as écrit ce poème à Christine? – Oui, je …
4. Vous vous êtes déjà habitués à vos nouveaux voisins? – Non, nous …
5. Il a commandé de la bière? – Oui, il … (trois)
6. Vous vous êtes adressés au chef même? – Oui, nous …
7. Il a besoin de son prof pour faire ce devoir? – Non, il …
8. Je peux faire la promenade avec le chien? – Oui, tu …

J OBJEKTVERTRETER BEIM IMPERATIV

- **Bejahende Befehlsform – ein Pronomen**

In einer **bejahenden Befehlsform** stehen die Objektvertreter **hinter** dem Verb und werden mit diesem mit einem Bindestrich verbunden.

Außerdem wird ***me*** zu ***moi*** ► ***Donne-moi*** *une cigarette.*
und ***te*** zu ***toi*** ► ***Prépare-toi*** *le dîner.*

Die anderen Formen bleiben die der **unbetonten verbundenen Pronomen**:

indirektes Objekt	direktes Objekt
*Je **te** donne une cigarette?*	*Je **te** présente à Paul?*
*Oui, **donne-moi** une cigarette.*	*Oui, **présente-moi** à Paul.*
*Je donne une cigarette **à Paul**?*	*Je **me** présente à Paul?*
*Oui, **donne-lui** une cigarette.*	*Oui, **présente-toi** à Paul.*
*Nous **nous** préparons le dîner?*	*Nous préparons **le dîner**?*
*Oui, **préparez-vous** le dîner.*	*Oui, **préparez-le**.*
*Je montre les photos **aux filles**?*	*Je montre **les photos** à Brigitte?*
*Oui, **montre-leur** les photos.*	*Oui, **montre-les** à Brigitte.*

Die Regeln gelten auch für ein **rückbezügliches Fürwort**!
Amüsier dich gut! ***Amuse-toi*** *bien!*

- **Bejahende Befehlsform – zwei Pronomen**

Die Grundregeln sehen folgendermaßen aus:

- Die Pronomen stehen **hinter dem Verb**.
- Sie werden **mit Bindestrichen** verbunden.
- Aus ***me*** wird ***moi***, aus ***te*** wird ***toi***.
- Die **Reihenfolge** der Objektvertreter ändert sich, denn nun steht das **direkte Objekt dem Verb immer am nächsten.**

*Je donne **le verre à Charles**?*	*Oui, donne-**le-lui**.*
*Nous **te** montrons **les cartes**?*	*Oui, montrez-**les-moi**.*
*Je **vous** apporte **la bière**?*	*Oui, apporte-**la-nous**.*

- **Verneinende Befehlsform**

Mit ihr fordert man auf, etwas nicht zu tun. Die **Pronomen stehen auf ihrem gewohnten Platz**, also **vor der Personalform**!

*Ne **me** donne pas de cigarette.*	*Ne **me** présente pas à Paul.*
*Ne **leur** montrez pas les photos.*	*Ne **les** montre pas à Brigitte.*

Kommen zwei Pronomen vor, bleiben diese auch auf ihrem gewohnten Platz.
*Ne donne pas **la cigarette à Paul**.* — *Ne **la lui** donne pas.*
*Ne **me** montre pas **ces photos**.* — *Ne **me les** montre pas.*

J
219

Beantworte die Fragen nach folgendem Muster.

exemple: *Je **vous** fais des crêpes?* ▶ **… Oui, fais-moi des crêpes …**

1. Je demande **à Clara** de m'aider?
2. J'explique ce problème **à tes parents**?
3. Je **vous** téléphone ce soir?
4. Nous rendons **les disques** à ton frère?
5. Nous rendons les disques **à ton frère**?
6. J'offre des fruits **aux invités**?
7. Nous allons **à l'aire de jeux**?
8. Je **t'**achète de la viande?
9. Nous **te** rapportons le courrier?
10. Vous donnez le bain **aux enfants**?
11. J'appelle **Catherine** ce soir?
12. Je **vous** redonne mes DVD demain?
13. Je fais attendre **le taxi**?

220

Übersetze.

1. Erinnere ihn bitte an das Treffen!
2. Helfen Sie ihm! Hilf mir!
3. Warte auf mich vor dem Kino.
4. Lies es noch einmal.
5. Bringt mir die Hausübungen!
6. Diese Regionen sind wirklich schön, besuchen Sie sie.
7. Das ist ein sehr gutes Restaurant. Geht dorthin!
8. Zeig ihnen deine Bilder! Zeig sie ihnen!
9. Frag sie, ob sie dir ein Buch leihen!
10. Steh endlich auf! Beeil dich!
11. Gib ihm keine Zigarette mehr!
12. Kauf ihm keine Bücher mehr, er liest sie nicht.
13. Schweigt! Widersprecht mir nicht!

221

Ersetze die Objekte durch ihre Pronomen.

1. Écrivez la lettre au directeur.
2. Tournez les crêpes!
3. Ne prends pas l'ascenseur!
4. Faites chauffer le four à 180 degrés.
5. Raconte cette histoire à tes frères!
6. Profitez de notre choix extraordinaire!
7. Présentez le nouvel élève à ses collègues!
8. Apprenez ce poème par cœur.
9. Ne mangez pas ces gâteaux.
10. Prenez vos rollers!
11. Regarde la course!

19. KAPITEL	*LE PLUS-QUE-PARFAIT* – Die Vorvergangenheit (Plusquamperfekt)

A BILDUNG

Das ***plus-que-parfait*** wird so gebildet wie die deutsche Vorvergangenheit:

Personalform von *avoir/être* im *imparfait* + *participe passé* (**vgl. *passé composé***)

j'avais parlé	ich hatte gesprochen	*j'**ai** acheté*
j'étais arrivé(e)	ich war angekommen	*je **suis** allé(e)*

Zur Erinnerung		
*j'**avais** acheté*	*j'**étais** allé(e)*	**Mit *être* werden abgewandelt**
*tu **avais** acheté*	*tu **étais** allé(e)*	■ die Verben der Bewegungsrichtung *(aller, arriver, descendre, entrer, monter, partir, rentrer, retourner, revenir, sortir, tomber, (re)venir* und *devenir, rester, mourir etc.*
*il **avait** acheté*	*il **était** allé*	
*nous **avions** acheté*	*nous **étions** allé(e)s*	
*vous **aviez** acheté*	*vous **étiez** allé(e)s*	■ alle rückbezüglichen Verben *(s'amuser, se laver etc.)*
*ils **avaient** acheté*	*ils **étaient** allés*	

B VERWENDUNG

- Die Zeit, die du brauchst, um etwas zu erzählen, was noch **vor der Vergangenheit** liegt, von der du erzählst, nennt man **Vorvergangenheit** bzw. ***plus-que-parfait*** (was wörtlich „mehr als vergangen" bedeutet!). Es wird also für **abgeschlossene Vorgänge**, die sich **vor einem bestimmten Zeitpunkt in der Vergangenheit abgespielt haben, verwendet.**

MA MÈRE A REGARDÉ UN FILM QUE J'AVAIS DÉJÀ VU IL Y A DIX ANS...*

*Meine Mutter schaute sich einen Film an, den ich schon vor zehn Jahren gesehen hatte.

Andere Beispiele:

J'ai cassé *le vase que mon mari m'**avait acheté** pour mon anniversaire.*
Ich zerbrach die Vase, die mir mein Mann zum Geburtstag gekauft hatte.

*Comme Véro **avait étudié** l'anglais, elle **pouvait** travailler comme interprète de l'Union Européenne.*
Da Véro Englisch studiert hatte, konnte sie als EU-Dolmetscherin arbeiten.

Du merkst, dass das, was im Satz mit dem *plus-que-parfait* beschrieben wird, zeitlich immer vor dem passiert ist, von dem der andere Satz handelt, egal, in welcher Zeit der Vergangenheit dieser steht.

A 222 **Setze die folgenden Verben ins *plus-que-parfait*.**

1. je bois …	tu descends …	je suis …
2. nous savons …	ils offrent …	nous arrivons …
3. tu t'ennuies …	vous venez …	ils ont …
4. nous partons …	ils savent …	je veux …
5. tu t'amuses …	ils vont …	nous devons …
6. je me lève …	ils peuvent …	vous faites …
7. elle sort …	nous appelons …	il jette …
8. il attend …	nous mettons …	elle descend …
9. nous prenons …	elle meurt …	il plaît …
10. tu restes …	je deviens …	il suit …

A 223 **Übersetze.**

1. ich habe gedacht	du warst gewesen	er hatte gesungen
2. ich hatte gehabt	du hast gesagt	wir hatten geschrieben
3. ihr seid gekommen	er hatte sich amüsiert	du hattest dich gelobt
4. er war geworden	ich bin geschwommen	wir haben genommen
5. sie hatten gespielt	er hatte gelernt	du bist hinausgegangen
6. ich hatte getrunken	er hat gelesen	wir hatten gelacht
7. du bist abgereist	du hast verkauft	er hatte gekauft
8. sie hatte erhalten	ihr habt geantwortet	sie hatte sich interessiert
9. wir haben gewartet	du hattest gegessen	er ist gewesen

B 224 **Setze die Infinitive in die richtige Zeit. Ein Satz ist immer vorzeitig!**

1. Comme elle (recevoir) … une excellente éducation, elle (savoir) … toujours comment se comporter.
2. Toute sa vie, il (essayer) … d'être poli, mais à ce moment-là, il (perdre) … toute son éducation et il (gifler) … l'homme qui (le tromper) … .
3. On a offert à Michèle un livre qu'elle (déjà lire) … parce que sa mère (le lui acheter) … .
4. Elles (prendre) le métro en fin d'après midi parce qu'elles (déjà trop marcher) … .
5. Ma mère (aller) chercher le gâteau qu'elle (commander) … la veille.
6. Hier, Michèle (faire) … la connaissance d'Albert chez des amis où elle (habiter) … pendant son séjour à Vienne.
7. Martine (ne pas rendre) … les livres que Fabius (lui prêter) … .
8. Emile (regarder) … avec plaisir le tableau que tu (faire) … pour elle.
9. Comme nous (aller) … à pied, nous (arriver) … trop tard à la réunion.
10. Après le dîner, je (relire) … la lettre que je (écrire) … l'après-midi.
11. Cet été, il (faire) … beaucoup plus chaud que l'on (annoncer) … .
12. Elle (ne pas comprendre) … ce que le prof (lui expliquer) … longtemps.
13. Comme Jean-Marie (oublier) … de faire les courses, ils (devoir) … manger dans un restaurant avec leurs cinq enfants.
14. Les élèves (ne pas voir) … que le professeur (déjà entrer) … et (continuer) … à bavarder.

- Das *plus-que-parfait* brauchst du auch in der **indirekten Rede.** Wenn das **einleitende Verb in einer Zeit der Vergangenheit** steht, so wird das, was in der **direkten Rede** im ***passé composé*** zu finden ist, in der **indirekten** zum ***plus-que-parfait***.

  *Il a dit: «J'**ai vu** ton frère et nous **sommes allés** au café ensemble.»*
  *Il a dit qu'il **avait vu** mon frère et qu'ils **étaient allés** au café ensemble.*

- Auch im ***si*-Satz** ist das *plus-que-parfait* in Verwendung, nämlichen in den **irrealen Fällen der Vergangenheit**, in jenen Fällen also, in denen „schon alles zu spät" ist.

SI-SATZ	HAUPTSATZ
plus-que-parfait	*conditionnel passé (conditionnel II)*
*Si tu **étais venu(e)***	*nous aurions mangé ensemble.*
Wenn du gekommen wärst*,	hätten wir gemeinsam gegessen.
*S'il **avait fait** beau,*	*nous serions allés à la plage.*
Wenn es schön gewesen wäre,	wären wir an den Strand gegangen.

* Anders als im Französischen steht im deutschen „Wenn-Satz" der Konjunktiv! Lass dich bei einer Übersetzung vom Deutschen ins Französische daher nicht verwirren!

C NACHDEM – *APRÈS QUE*

Willst du das deutsche Bindewort (die Konjunktion) **nachdem** ausdrücken, musst du ***après que*** verwenden. Der damit **eingeleitete Satz** ist in Bezug auf den Hauptsatz immer **vorzeitig**, d.h., das Geschehen, das er beschreibt, liegt zeitlich vor dem des Hauptsatzes! *Après que* darf man nur benützen, wenn die Sätze, die verbunden werden, **verschiedene Subjekte** haben! Bei **gleichem Subjekt: Infinitivkonstruktion**!

Après que	***les deux s'étaient disputés,***	***il a quitté** la maison.*
	die beiden hatten gestritten	er verließ
Après que	***mon mari avait acheté** le livre,*	*mon fils **était** content.*
	mein Mann hatte gekauft	mein Sohn war

Aber: ***Après avoir acheté** le livre, mon mari l'**a lu** tout de suite.*
Nachdem **mein Mann** das Buch gekauft hatte, las **er** es sofort.
***Après s'être disputés**, les deux **ont ouvert** une bouteille de vin.*
Nachdem **die zwei** gestritten hatten, öffneten **sie** eine Flasche Rotwein.

D ALS – *QUAND*

Das deutsche **als** wird mit ***quand*** wiedergegeben. Der dazugehörige Hauptsatz kann **gleichzeitig** oder **vorzeitig** sein!

- **gleichzeitig**
  *Quand il **a passé** une semaine en Italie, il n'**a mangé** que des pâtes.*
  Als er eine Woche in Italien verbrachte, aß er nur Nudeln.

- **vorzeitig**
  *Quand il **a passé** une semaine en Italie, il **avait** déjà **terminé** son livre.*
  Als er eine Woche in Italien verbrachte, hatte er sein Buch schon beendet.

C 225

Setze die direkte Rede in die indirekte.

1. Bernard a raconté: «Mes grands-parents ont fait fortune et ils ont acheté cette maison pour ma mère qui me l'a laissée.»
2. Les Marlin ont dit: «Nous sommes arrivés à l'heure à la gare, mais après, nous n'avons pas trouvé de taxi et nous avons dû prendre le métro.»
3. Emilie nous a confié: «J'ai perdu les livres que j'ai empruntés à la bibliothèque. Je vais devoir les rembourser.»

C 226

Mach aus den Wortgruppen sinnvolle *si*-Sätze. (Fälle der irrealen Vergangenheit)

1. Mario / rouler plus lentement – il / ne pas payer 300 Euros.
2. Colette / ne pas devenir célèbre – elle / ne pas écrire ce roman
3. Isabelle / choisir de rester – elle / faire la connaissance de Camille
4. elle / dire la vérité – je / lui pardonner
5. tu / m'appeler – je / venir aussitôt

C 227

Übersetze.

1. Nachdem Nicolas uns vor den Gangstern gewarnt hatte, verließen wir sofort das Land. Nachdem wir das Land verlassen hatten, riefen wir ihn an.
2. Die Polizei konnte die Gangster verhaften, nachdem wir sie beschrieben hatten. Nachdem wir zurückgekehrt waren, forderte uns eine Zeitschrift auf zu erzählen, was wir erlebt hatten.
3. Nachdem wir den Bericht gelesen hatten, fragte ich mich, ob ich unser Abenteuer wirklich so erzählt hatte.

C 228

Verbinde die Infinitivgruppen mit *après* + Infinitivkonstruktion oder mit *après que*.

1. Nicole – sourire à Dominique au cours / il – l'inviter à boire un café
2. ce compositeur – terminer sa symphonie / il – se suicider
3. les invités – partir / Nicole et Mehdi – faire la vaisselle
4. Christelle – passer l'examen / elle – être soulagé
5. elle – lui parler / Cédric – devenir tout rouge
6. il – lire toute la nuit / il – dormir toute la journée

D 229

Setze die passende Zeit ein.

1. Marine (vendre) … la bague que Georges lui (acheter) … .
2. Quand je (arriver) … à la poste, ils (déjà fermer) … les portes.
3. Quand nous (voir) … notre prof, il (être) … déjà trop tard pour cacher nos cigarettes que nous (acheter) … la veille.
4. Quand notre prof (venir) … dans la cour, nous (déjà éteindre) … nos cigarettes.
5. Je (ne pas jamais recevoir) … les vêtements que je (commander) … par correspondance l'année dernière.
6. La victime (déjà mourir) … quand la police (arriver) … sur place.

20. KAPITEL	*LES ADJECTIFS ET LES PRONOMS POSSESSIFS* – Die besitzanzeigenden Begleiter und Fürwörter (Possessivpronomen)

A *LES ADJECTIFS POSSESSIFS*

Sie **begleiten das Nomen**, auf das sie sich beziehen, und werden mit ihm **in Geschlecht und Zahl übereingestimmt**, nachdem man festgestellt hat, wer der Besitzer ist. Sie **richten sich zuerst nach dem Besitzer** und dann **nach dem Besitz**.

		Besitz im Singular		Besitz im Plural
Besitzer im Singular	*je*	*mon*	*ma*	*mes*
	tu	*ton*	*ta*	*tes*
	il/elle	*son*	*sa*	*ses*
Besitzer im Plural	*nous*	*notre*		*nos*
	vous	*votre*		*vos*
	ils/elles	*leur*		*leurs*

Ausnahme: Beginnt ein weibliches Nomen mit einem **Vokal**, so steht **in jedem Fall die männliche Form des besitzanzeigenden Fürwortes**.

mon ami – mein Freund *mon amie* – meine Freundin

Da sich das *adjectif possessif* nach dem Geschlecht des Besitzes richtet, gibt es im Französischen folgende Situation:

sein Vater, ihr Vater	*son père*
seine Mutter, ihre Mutter	*sa mère*
seine Eltern, ihre Eltern	*ses parents*

- Ist man mit jemandem **per Sie**, verwendet man im Deutschen die **groß geschriebenen Anredefürwörter** (Ihr Auto, Ihre Kinder etc.), im Französischen aber die ***adjectifs possessifs*** der **2. Person Plural.**

Ah, vous êtes M. Gibert!	*C'est **votre** voiture?*	*Et ce sont **vos** enfants?*
Ah, Sie sind Herr Gibert!	Ist das **Ihr** Auto?	Sind das **Ihre** Kinder?

- **Die Übersetzung von Sie/sie**
  Problematisch für manche ist das Wort „ihr" bzw. „Ihr", da es im Französischen je nachdem, wer der Besitzer ist, unterschiedlich übersetzt wird.

Besitzer			
sie (3. P. Sg. f.)	ihr/ihre	*son, sa, ses*	*son père, sa mère, ses parents*
sie (3. P. Pl. m./f.)	ihr/ihre	*leur, leurs*	*leur père/mère, leurs parents*
Sie (Anredefürwort)	Ihr/Ihre	*votre, vos*	*votre père/mère, vos parents*

230

Verwende beim Beantworten der Fragen das richtige *adjectif possessif* oder setze es ein, wenn es in der Antwort fehlt.

1. Est-ce que ce sont les rollers de ta mère? – Oui, ce sont … rollers.
2. Qui est-ce, Véronique? Tu as un nouvel ami? – Oui, c'est … nouvel ami.
3. Avec … nouvel ordinateur Luc peut envoyer des mails à … amie de Londres.
4. Elle répond aussitôt à … mails et envoie les photos de … vacances ensemble.
5. Je téléphone à … parents chaque semaine car … mère aime bavarder.
6. Les Lévy passent … week-end en Normandie dans … maison de campagne. … voisins sont très gentils et surveillent la maison quand ils sont à Paris.
7. Nous avons perdu … clés dans la voiture de … amie Olivia.
8. Où est-ce que tu as posé … manteau? Il est dans … chambre?
9. Je rencontre … prof de tennis avec … copine tous les samedis.
10. Vous avez … carte d'embarquement, Madame?
11. Delphine a … robe coincée dans la portière. Et … chaussures sont trouées.
12. Nathan a perdu … lecteur MP3 à l'école. … maman est très fâchée.
13. Elle dit: «Ces filles m'énervent avec … téléphones portables et … histoires! … parents doivent payer des notes de téléphones énormes! … fille, elle aussi, téléphone des heures!»

231

Übersetze.

1. Sie zeigt uns ihr Zimmer und ihre CDs. (*montrer*)
2. Ist das sein Wasser?
3. Wir wollen mit unseren Freunden eine Woche in Ihrem Hotel verbringen. Können Sie uns Ihre Prospekte schicken? (*passer, envoyer*)
4. Seine Chefin wird ihn ihrem Mann und ihren Kindern vorstellen.
5. Können Sie mich Ihrem Mann und Ihren Eltern vorstellen?
6. Wir wollen unseren Freund Monsieur Perez besuchen. Wie ist seine Zimmernummer? Sein Vorname ist Georges.
7. Madame und Monsieur Maure treffen ihre Freunde vor dem Centre Pompidou. Ihre Tochter ist krank, weshalb sie ihre Eltern nicht begleiten konnte.
8. Unsere Professorin hat ihre Schlüssel in unserer Schule vergessen. Jetzt wartet sie vor der Türe auf ihren Sohn und korrigiert unsere Tests, um sich die Zeit zu vertreiben.
9. Mein Computer ist in Reparatur. Ich werde meine E-Mails bei meinem Nachbarn abrufen. (*en réparation, consulter*)

232

Übersetze die Sätze auf mindestens zwei Arten.

exemple: *Sie liebt ihre Schüler.* ► … **Elle aime ses élèves** …
… **Elle aime leurs élèves** …

1. Kommen Sie zu ihrem Fest?
2. Gebt mir ihre Bücher.
3. Ihr Sänger gefiel Ihren Gästen.
4. Ihre Freundinnen kauften ihre Bilder.

B LES PRONOMS POSSESSIFS

Die *pronoms possessifs* ersetzen das Wort, auf das sie sich beziehen (den „Besitz“ also) und werden, nachdem man **den Besitzer ermittelt** hat, wieder in **Geschlecht und Zahl mit dem Besitz übereingestimmt**.
(Achtung: Es gibt mehr *pronoms possessifs* als *adjectifs possessifs*!)

	Besitz im Singular		Besitz im Plural	
	masc.	*fém.*	*masc.*	*fém.*
ein Besitzer	*le mien*	*la mienne*	*les miens*	*les miennes*
	le tien	*la tienne*	*les tiens*	*les tiennes*
	le sien	*la sienne*	*les siens*	*les siennes*
mehrere Besitzer	*le nôtre*	*la nôtre*	*les nôtres*	
	le vôtre	*la vôtre*	*les vôtres*	
	le leur	*la leur*	*les leurs*	

C'est ***ton vélo****? – Non, c'est* ***le sien****.*
Ist das dein Rad? Nein, das ist ihres/seines.
Ce sont ***ses sœurs****? – Oui, ce sont* ***les siennes****.*
Sind das ihre/seine Schwestern? – Ja, das sind ihre/seine.
Prenez ***mon gâteau*** *et donnez-moi* ***le vôtre****.*
Nehmt meinen Kuchen und gebt mir euren!
Nehmen Sie meinen Kuchen und geben Sie mir Ihren!

Diese Pronomen werden also wie die deutschen verwendet, man muss jedoch achtgeben, **wer der Besitzer ist und welches Geschlecht und welche Zahl der „Besitz“ hat!**

Diese Kinder, sind das **ihre**? (die der Frau dort)
Ces enfants, ce sont ***les siens****?*
Diese Kinder, sind das **Ihre**? (die von Ihnen, Herr Dupris)
Ces enfants, ce sont ***les vôtres****?*
Diese Kinder, sind das **ihre**? (die von den Leuten dort)
Ces enfants, ce sont ***les leurs****?*

ACHTUNG!
Geht dem *pronom possessif* ein ***à*** oder ein ***de*** voran, so verschmelzen diese mit den Artikeln *le* und *les*.

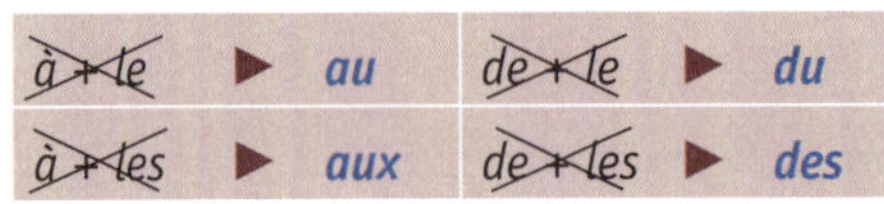

~~à + le~~	▶	*au*	~~de + le~~	▶	*du*
~~à + les~~	▶	*aux*	~~de + les~~	▶	*des*

Je vous félicite au nom de mes collègues et ***au mien.***
Je m'occupe de mes affaires, tu t'occupes ***des tiennes****.*
Max s'intéresse aux jouets de ses sœurs, pas ***aux siens****.*

233

Beantworte die Fragen, indem du das richtige *pronom possessif* verwendest.

exemple: *Ces livres sont à Justine? (oui; non, ceux de mes parents)* ▶
… Oui, ce sont les siens …
… Non, ce sont les leurs …

1. Tu as déjà lu les articles? (oui, ceux qui viennent du prof d'anglais)
2. Ces voitures, elles sont à vous? (non, à mes parents; oui)
3. Ce sont les exercices de vos enfants? (oui)
4. Ce sont vos enfants, M. et Mme Bertrand? (oui; non, ceux d'Yves)
5. Dis, Jean, ce sont nos billets de train? (oui; non, ceux de ma cousine)
6. Cette imprimante appartient à Jules? (non, à moi)
7. C'est la machine à coudre de Julie? (oui; non, ma machine)
8. Ces biscuits sont pour moi? (oui)
9. C'est ta planche à roulettes? (non, la planche à roulettes de Xavier)
10. Cette place est réservée pour elle? (oui)
11. Ces souris sont à vous? (non, à mes filles)
12. J'ai trouvé un parapluie. Il t'appartient? (oui)
13. Et cet imperméable aussi? (non, l'imperméable est à ma grand-mère; oui)

B

234

***Pronoms possessif* oder *adjectif possessif*?**

1. Je ne pourrai pas venir chez toi. J'ai … cours de violon. … prof de violon est gentille, mais j'envie … frère parce que la … est encore plus gentille.
2. Roland a invité … amie chez … parents parce que les … ne sont pas à la maison.
3. Mes élèves ne sont pas arrivés à l'heure parce que … bus est tombé en panne. Le … est arrivé en retard aussi parce qu'il n'avait plus d'essence. Quel hasard!
4. Paul a déménagé. … nouvel appartement est à deux pas du … . Maintenant, nous sommes voisins et nous faisons … courses ensemble. … quartier est très agréable. Et … enfants jouent souvent ensemble. Ils sont très heureux de … nouvelle vie. Les … sont nés ici.
5. Maman dit: «Voici … billets de train. Jean, … place est à côté de la fenêtre; Lucie, la … est côté couloir. Vous pouvez déposer … bagages à l'entrée du compartiment.»

235

Übersetze.

1. Er hat meine Bücher und seine eingepackt. (*ranger*)
2. Nehmen Sie meine Tasse und geben Sie mir Ihre/ihre/ihre.
3. Da er seine Sonnencreme vergessen hatte, bediente er sich der meinen. (*se servir de*)
4. Sie hat ihre Schlüssel behalten und ihre zurückgegeben (die von den anderen). (*garder, rendre*)
5. Die beiden sprachen mit ihrem Chef von ihren Projekten und von meinen.
6. Diese Woche passt ihr auf unsere Kinder auf und wir auf eure nächste Woche.

21. KAPITEL	*LE PRÉSENT* – Die Gegenwart (Präsens)

A BILDUNG

Stamm	je	tu	il/elle	nous	vous	ils/elles	außer:
-er	-e	-es	-e	-ons	-ez	-ent	je/tu veux/peux;
-ir, -re, -oir	-s	-s	-t (d)				vous dites, vous êtes, vous faites

Bei den **Verben auf -er** gibt es nur ganz wenige Rechtschreib-Ausnahmen, die Stämme ändern sich nicht.

B VERBEN AUF -IR

	mit Stammerweiterung	ohne Stammerweiterung	wie Verben auf -er
	finir	*sortir*	*ouvrir*
je	finis	sors	ouvre
tu	finis	sors	ouvres
il	finit	sort	ouvre
nous	finissons	sortons	ouvrons
vous	finissez	sortez	ouvrez
ils	finissent	sortent	ouvrent
	choisir, réagir, remplir	partir, dormir, servir	offrir, couvrir

unregelmäßige Stämme: ***venir*** *(je/tu viens, il vient, nous venons, ils viennent)*
tenir *(je/tu tiens, il tient, nous tenons, ils tiennent)*

C VERBEN AUF -RE

	regelm.	im Sg. regelm.		regelm. auf -dre	unregelm. auf -dre
	rire	*lire*	*boire*	*rendre*	*prendre*
je/tu	ris	lis	bois	rends	prends
il	rit	lit	boit	rend	prend
nous	rions	lisons	buvons	rendons	prenons
vous	riez	lisez	buvez	rendez	prenez
ils	rient	lisen-	boivent	rendent	prennent

D VERBEN AUF -OIR

devoir *(je dois; nous devons, ils doivent)*
pouvoir *(je peux, ils peuvent)*
vouloir *(je veux, nous voulons, ils veulent)*
savoir *(je sais, nous savons)*
recevoir *(je reçois, nous recevons, ils reçoivent)*

E *AVOIR, ÊTRE* UND *ALLER*

avoir		*être*		*aller*	
j'ai	*nous avons*	*je suis*	*nous sommes*	*je vais*	*nous allons*
tu as	*vous avez*	*tu es*	*vous êtes*	*tu vas*	*vous allez*
il a	*ils ont*	*il est*	*ils sont*	*il va*	*ils vont*

F *L'IMPÉRATIF* – DIE BEFEHLSFORM (IMPERATIV)

Befehl an ein **Du**	1. P. Singular	*Viens. Tais-toi. Ne parle pas.*
Befehl an ein **Sie**	2. P. Plural	*Venez. Taisez-vous.*
oder an **mehrere**		*Ne parlez pas.*
Befehl **an uns** selbst	1. P. Plural	*Venons. Taisons-nous.*

236

Setze statt der Infinitive die richtigen Personalformen ein.

1. Vous (désirer) ..., monsieur? – Je (prendre) ... encore un steak bien brûlé avec des frites froides. – Je (être) ... désolé, mais nous ne (servir) ... pas ce genre de plat. – Mais c'est ce que votre collègue (venir) ... de me servir.
2. Max (s'approcher) ... d'un pêcheur. – Vous ne (voir) ... pas qu'il est interdit de pêcher? – Je ne (pêcher) ... pas, j'(apprendre) ... à nager à mon ver.
3. Deux dames (demander) ... à un vieux docteur: (Dire) ... monsieur, est-ce vrai que l'abus de l'alcool (rendre) ... sourd? – Qu'est-ce que vous (vouloir) ... savoir? (répondre) ... le docteur en leur tenant l'oreille.
4. Comment (faire) ... vous monter quatre chevaux dans une voiture? – Je n' (avoir) ... aucune idée. – Deux à l'avant et deux derrière.
5. Ce que j'(adorer) ... en Pierre, dit ma fille, c'(être) ... qu'il (avoir) ... les yeux bruns de sa mère et le coupé Mercedes de son père.

237

Setze die richtigen Formen ein.

1.	(venir) je ...	(être) nous ...	(savoir) je ...	(avoir) tu ...
2.	(arriver) ils ...	(se taire) je ...	(lire) vous ...	(boire) nous ...
3.	(prendre) nous ...	(tenir) ils ...	(comprendre) tu ...	(écrire) nous ...
4.	(parler) tu ...	(choisir) ils ...	(finir) je ...	(ouvrir) tu ...
5.	(sortir) je ...	(partir) ils ...	(entrer) vous ...	(dire) nous ...
6.	(aller) je ...	(venir) ils ...	(terminer) tu ...	(faire) vous ...
7.	(devoir) nous ...	(falloir) il ...	(vouloir) je ...	(pouvoir) ils ...
8.	(mettre) je ...	(vendre) tu ...	(vouloir) ils ...	(devoir) il ...
9.	(réagir) nous ...	(sentir) tu ...	(couvrir) il ...	(conduire) il ...
10.	(battre) je ...	(croire) il ...	(connaître) nous ...	(plaire) ils ...
11.	(suivre) tu ...	(vivre) nous ...	(dormir) je ...	(aller) ils ...
12.	(offrir) il ...	(pouvoir) je ...	(servir) vous ...	(recevoir) tu ...
13.	(payer) ils ...	(devoir) ils ...	(dire) nous ...	(fermer) je ...
14.	(prendre) je ...	(faire) tu ...	(savoir) vous ...	(voir) je ...

22. KAPITEL — *LES PRONOMS RELATIFS* – Die bezüglichen Fürwörter (Relativpronomen)

Die „**bezüglichen Fürwörter**" sind Wörter, die sich auf ein Wort „beziehen" und dieses **ersetzen.** Sie leiten Gliedsätze ein und beziehen sich auf ein Nomen (oder einen Namen) des übergeordneten Satzes.
Die bezüglichen Fürwörter im Deutschen heißen **der, die, das (welcher, welche, welches)** und können in alle Fälle gesetzt werden.
(Peter, **der** ...; das Auto, mit **dem** er kommt ...; die Dame, mit **der** er ausgeht ...)

Im Französischen unterscheidet man **einfache unveränderliche Pronomen** (*les formes simples invariables*) und **zusammengesetzte Formen**, die je nach **Geschlecht und Zahl** veränderbar sind (*les formes composées variables en genre et en nombre*).

	Personen	Sachen
Subjekt	*qui*	
Marie qui est gentille ... / Ce film qui est intéressant ...		
direktes Objekt	*que*	
Marie que nous aimons bien ... / Ce film que je trouve intéressant ...		
mit allen **Präpositionen** (außer *de und à)*	***avec qui***	***avec lequel/laquelle*** ***avec quoi***
Marie avec qui je sors ... / Ce livre pour lequel j'ai beaucoup travaillé ... / C'est tout ce avec quoi je veux vivre.		
mit *à*	***à qui***	***auquel/à laquelle/*** ***auxquels/auxquelles*** ***à quoi***
Marie à qui je pense souvent ... / Le livre auquel je pense ... / Le livre, c'est tout ce à quoi il pense.		
mit *de*		
als **Ergänzung zum Verb**	***dont***	
Marie dont je parle souvent ... / Le livre dont je parle souvent ...		
als **Ergänzung zu *être+adjectif***	***dont***	
Marie dont il est amoureux ... / Le livre dont je suis content ...		
als **Ergänzung zu Nomen** (ohne Präposition)	***dont***	
Marie dont les parents habitent ... / Le livre dont les images sont belles ... *Marie dont je connais le frère ... / Le livre dont je suis l'auteur ...*		
zusammengesetzte Präpositionen mit *de*	***de qui***	***duquel/de laquelle*** ***desquels/desquelles***
Marie en face de qui j'habite ... / Le livre à côté duquel ...		

Nur für Könner! Sonst erst am Ende lösen.

238 Setze die richtigen Pronomen ein.

1. Sylvie me présente à un ami	elle n'aime pas trop la femme.
	le fils est affreux.
pour	elle a organisé une fête.
	travaille comme facteur.
à côté	un acteur connu habite.
2. Pierre a acheté une maison	a coûté très cher.
	le toit ressemble à un moulin.
dans	il y a une cheminée.
	est située à la campagne.
en face	il y a un lac.
3. J'ai rencontré une copine	habite Chaville.
avec	je suis allée au lycée.
	le prénom est Christelle.
	le fils s'appelle Charles.
pour	j'ai beaucoup d'estime.
4. Je suis montée dans une voiture	m'attendait.
	la porte gauche était enfoncée.
	je ne connais pas le conducteur.
près	un homme observait la rue.
	était rose.
	on recherche maintenant.
5. Ils quittent la maison	ils ont vécu depuis dix ans.
	ils ont achetée il y a dix ans.
	le père va habiter seul maintenant.
derrière	il y a un grand jardin.
	ils aiment bien le jardin.
	le jardin est vraiment beau.

239 Übersetze.

1. Die Gruppe, die du schon einmal gesehen hast, präsentierte ihre neue CD, mit der sie sehr zufrieden ist.
2. Die beiden haben einige Probleme, über die sie nicht reden und die sie gerne ignorieren würden.
3. Wir luden einen Freund ein, der vier Kinder hat und dessen Frau eine Autorin ist, die bei uns jeder kennt.
4. Sie unterrichtet in einer Schule, in deren Klassen viele Schüler sind, die individuelle Hilfe brauchen würden.
5. Das ist genau das, was ich brauche, worauf ich Lust hätte.

A QUI

Qui vertritt **männliche oder weibliche Wörter (Personen und Dinge) in der Einzahl oder in der Mehrzahl**. Es ist **Subjekt** des Gliedsatzes.

*C'est Véro. **Véro** est mon amie.*	*Je lui achète un pull. **Le pull** est cher.*
*C'est Véro **qui** est mon amie.*	*Je lui achète un pull **qui** est cher.*
*J'attends mes amis. **Ils** arrivent à midi.*	*Ils apportent des fleurs. **Elles** sont belles.*
*J'attends mes amis **qui** arrivent à midi.*	*Ils apportent des fleurs **qui** sont belles.*

Dass man nur ***qui*** verwendet, bedeutet nicht, dass es nur eine Personalform gibt! Man muss also genau unterscheiden, **wen oder was das *qui* vertritt**!

Bezieht sich *qui* auf eine unverbundene Form des Personalpronomens (*moi, toi, lui, elle*), richtet sich die Personalform nach der jeweiligen Person und Zahl des Personalpronomens!

B QUE

Que ersetzt ebenfalls **männliche oder weibliche Personen und Sachen in der Einzahl oder Mehrzahl.** Es ist das **direkte Objekt des Relativsatzes**.

*Véro est **une jolie femme**. Jean admire **cette femme**.*
*Véro est une jolie femme **que** Jean admire.*
*Elle lit beaucoup de livres. Elle **les** revend ensuite.*
*Elle lit beaucoup de livres **qu'**elle revend ensuite.*
*Elle me montre ses CD. Elle a acheté **ces CD** hier.*
*Elle me montre ses cassettes **qu'**elle a achet**ées** hier.* *

* **1.** Vor einem Vokal steht nur ***qu'***. *(qu'elle ...)*
2. Da das **direkte Objekt** nun in Form eines Relativpronomens **vor dem *participe passé*** steht, wird dieses **übereingestimmt**!

Weißt du nicht, ob du ***qui*** oder ***que*** verwenden sollst, prüfe, ob der Satz schon ein Subjekt hat. Hat er eines, muss ***que*** gehören! Hat er keines, setzt du ***qui*** ein!

*C'est Marie **...** parle beaucoup.* (... **die** viel spricht) kein Subjekt ▶ ***qui***	*C'est Marie **...** nous aimons bien.* (... **die** wir gern haben) Subjekt = *nous* ▶ ***que***
*J'attends Marie **...** aime Jean aussi.* (... **die** Jean auch mag) Wer mag Jean? ▶ **die** = Subjekt = ***qui***	*J'attends Marie **...** Jean aime aussi.* (... **die** Jean auch mag.) **Wen** mag Jean? ▶ Marie = Objekt = ***que***

Im Französischen steht **das Subjekt vor der Personalform!** Daher ist im ersten Satz Marie die, die etwas tut, im zweiten Satz ist es Jean.

Verbinde die Sätze zu einem Satzgefüge, indem du *qui* verwendest.

exemple: *J'ai écrit un roman. Il va être traduit en anglais.* ▶
... J'ai un roman qui va être traduit en anglais ...

1. J'habite dans un studio. Il est grand comme une maison de poupées.
2. Jérôme répare une mobylette. Elle est toute rouillée!
3. Alice porte une valise. Elle est plus lourde qu'elle.
4. Saint-Exupéry a écrit un conte. Le conte s'appelle «Le Petit Prince».
5. Son grand-père possède un bateau. Il a navigué sur toutes les mers.
6. Elle a un problème. Ce problème l'ennuie beaucoup.

241 *qui* oder *que*?

1. La fille ... tu vois, c'est ma voisine du dessus.
2. Elle a une voiture ... est très vieille.
3. Ils posent toujours des questions ... dérangent.
4. Le bus ... je prends passe toutes les cinq minutes.
5. Le bus ... arrive va vers Versailles.
6. L'homme ... t'a suivi hier dans la rue, peux-tu le décrire?
7. Je pense au voyage ... nous allons faire à la Réunion.
8. Marseille est une ville ... je ne connais pas beaucoup.
9. C'étaient deux professeurs ... j'ai rencontrés dans une boîte de nuit.

Verbinde die Sätze zu einem Satzgefüge, indem du *qui* oder *que* verwendest.

exemple: *Je regarde une jeune fille. **Elle** vend des fleurs.* ▶
... Je regarde une jeune fille qui vend des fleurs ...
*Je regarde une jeune fille. Je connais **cette fille**.* ▶
... Je regarde une jeune fille que je connais ...

1. Il vient d'acheter un scooter. Le scooter va plaire à son fils.
2. J'ai acheté un portable. C'était le moins cher du marché.
3. Elle s'est fait un sandwich. Elle va manger le sandwich à midi.
4. C'est un jeune homme studieux. Il ira loin.
5. J'ai croisé un acteur. J'ai vu cet acteur dans un bon film.
6. Marc rend visite à sa grand-mère. Sa grand-mère est à l'hôpital.
7. Je fais une croisière. J'ai gagné cette croisière à un jeu télévisé.
8. Tu t'occupes du courrier. Je n'ai pas eu le temps de traiter ce courrier hier.

Füge das richtige Pronomen und die richtigen Verbformen ein.

1. C'est moi ... (ne pas vouloir; impf.) rester à la maison.
2. Où est la viande que ... (tu, acheter; p. c.)?
3. C'est vous ... (faire; p. c.) un tel bruit?
4. Voilà la fille ... (il, inviter; p. c.) hier.
5. Ce sont les chaussures ... (ma sœur, vendre, p. c.) au marché aux puces.
6. C'est toi ... (ouvrir, p. c.) la fenêtre de la cuisine?

C CE QUI – CE QUE

Fehlt im übergeordneten Satz das Bezugswort oder ist es ***tout***, so verwendest du im Relativsatz ***ce qui* oder *ce que*.** Diese beiden Formen treten auch als *pronoms interrogatifs* auf, als Fragewörter, die eine indirekte Frage einleiten. (Siehe Seite 90)
Da es für dich gleichgültig ist, wie ein Wort genannt bzw. in welcher Funktion es verwendet wird, nehmen wir bei den folgenden Erklärungen alle Satzarten zu Hilfe, bei denen *ce qui* oder *ce que* gebraucht werden kann.

Ce qui ist **Subjekt des Satzes,**	*ce que* das **direkte Objekt.**
deutsche Übersetzung: **was**	deutsche Übersetzung: **was**
Wenn **„was" als Subjekt** verwendet wird, folgt die **Personalform**!	Wenn **„was" als direktes Objekt** verwendet wird, folgt das **Subjekt**!
***Ce qui** intéresse ces enfants, c'est la télé.*	***Ce que** tu dis, c'est intéressant.*
Subjekt + Personalform	**dir. Objekt + Subjekt**
Was diese Kinder interessiert, ist das Fernsehen.	Was du sagst, ist interessant.

Achtung: ***Ce qui** nous **intéresse**, ce sont les vacances.*
Nous ist hier **Objektvertreter**, der **vor die Personalform** gesetzt wird.
Der Satz hat ***ce qui* als Subjekt**, was man **an der Personalform sieht**! Die deutsche Übersetzung zeigt das deutlicher: Was **uns** interessiert, sind die Ferien.

Ce qui und ***ce que*** werden auch oft **nach *tout*** verwendet, was dann **„alles, was"** heißt. Die Regeln der Verwendung bleiben gleich:

Tout ce qui	*intéresse*	*Mémé,*	***Tout ce que***	*Mémé*	*fait,*
Subjekt	Personalform	dir. Objekt	dir. Objekt	Subjekt	Personalform
c'est la théorie de la relativité.			*c'est lire et apprendre.*		

- Willst du jedoch **„nicht alles, was ..."** ausdrücken (zB „Es ist nicht alles Gold, was glänzt"), so sagst du: *„Tout ce qui brille **n**'est **pas** d'or!"* Du verneinst einfach das Verb!

D À QUI – AVEC QUI – POUR QUI

Verbindest du ein **Relativpronomen,** das eine **Person** vertritt, mit einer **Präposition**, so setzt du diese ganz einfach **vor *qui***!

Voilà notre prof	***pour qui***	*je ferais tout.*
	avec qui	*je passe tout mon temps.*
	à qui	*toutes les femmes s'intéressent.*

Ist die Präposition ***de***, so verwendet man statt ***de qui*** eher das Pronomen ***dont***, über das du etwas später Genaueres erfährst. (Vgl. Seite 158 ff.)

Übersetze. (Achtung: Übereinstimmung des *participe passé* kann nötig sein!)

1. Wir haben das Haus gekauft, das unsere Nachbarn verkauft haben.
2. Wir haben jetzt einen großen Garten, den die Kinder lieben.
3. Ich habe die Bücher gefunden, die ich gesucht habe.
4. Nimm den Bus, der bei unserem Haus vorbeifährt! (*passer*)
5. Julia hat den Schal verloren, den ich ihr zum Geburtstag geschenkt habe.
6. Sie sieht sich die DVD an, die sie gestern gekauft hat.

C
245

ce qui* oder *ce que?

1. Elle nous observe souvent. ... lui plaît, c'est de raconter ... nous faisons.
2. Ma grand-mère est en train de vendre tout ... nous lui avons acheté comme cadeaux.
3. ... me plaît, ne plaît pas aux enfants.
4. Là-bas, les jeunes peuvent faire ... intéresse les jeunes de leur âge.
5. ... m'énerve par dessus tout, ce sont les gens qui se croient tout permis.
6. Elles n'ont pas écouté ... le prof a dit, ... leur a valu un sermon.
7. ... les a enchantés dans ce voyage, c'est la nourriture exotique.

qui – qu(e) – ce qui – ce que?

1. Notre voisin est un homme ... n'aime pas sa vie. Il se dispute avec chaque personne ... il rencontre et il se moque de tout ... il voit chez les autres.
2. Jules mange ... est dans le frigo quand il rentre de l'école.
3. Je ne vois pas ... vous empêche de rentrer à l'heure.
4. Vous me montrerez les mails ... vous avez reçus?
5. Je vais t'envoyer un prospectus ... va te plaire.
6. Les films ... il a enregistrés ne me plaisent pas.
7. Aujourd'hui, c'est nous ... préparons le dîner.
8. La voiture ... j'ai louée ne démarre pas.
9. Tout ... tu peux faire, c'est attendre le dépanneur.

Übersetze.

1. Der Direktor sagte zu dem Buben, den er befragte: „Sag mir alles, was du weißt und was du gesehen hast. Beschreibe mir die Menschen, mit denen du gesprochen hast."
2. Sie zeigt mir den Schauspieler, mit dem sie gesprochen hat und den sie nach seiner Adresse gefragt hat.
3. Sein Bruder, der in Amerika lebt und den er heute treffen wird, weiß immer, was er will.
4. Er ist derjenige, für den sich die anderen interessieren, den viele Leute bewundern und für den die Eltern alles tun, was sie können.
5. Das ist der Mann, dem Opa sein altes Auto verkauft hat!
6. Ein Kannibale fragt vor dem Abendessen seine Frau: „Ist es jemand, den wir kennen?"

E QUOI

Das neutrale Relativpronomen *quoi* bezieht sich auf Wörter wie **es, etwas, nichts, alles** **(*ce, quelque chose, rien, tout*)**.

Ce avec quoi *je dois vivre.*	Das, womit ich leben muss.
Tout ce à quoi *il s'intéresse coûte cher.*	Alles, wofür er sich interessiert, ist teuer.
Il n'y a ***rien à quoi*** *il s'intéresse.*	Es gibt nichts, wofür er sich interessiert.

Ist die Präposition ***de***, so verwendet man auch hier statt ***de quoi*** eher die Form ***dont***. (*Tout ce dont il parle …* alles, worüber er spricht)

F OÙ

Où kann **Ortsbestimmungen und Zeitbestimmungen** vertreten:

dans le cinéma ***où*** *on donne ce film …*
au moment ***où*** *il est arrivé …*

Es kann **allein** (siehe oben) oder **mit einer Präposition** stehen!

le pays ***d'où*** *je viens …*	das Land, aus dem ich komme …
l'endroit ***jusqu'où*** *nous allons …*	der Platz, bis zu dem wir gehen …

G LEQUEL – LAQUELLE – LESQUELS – LESQUELLES

- ***lequel*** **etc. nach Präpositionen** (außer *à* und *de*)
  Bezieht sich das Relativpronomen auf **Sachen** und steht **vor ihm eine Präposition**, verwendet man die **zusammengesetzten Formen des Relativpronomens**. Sie **richten sich in Geschlecht und Zahl nach dem Nomen, auf das sie sich beziehen**!

Präposition ***pour, avec, dans*** etc. ►	Singular		Plural	
	masc.	*fém.*	*masc.*	*fém.*
	lequel	*laquelle*	*lesquels*	*lesquelles*

Je connais la ville ***dans laquelle*** *elle habite.* (auch *où* möglich) (… in der …)
Elle porte des pulls ***sur lesquels*** *il y a de grandes fleurs.* (… auf denen …)

- ***lequel*** **etc. nach der Präposition *à***
  Hier **verschmilzt die Präposition *à*** mit den bestimmten Artikeln ***le*** **und *les***.

à ►	Singular		Plural	
	masc.	*fém.*	*masc.*	*fém.*
	auquel	*à laquelle*	*auxquels*	*auxquelles*

le pays ***auquel*** *je pense*
la chose ***à laquelle*** *je pense*
les livres ***auxquels*** *je pense*
les chansons ***auxquelles*** *je pense*

Beim Vokabellernen unbedingt den Artikel mitlernen!

248

qui, que oder *quoi*?

1. La femme ... tricote sur le banc, c'est ma tante Marcelle.
2. Si tu me dis de ... il est question, je pourrais t'aider.
3. Le médecin ... me soigne à fait ses études en Autriche.
4. Le film ... tu m'as recommandé ne m'a pas fasciné.
5. Tu rêves à ... quand tu es si pensif?
6. Je ne connais pas l'homme ... a frappé.
7. Je n'ouvre pas aux gens ... je ne connais pas.
8. Je ne sais pas avec ... je reviendrai du travail demain.
9. Dis-moi ce à ... tu penses, je te donnerai mon avis.
10. La route ... passe devant la maison est une voie sans issue.
11. La voiture ... Véro a achetée est un diesel.
12. J'ai mis les coquillages ... j'ai ramassés hier sur la plage dans mon aquarium.
13. J'ai revu les amis avec ... nous sommes partis en Égypte l'année dernière.

249

Verbinde die Sätze mittels Relativpronomen zu Satzgefügen.

exemple: *Je vais vous montrer Paris. J'habiterai **à Paris** pour une année.* 
Je vais vous montrer Paris où j'habiterai ...

1. J'aimerais habiter dans le quartier Latin. **Ici** se trouve la Sorbonne.
2. Je te présente un de mes profs. J'apprécie **ce prof** vraiment.
3. C'est un tableau de Marc Chagall. **Ce tableau** représente un violoniste.
4. J'adore cette région. On **y** trouve beaucoup de spécialités fromagères.
5. J'aime me promener dans ce quartier. Il **y** a beaucoup de petits cafés et restaurants.
6. J'adore cette musique. J'écoute **cette musique** pour m'endormir.
7. Elle chatte souvent avec Sonia sur MSN. **Sonia** est son amie d'enfance.
8. J'ai acheté la robe noire. J'avais essayé **cette robe** hier.
9. Carole a acheté une guitare. **Elle** a appartenu à un grand guitariste.
10. J'ai maintenant un hérisson. Gilles a trouvé **le hérisson** dans le jardin.

G
250

Übersetze.

1. Die Geschenke, mit denen der Vater ankam, gefielen allen.
2. Da ist eine Karte der Region, ohne die du nicht wegfahren solltest.
3. Die Wand, gegen die er sich lehnt, ist gerade frisch gestrichen worden.
4. Das sind Länder, in die man im Moment nicht fahren sollte.
5. Sie hatten Ideen, für die es sich zu kämpfen lohnt.
6. Gib mir die zwei Zeitschriften, in denen du die Artikel über Dr. Tomatis gelesen hast.
7. Er half ihm, den Computer, für den er nur wenig bezahlt hatte, zu installieren.
8. Wie heißt der Fluss, an dem London liegt?
9. Der Einbrecher zerbrach das Fenster, durch das er ins Haus stieg, nicht.
10. Der Sessel, auf dem du sitzt, hat nur drei Beine. (*ne ... que*)

- ***lequel* etc. nach der Präposition *de***

		Singular		Plural	
		masc.	*fém.*	*masc.*	*fém.*
de	►	*duquel*	*de laquelle*	*desquels*	*desquelles*

Diese Formen werden bei **zusammengesetzten Präpositionen** verwendet, das heißt bei Präpositionen, die aus „Präposition + *de*" bestehen. Dies sind zB:

à côté de	neben, an der Seite von	*près de*	nahe bei, neben
à gauche de	links von	*à droite de*	rechts von
en face de	gegenüber von	*au fond de*	hinten in
au cours de	in (dessen, deren) Verlauf	*le long de*	entlang

Je te montre le village près duquel nous habitons maintenant.
Voilà notre maison en face de laquelle il y a une grande forêt.

„Die Dame, **neben der** ich sitze, hat ein berauschendes Parfum" heißt:
La dame à côté de qui je suis assis porte un parfum enivrant.
Hier wird ***qui*** verwendet, weil es sich um eine Person handelt.
(... *à côté de laquelle* ... zu sagen, wäre nicht falsch, es ist jedoch einfacher, sich zu merken, dass man **bei Personen *qui*** verwendet!)

Eine andere, aber eher seltene Art der Verwendung findet sich in Sätzen wie:

La maison sur le toit de laquelle il y a un nid de cigogne ...
Das Haus, **auf dessen Dach** ein Storchennest ist ...
Voilà les Dupont dans la voiture desquels il y avait une vache ...
Das sind die Duponts, **in deren Auto** eine Kuh war ...

„Dessen" und „deren" sind hier Beifügungen **zu einem Nomen mit Präposition**, weshalb man also die Formen *duquel, de laquelle, desquels* und *desquelles,* je nach Geschlecht und Zahl des Wortes, auf das sich „dessen/deren" bezieht (*la maison ... de laquelle*), verwendet.

Zusammenfassung

lequel, laquelle, lesquels, lesquelles sind zusammengesetzte Relativpronomen, die

- **nach Präpositionen** verwendet werden
- sich **auf Dinge** beziehen
- mit ihrem Bezugswort in Geschlecht und Zahl **übereingestimmt** werden
  (Les tableaux pour lesquels je cherche un cadre ...)

- nach ***à*** kommt es zu folgenden Formen: *auquel, à laquelle, auxquels, auxquelles*
  (Les films auxquels je pense ...)

- nach ***de***: *duquel, de laquelle, desquels, desquelles*
  Verwendung dieser Formen nach zusammengesetzten Präpositionen ...
  (Le cinéma près duquel j'habite ...)
  und als „dessen" und „deren" vor einem Nomen mit Präposition.
  (La maison sur le toit de laquelle s'est posé un hélicoptère ...)

G 251

***lequel* … oder *auquel* … oder gar *à qui*?**

1. L'acteur … mon ami aime se comparer est beaucoup plus fort que lui.
2. Il déteste les situations … il n'est pas habitué.
3. Tous les pays par … mes parents sont passés étaient beaux.
4. Les idées … il croit sont dépassées.
5. Les questions … les étudiants devaient répondre étaient difficiles.
6. Mon petit frère a fait un gâteau … il n'a pas ajouté de sucre.
7. Ce sont des mesures contre … il faudrait lutter.
8. C'est un homme … je fais confiance.
9. La nourrice … Véro confie sa fille est originaire du Cameroun.
10. Les preuves … tu fais allusion n'existent pas.
11. Le cahier sur … j'ai écrit ne m'appartient pas.

G 252

***duquel – de laquelle – desquels – desquelles*. Setze die richtige Form ein.**

1. Leur maison près … il y a un grand lac est magnifique.
2. L'hôtel à côté … sa voiture est garée a brûlé!
3. Les arbres près … nous nous sommes assis ont mille ans.
4. Montre-moi l'exercice à cause … tu as eu une mauvaise note.
5. J'ai perdu la clé au bout de … j'avais accroché un porte-bonheur.
6. Les immeubles en face … Cédric vit appartiennent à l'ONU.
7. La note au-dessus … Tarek est accepté dans cette école est 14/20.

G 253

Verbinde die Sätze mittels zusammengesetzter Pronomen.

1. C'est une mauvaise proposition. Il ne faut pas revenir sur cette proposition.
2. J'ai passé une semaine en Italie. Au cours de cette semaine, j'ai lu cinq livres.
3. Je me souviens bien de cette réunion. Mon portable a sonné pendant cette réunion.
4. La maison a appartenu à Malraux. Claude est assis sur la fenêtre de la maison.
5. C'est une nouvelle vie. Il faut s'habituer à cette nouvelle vie.
6. Il y a un tas de feuilles au fond du jardin. Une famille d'écureuils vit sous ce tas de feuilles.
7. Voici des gouttes. Grâce à ces gouttes tu n'auras plus mal aux yeux.

G 254

Übersetze.

1. Das sind die Filme, in deren Verlauf jedes Mal der Polizist der Verbrecher ist, die uns das Fernsehen präsentiert, an deren Ende wir gelangweilt sind, mit denen niemand zufrieden ist …
2. Das ist meine Mutter, die sehr gut kochen kann, bei der ich gerne esse, die wir gerne besuchen, die man mag, an die sich alle meine Freunde erinnern, mit der ich oft ausgehe …
3. Das sind die Briefe, auf deren Umschlag sie Tränen fallen ließ, in denen sie ihm ihre Liebe gesteht, die sie schließlich in ihrem Schreibtisch vergaß … (*laisser couler des larmes; avouer son amour à qqn; le bureau*)

H DONT

Dont ist ein **unveränderliches Pronomen**, das sich auf **Personen, Sachen und Wörter wie *ce, tout, rien*** etc. bezieht. Diese Form entspricht *de qui, duquel, de laquelle* etc., wird aber viel häufiger als diese Formen gebraucht.

1 *Dont* bei einem Verb, das die Präposition *de* verlangt.

parler de	*je parle de mes vacances*	*les vacances **dont** je parle …*
rêver de	*je rêve de mes vacances*	*les vacances **dont** je rêve …*
s'occuper de	*il s'occupe de ses enfants*	*ses enfants **dont** il s'occupe …*

Andere Verben:
se moquer de, mourir de, profiter de, se plaindre de, avoir besoin/peur/envie de …

*Je rêve d'une autre vie. Cette vie est calme. La vie **dont** je rêve est calme.*
Das Leben, von dem ich träume, ist ruhig.
Il a besoin du plaisir. C'est tout. Du plaisir – c'est tout ce dont il a besoin.
Vergnügen – das ist alles, was er braucht.

„*La femme **de qui** je parle est joli.*" Dieser Satz ist nicht falsch, aber nicht wirklich üblich. Verwende in diesen Fällen *dont*, egal, auf wen/was es sich bezieht!

2 *Dont* wird als Ergänzung zu Adjektiven, die *de* verlangen, verwendet.

zB: *être amoureux de, content de, fier de, ravi de, satisfait de, enchanté de, étonné de, fou de etc.*

Il est content de son film. Il s'appelle «La nuit».
*Le film **dont il est content** s'appelle «La nuit».* (Der Film, mit dem er zufrieden ist …)
Voilà un tableau de Michel. Il en est fier. (en = du tableau!)
*Voilà un tableau de Michel **dont il est fier**.* (… ein Bild …, **auf das** er stolz ist …)

3 *Dont* als Ergänzung zu einem Nomen (ohne Präposition) in der Bedeutung von dessen/deren

Marie,	**deren Bücher**	**amüsant sind,**	arbeitet viel.
	Subjekt		
Marie	***dont les livres***	***sont amusants***	*travaille beaucoup.*

Dont bezieht sich auf Marie: die Bücher von Marie = deren Bücher. Da diese Bücher das **Subjekt des Relativsatzes** sind, sagt man ***dont les livres***.

Marie,	**deren Bücher**	**wir**	**gerne lesen,**	arbeitet viel.	
	Objekt	Subjekt			
Marie	***dont***	***nous***	***aimons lire***	***les livres,***	*travaille beaucoup.*

Obwohl „deren Bücher" zusammengehört, findest du es hier getrennt (*dont nous aimons lire les livres,*) weil die Wortfolge ***dont* – Subjekt – Verb – Ergänzung** bestehen bleibt.

H 255

Verbinde die Sätze zu Satzgefügen.

exemple: *Il parle de notre première voiture.*
Je me souviens bien **de cette voiture.** ▶
... Il parle de notre première voiture dont je me souviens bien ...

1. Elle portait une robe à pois verts. Je me suis moqué **de sa robe.**
2. Eric a critiqué mon scooter. Il a profité **de mon scooter** tout l'été.
3. Gisèle a attrapé une maladie. Elle est morte **de cette maladie.**
4. Christophe nous récite un poème. Il se souvient très bien **de ce poème.**
5. Germaine a de nouvelles lunettes. Elle se plaint **de ses lunettes.**
6. Les enfants entendent le tonnerre. Ils ont peur **du tonnerre.**
7. Maurice est un ancien collègue. Je me souviens très bien **de Maurice.**
8. Les enfants sont handicapés. Gisèle s'occupe **de ces enfants.**
9. Sonia regarde une voiture noire. Elle a envie **de cette voiture.**
10. Les fiancés annoncent leur mariage. Leurs amis se réjouissent **de ce mariage.**
11. Les directeurs décident un plan social. Les syndicats discutent **de ce plan social.**
12. Ces produits sont d'une fraîcheur parfaite. Le marchand s'assure **de leur fraîcheur.**

256

Übersetze.

1. Die Arbeit, von der ich träume, wurde noch nicht erfunden. (*inventer*)
2. Die Menschen, von denen Sie sprechen, müssen wirklich interessant sein!
3. Warum will er die Frau, über die er sich dauernd beklagt, heiraten? (*épouser*)
4. Sein Name ist das Einzige, an das er sich erinnert. (*se souvenir*)
5. Alles, worauf sie Lust haben, ist fernsehen und essen. (*avoir envie de*)
6. Ich kenne die Bücher nicht, auf die er so stolz ist.
7. Das Mädchen, dessen Mantel rot ist – wir nennen es Rotkäppchen. (*le Petit Chaperon Rouge*)

257

Setze die fehlenden Pronomen ein (nicht nur *dont*)!

1. Le bébé ... elle s'occupe est bien sage.
2. Les vacances ... nous pensons déjà souvent s'approchent heureusement.
3. Il va nous expliquer tout ce ... il s'intéresse.
4. Ils m'ont renseigné sur ce cours ... ils profitaient beaucoup.
5. Tout ce ... tu as besoin sur la grammaire française se trouve dans ce livre.
6. Est-ce que l'Euro, ... nous utilisons depuis quelques années, nous a vraiment facilité la vie?
7. Le groupe ... elle appartient est une secte dangereuse.
8. On ne sait pas encore guérir la maladie ... il souffre et ... il va mourir.
9. Elle a un chef ... elle se plaint souvent.
10. C'est un homme ... n'écoute jamais les autres et ... quelques collègues ont même peur.
11. Elle nous a présenté son travail ... elle est très fière.

Voilà Jim. Les parents de Jim habitent en Espagne.				
Voilà Jim	***dont***	***les parents***	*habitent*	*en Espagne.*
	dont	Subjekt	Verb	Ergänzung
Das ist Jim, **dessen Eltern** in Spanien leben.				

Voilà Jim. Je ne connais pas encore ses parents.				
Voilà Jim	***dont***	***je***	*ne connais pas*	***les parents**.*
	dont	Subjekt	Verb	Ergänzung
Das ist Jim, dessen Eltern **ich** noch nicht kenne.				

Je vais souvent dans le café. Je connais bien le patron de ce café.
*Je vais souvent dans le café **dont je** connais bien **le patron**.*
Ich gehe oft in das Kaffeehaus, **dessen Besitzer ich** gut kenne.

Le patron s'appelle Gérard. Sa fille (= la fille de G.) est ravissante.
*Le patron **dont la fille** est ravissante s'appelle Gérard.*
Der Besitzer, **dessen Tochter** entzückend ist, heißt Gérard.

Bei diesen Konstruktionen kann vor dem Nomen, das zu *dont* gehört, nur der bestimmte Artikel stehen! Es darf sich **kein besitzanzeigender Begleiter** dazwischendrängen!

Setze die richtigen Pronomen ein.

1. La personne … elle pense s'appelle Claude. C'est un garçon … est vraiment beau et charmant. Il donne toujours des fleurs à la fille avec … il sort.
2. L'exercice … Félix n'arrive pas à résoudre est difficile. Sa mère, avec … il fait ses devoirs d'habitude, n'est pas encore rentrée. Alors il appelle Yves, à … il demande souvent de l'aide. Mais Yves ne comprend pas non plus l'exercice avec … Félix a des difficultés et à cause … il ne peut pas aller jouer.
3. Le château … nous visitons dégage une atmosphère … fait peur aux enfants. Les portes … grincent et sur … il y a des toiles d'araignées font froid dans le dos. Les pierres sur … nous marchons sont tâchées de sang. Le guide … nous accompagne nous regarde bizarrement. Mais c'est Halloween!

Setze die richtigen Pronomen ein.

1. A Paris, le métro est une chose sans … on ne pourrait pas vivre. Mais le scooter est le moyen de transport avec … on circule le mieux. C'est la raison pour … j'ai vendu ma voiture … était déjà vieille et … le pot d'échappement était déjà cassé.
2. Ce disque … s'est bien vendu et … tout le monde parle est l'album avec … elle a remporté le plus gros succès. Vous savez de … je parle?
3. Je lis un livre en espagnol … j'ai emprunté à la bibliothèque et … je ne comprends pas un mot. Je ne sais pas du tout de … il est question.
4. Il y a eu grève générale de la RATP le jour … il a plu des cordes toute la journée. Le tailleur … je venais d'acheter était trempé. Ma coiffure, … j'étais très fière, ressemblait à quelque chose … je ne peux pas décrire.

Setze die fehlenden Pronomen ein.

1. J'ai un problème ... je parle avec mes amies, ... mes amies sont étonnées, ... il faut résoudre bientôt, ... tu ne vas pas comprendre, ... n'est pas vraiment grave.
2. C'est la voiture ... nous avons besoin, ... je rêve depuis des années, ... coûte beaucoup d'argent, ... je serai contente.
3. Elle me présente ses enfants, ... elle est fière, ... ne sont pas très sages, avec ... mes enfants adoreront jouer, avec ... elle n'est jamais fâchée.
4. Elle a un emploi ... elle se contente, ... lui rapporte beaucoup d'argent, ... elle ne veut pas encore quitter, dans ... elle ne s'épanouit pas vraiment.
5. John a un ordinateur de poche avec ... il sort tout le temps, sur ... il tapote tout le temps, ... énerve sa femme, ... il adore.
6. Justine utilise un gel douche ... sent bon, ... elle achète en pharmacie, ... elle a toujours besoin, avec ... on peut se sentir relaxé.
7. David attend une femme ... il est amoureux, ... il fait confiance, avec ... il veut passer toute sa vie, ... ne le trompera jamais.
8. C'est le roman ... il a commandé, ... on lui a beaucoup parlé, ... il a hâte de lire, ... est un bestseller en ce moment, ... il ne veut pas me prêter.

Bilde Satzgefüge, indem du die Sätze mit *dont* verbindest.

1. Il porte son pantalon préféré. Le tissu du pantalon est à carreaux.
2. Le facteur dépose une lettre. Je ne connais pas l'expéditeur de cette lettre.
3. Rémy vient d'obtenir son doctorat. Il est fier de son doctorat.
4. Julien a trouvé le roman qui était recommandé par son prof. Je connais l'auteur de ce roman.
5. Hier, j'ai rencontré Marc Levy. Sa mère est une amie de ma mère!
6. Nous allons sortir avec les Malin. Ma fille va garder leurs enfants.
7. Demain, elle va à un concert de reggae. Elle se réjouit d'avance de ce concert.
8. Je vais voir le dernier Woody Allen. J'ai déjà lu la critique de ce film.
9. Le tiramisu est un gâteau italien. Félix m'a donné la recette de ce gâteau.
10. J'habite un nouvel appartement. La fenêtre du salon donne sur le Champs de Mars.

Übersetze.

1. Diese Schuhe, deren Absätze (*le talon*) sehr hoch sind, tun meinen Füßen weh.
2. Meine Kinder haben einen Professor, dessen Stimme so leise ist, dass man ihn kaum versteht. (*à peine*)
3. Diese Organisation hilft Kindern, deren Eltern bei einem Unfall gestorben sind.
4. Séverine, deren Bruder Pilot ist, nimmt oft das Flugzeug, um nach Österreich zu kommen.
5. Ich habe keine Klasse, deren Niveau nicht sehr hoch (*élevé*) ist.
6. Bill und Tom sind Sänger, deren Gruppe viel Erfolg hat.
7. Véronique, deren Kinder noch sehr klein sind, lebt nun wieder in Paris.
8. Kaufen Sie das Buch, dessen Lektüre Ihnen Ihr Professor empfohlen hat.

23. KAPITEL *LA PROPOSITION CONDITIONNELLE* – Die *Si*-Sätze

A DER FALL DER WIRKLICHKEIT – DAS REALE BEDINGUNGSGEFÜGE; „ES WIRD PASSIEREN, WENN ...!"

SI-SATZ	HAUPTSATZ
présent	*futur* (oder *présent**)
Si tu as le temps,	*nous mangerons ensemble.*
Wenn du Zeit hast,	werden wir gemeinsam essen.
S'il fait beau,	*nous irons à la plage.*
Wenn es schön ist,	werden wir an den Strand gehen.

* Während man **im Deutschen im Hauptsatz oft die Gegenwart** verwendet (Wenn es schön ist, gehen wir an den Strand), kommt dies im Französischen meist nur in den Fällen vor, in denen **im Hauptsatz ein Verb** steht, das einen **Zustand** ausdrückt.

Si ma mère est à l'heure, ***je suis*** *contente.*
Wenn meine Mutter pünktlich ist, bin ich zufrieden.

B DER FALL DER MÖGLICHKEIT – DAS IRREALE BEDINGUNGSGEFÜGE IN DER GEGENWART; „NOCH IST ALLES MÖGLICH, ABER NICHT MEHR SEHR SICHER ..."

Die Aussage dieses *Si*-Satzes ist zwar unwirklich (irreal), aber noch **könnte** sie verwirklicht werden, **wenn** bestimmte Umstände einträten!

SI-SATZ	HAUPTSATZ
imparfait	*conditionnel présent (conditionnel I)*
Si tu avais le temps,	*nous mangerions ensemble.*
Wenn du kämst,	würden wir gemeinsam essen.
S'il faisait beau,	*nous irions à la plage.*
Wenn es schön wäre,	gingen wir an den Strand (würden wir gehen).

LES SI N'AIMENT PAS LES -RAIS	Das bedeutet, dass der *si*-Satz keine Formen mit *-rais* mag, also keine *conditionnel*-Formen! Im Deutschen jedoch schon – weshalb man hier achtgeben muss, dass man nichts verwechselt.

Si ***j'avais*** *trop d'argent, j'irais au casino.*
Wenn ich zu viel Geld **hätte**, ginge ich ins Kasino.

I

263 **Setze die Infinitive in die richtige Zeit!**

1. Si Mehdi ne me (rendre) pas ma voiture aujourd'hui, je (être) vraiment fâché.
2. Si mes parents (sortir) ce soir, je (inviter) des amis.
3. Qu'est-ce que tu (faire) si on te (voler) tes papiers?
4. Si tu (avoir) faim, je (cuisiner) tout de suite.
5. Si Aurélie (réussir) son bac, elle (s'inscrire) à la Sorbonne.
6. Si je (rater) le bus, je (aller) à l'école à pied.
7. Si tu (obtenir) ton permis de conduire, je te (payer) le champagne!
8. Si vous y (pensez), vous (envoyer) une carte à vos grands-parents.
9. Si on (se dépêcher), on (attraper) notre avion.

264 **Bilde aus den folgenden Wortgruppen *si*-Sätze!**

1. Pierre – tricher aux cartes / vous – ne pas faire attention
2. le garçon – casser ces verres / sa mère – être faché
3. les plantes – mourir / la température – descendre à zéro degré
4. le médecin – venir / le bébé – être malade
5. on – jouer au scrabble / tu – avoir envie
6. faire beau ce week-end / on – faire un barbecue

265 **Was würdest du machen, wenn ...? Bilde aus den Infinitivgruppen *si*-Sätze!**

1. tu – venir avec George / je – ne pas aller au bal
2. mon oncle – ne pas être malade / je – lui rendre visite
3. tu – sortir plus souvent / tu – connaître plus de monde
4. vous – habiter à Rome / vous – parler italien couramment
5. nous – être plus courageux / nous – essayer de sauter en parachute
6. Kevin – se taire / il – comprendre mieux ce que le prof dit
7. Mémé – t'aider sûrement / tu – lui parler
8. je – voyager plus / je – travailler moins

266 **Übersetze.**

1. Wenn du mehr darüber wissen willst, wirst du im Internet suchen müssen.
2. Sue wäre eifersüchtig, würdest du ein Wochenende mit ihrem Cousin in Deauville verbringen.
3. Er würde keinen neuen Job suchen, wenn er als Professor viel verdienen würde.
4. Ich würde ihn gerne einladen, wenn er nicht immer zu viel trinken würde.
5. Wenn wir ihnen nicht die Wahrheit sagen, werden sie kein Vertrauen mehr haben.
6. Wenn wir dieselben Regeln hätten, hätten wir keine Probleme mit den *Si*-Sätzen.
7. Wenn du dein Handy nicht in die Tasche steckst, nehme ich es dir weg.
8. Sie wäre ganz nett, wenn sie nicht so altmodisch wäre.
9. Es wäre angenehmer, wenn alle ihr Mobiltelefon im Restaurant ausschalten würden.

C DER FALL DER UNMÖGLICHKEIT – DAS IRREALE BEDINGUNGSGEFÜGE IN DER VERGANGENHEIT; „NUN IST ALLES ZU SPÄT …“

SI-SATZ	HAUPTSATZ
plus-que-parfait	*conditionnel passé (conditionnel II)*
Si tu avais eu le temps,	*nous aurions mangé ensemble.*
Wenn du Zeit gehabt hättest,	hätten wir gemeinsam gegessen.
S'il avait fait beau,	*nous serions allés à la plage.*
Wenn es schön gewesen wäre,	wären wir an den Strand gegangen.

Im Hauptsatz erfordert der Sinn manchmal auch den *conditionnel I*.

Si Paulette n'était pas venue, je serais plus heureuse.
Wenn Paulette nicht gekommen wäre, wäre ich glücklicher.

Zusammenfassung	
SI-SATZ	HAUPTSATZ
présent	*futur* (selten: *présent*)
imparfait	*conditionnel I*
plus-que-parfait	*conditionnel II* (selten: *conditionnel I*)

D *SI* ODER *QUAND*?

Si (wenn) leitet einen **Bedingungssatz** ein (wenn, falls),
quand (wenn) hingegen einen **Zeitsatz** (wenn, immer wenn, dann wenn …)

Während **nach *si* keine Zukunft** stehen darf, kann man **nach *quand* verschiedene Zeiten** verwenden, wobei sich die **Bedeutung** je nach Zeit **ändert**.

quand + présent	**= (immer, jedes Mal) wenn**
Quand *il* ***pleut****, notre chien ne veut pas sortir.*	
quand + imparfait	**= (immer, jedes Mal) wenn**
Quand *le chien* ***voyait*** *le facteur, il se cachait derrière un arbre.*	
quand + futur	**= dann wenn**
Quand *nous* ***partirons*** *en vacances, le chien restera à la maison.*	
quand + passé composé	**= als**
Quand *notre chien* ***a déchiré*** *un livre de ma fille, nous étions assez fâchés.*	

267

Setze die Infinitive in die richtige Zeit.

1. Si je (savoir) qu'il ne viendrait pas, je (inviter) quelqu'un d'autre.
2. Si vous (parler) plus franchement avec lui, il (comprendre) le problème.
3. Si tu (ne pas aider) Matthias, il (ne jamais terminer) son devoir de maths.
4. Si Raoul (se coucher) tôt, il (se réveiller) à temps.
5. Si Jacqueline (s'occuper) de ses invités, ils (rester).
6. Si elle (chercher) sur Internet, elle (obtenir) les informations.
7. Si je (venir) plus tôt, tu (m'attendre) devant le théâtre.

268

Wirklich, möglich oder unmöglich? (Manchmal auch Mehrfachantworten möglich)

1. Il ne savait rien de cet accident. S'il (regarder) la télé, il (être) informé.
2. Si tu (venir), je te (présenter) mes parents.
3. J'ai raté mon avion. Si je (trouver) mon passeport, je (partir) à temps.
4. Si tu le (souhaiter), on (éteindre) la radio et on (mettre) un autre CD.
5. Si vous (consulter) un dictionnaire, vous (faire) moins de fautes.
6. Si je (vivre) au Maroc, je (savoir) faire parfaitement le couscous.
7. Si Max (passer) un an en Angleterre, il (parler) l'anglais aussi bien que toi.
8. Si l'entreprise (organiser) un séminaire, ce (être) à Munich.
9. Mais si je (proposer) une destination, ce (être) Vienne.
10. On ne peut rien faire. Si nous (protester), nous (être renvoyé).

269

Übersetze.

1. Ich würde an diesem Kurs nicht teilnehmen (*assister à*), wenn ich mich langweilen würde. (*s'ennuyer*)
2. Deine Eltern hätten ihre Meinung nicht geändert (*changer d'avis*), wenn sie deinen Freund nicht kennen gelernt hätten.
3. Wenn du nicht weniger telefonierst, werde ich dir deine Rechnung nicht mehr bezahlen.
4. Wenn euch meine Arbeit zu teuer ist, müsst ihr jemand anderen suchen.
5. Er wäre nicht gestürzt, wenn er den Hund bemerkt hätte.
6. Wenn ihr mir genauer zugehört hättet, wüsstet ihr, was ihr machen müsst.
7. Wenn er heute noch etwas lernt, wird er bei der Prüfung Erfolg haben.

270

Welche Zeit musst du verwenden?

1. Quand tu (dormir) trop longtemps, tu ne (pouvoir) pas venir avec nous.
2. Si ton père (ne pas permettre) que tu sortes, nous (rester) chez toi.
3. Quand le bébé (tomber) de la chaise, les parents (s'affoler).
4. Quand Rebecca (être) petite, elle (avoir) peur des lamas.
5. Si Max (avoir) un ordinateur, il (pouvoir) dessiner des Pokémons.
6. Si Bernard (écouter), il (répondre) correctement. J'en suis sûr!
7. Quand je (devoir discuter) avec lui, je (avoir) mal aux oreilles.
8. Quand Kathi (avoir) son permis, elle (pouvoir) conduire ma voiture.
9. Quand Max (rentrer) en retard, je (être) furieuse.

24. KAPITEL DER *SUBJONCTIF*

A DER *SUBJONCTIF PRÉSENT*

- Der **Stamm** wird meistens von der **3. Person Plural des *présent*** abgeleitet.
- Bei den **regelmäßigen Formen** entsprechen die **1. und 2. Person Plural** der **1. und 2. Person Plural des *imparfait***!
- Die **Endungen** sind **für alle Verben** außer *avoir* und *être* **gleich**!

parler (ils parlent)	*finir (ils finissent)*	*mettre (ils mettent)*
que je parle	*que je finisse*	*que je mette*
que tu parles	*que tu finisses*	*que tu mettes*
qu'il parle	*qu'il finisse*	*qu'il mette*
que nous parlions	*que nous finissions*	*que nous mettions*
que vous parliez	*que vous finissiez*	*que vous mettiez*
qu'ils parlent	*qu'ils finissent*	*qu'ils mettent*

venir (ils viennent)	
que je vienne	*que nous **venions***
que tu viennes	*que vous **veniez***
qu'il vienne	*qu'ils viennent*

(Es ändert sich zwar der Stamm, die Bildung ist trotzdem „regelmäßig"!)

B UNREGELMÄSSIGE FORMEN

faire	*que je fasse*	*que nous fassions*
pouvoir	*que je puisse*	*que nous puissions*
savoir	*que je sache*	*que nous sachions*
vouloir	*que je veuille*	*que nous voulions*
	qu'il veuille	*qu'ils veuillent*
aller	*que j'aille*	*que nous allions*

avoir	
*que **j'aie***	*que **nous ayons***
*que **tu aies***	*que **vous ayez***
*qu'**il ait***	*qu'**ils aient***

être	
*que **je sois***	*que **nous soyons***
*que **tu sois***	*que **vous soyez***
*qu'**il soit***	*qu'**ils soient***

C DER *SUBJONCTIF PASSÉ*

Personalform von *être/avoir* im *subjonctif présent* + *participe passé*

que	***je sois***	***arrivé(e)****
que	***tu aies***	***parlé***

* Beachte die Abwandlung mit *être* und den *accord!*

I

271

Unterstreiche die Formen, die *subjonctif* sind oder (auch) sein können.

1.	nous donnions	ils mettent	tu connais
2.	il vive	nous parlions	il vienne
3.	vous finissiez	je meure	je dorme
4.	tu couvres	tu coures	ils suivent
5.	je rende	nous riions	j'apprenne
6.	tu dises	nous écrivions	tu conduis
7.	il voit	ils boivent	nous devons

I

272

Irgendwelche Zeiten sind vorgegeben, schreibe die jeweilige *subjonctif*-Form dazu.

1.	tu prends – que tu …	j'ai senti …	ils étaient partis …
2.	ils courent …	nous prendrions …	je verrai …
3.	vous intéressez …	ils sont descendus …	nous ouvrons …
4.	ils aiment …	j'ai attendu …	tu avais vendu …
5.	ils s'appellent …	elle plaît …	elle écrirait …
6.	je m'installe …	ils ont joué …	il pleut …
7.	nous essaierons …	j'ai réfléchi …	il obtient …
8.	vous avez compris …	tu fermeras …	il avait dit …

273

Nun kommen auch unregelmäßige Formen dazu.

1.	je voulais – que je …	tu es …	ils sont allés …
2.	ils comprennent …	j'ai attendu …	tu saurais …
3.	tu pouvais …	j'ai eu …	ils étaient …
4.	je boirai …	ils savent …	j'ai réussi …
5.	nous décidons …	tu as découvert …	il est devenu …
6.	je vais …	il a rendu …	nous sommes rentrés …
7.	nous répondions …	vous veniez …	nous rangeons …
8.	il faut …	tu avais décidé …	il invitera …
9.	il fait …	ils ont choisi ….	nous dormirons …
10.	je mets …	il pleut …	j'avais appelé …

274

Setze den Satz mit den Formen des *subjonctif passé* fort.

Je regrette que (*ich bedaure es, dass*)

1. vous … (ne pas découvrir) le secret.
2. vous … (rentrer) trop tôt.
3. Jeanne … (ne pas venir) avec les autres.
4. tu … (ne pas pouvoir) m'aider.
5. mes amis … (ne pas encore trouver) de job.
6. nous … (ne pas monter) sur la Tour Eiffel ensemble.
7. nous … (ne pas la voir).
8. elles … (ne pas rester) en Espagne.
9. elles … (s'amuser) avec ce type.
10. ils … (être) malades.
11. ils … (ne pas se lever) avant moi.

D VERWENDUNG

Der *subjonctif* ist keine eigene „Zeit", sondern ein **„Modus"**, wobei man darunter die **Art und Weise** versteht, in der der Sprechende zu dem, was mitgeteilt wird, **Stellung nimmt.**
Du findest ihn **hauptsächlich in Gliedsätzen** mit dem **Einleitewort *que*.**
Prinzipiell ist er eine Möglichkeit zu zeigen, dass der, der etwas sagt, eine **persönlich „gefärbte" Aussage** macht. Eine Aussage also, die **subjektiv** ist!

E DER *SUBJONCTIF*

- Nach Verben, die einen **Wunsch**, einen **Befehl**, ein **Verbot**, eine **Erlaubnis** oder eine **Empfehlung** ausdrücken:

aimer que (lieben, mögen)	*aimer mieux que* (lieber wollen)
attendre que (erwarten)	*avoir envie que* (Lust haben)
demander que (verlangen)	*désirer que* (wünschen)
empêcher que (verhindern)	*éviter que* (verhindern)
exiger que (fordern)	*interdire que* (verbieten)
ordonner que (befehlen)	*permettre que* (erlauben)
préférer que (vorziehen)	*proposer que* (vorschlagen)
recommander que (empfehlen)	*refuser que* (ablehnen)
souhaiter que (wünschen)	*souffrir que* (gestatten)
vouloir que (wollen)	

- Nach Verben, die **ein Gefühl** ausdrücken (Liebe, Bewunderung, Hass, Angst, Freude, Erstaunen ...). Das sind zB:

admirer que (bewundern)	*adorer* que (bewundern, lieben)
apprécier que (schätzen)	*avoir honte que* (sich schämen)
avoir peur que (Angst haben)	*craindre que* (fürchten)
détester que (verabscheuen)	*redouter que* (bezweifeln)
(se) douter que (zweifeln)	*regretter que* (bedauern)
s'étonner que (sich wundern)	*se moquer que* (sich lustig machen)

- Nach einigen **unpersönlichen Verben** wie zB:

il arrive que (es kommt vor)	*il est temps que* (es ist Zeit)
il faut que (es ist nötig)	*il importe que* (es ist wichtig)
peu importe que (es ist unwichtig)	*il suffit que* (es genügt)
il se peut que (es kann sein)	*il vaut mieux que* (es ist besser)

- Nach der Konstruktion ***cela* + Verb**:

cela m'amuse que (es amüsiert mich) — *cela m'étonne que* (es erstaunt mich)
cela m'inquiète que (es beunruhigt mich) — *cela me déplaît que* (es missfällt mir)
cela me dérange que (es stört mich) — *cela me surprend que* (es überrascht mich)

*Il veut **que son fils** lui **dise** la vérité.*
*Elle s'étonne **que son fils veuille** devenir professeur de chimie.*
*Il suffit **que vous appreniez** seulement quelques expressions.*
*Cela m'étonne **que vous ne sachiez pas** ce que vous devez faire.*

E 275

Ändere die Sätze nach folgendem Muster.

exemple: *Je prends un steak / tu veux* ▶ **... Tu veux que je prenne un steak ...**

1. Nous vivons en Espagne / nos parents ne veulent pas
2. Sabine ne comprend pas les explications de son prof / je regrette
3. L'épreuve n'a pas lieu aujourd'hui / elle aime mieux
4. Nous rendons visite à notre grand-mère dimanche / ma mère attendait
5. Tu connais le poème de Goethe par cœur / le prof exige
6. Eric va au Japon avec Hisako / nous préférons
7. Nous téléphonons à ma tante / ma mère désire
8. Je fais plus de sport / le médecin recommande
9. On l'appelle «Madame» / elle refuse
10. Le repas brûle / le cuisinier évite
11. Nous faisons moins de bruit / le surveillant ordonne
12. Les voitures passent / les policiers empêchent

276

Setze die richtigen Verbformen ein.

1. Rebecca admire que sa sœur (savoir) ... si bien chanter.
2. J'attends qu'elle (faire) ... ses preuves.
3. Jérôme ne supporte pas que sa femme (sortir) ... seule.
4. Ma copine propose que nous (se reposer) ... avant d'aller au ciné.
5. Je m'étonne que le chien (ne rien manger) ... après notre promenade.
6. Mes parents regrettent encore que mon frère (ne pas devenir) ... instituteur.
7. Nous avions peur qu'il (ne pas être) ... d'accord.
8. Tu te moques que ta collègue (avoir) ... peur de l'examen?
9. Je crains que mon amie (ne jamais venir) ... à temps.
10. Mes fils adorent que Tony (avoir) ... le temps de jouer au foot avec eux.
11. La mère s'inquiète que les enfants (ne pas téléphoner) ... de Paris.
12. Le moniteur exige que les élèves (porter) ... un casque.

E 277

Übersetze.

1. Es ist höchste Zeit (*grand temps*), dass ihr die Feier organisiert.
2. Es amüsiert uns, dass du als Engel auf den Maskenball gehst. (*déguisé en*)
3. Es überrascht mich, dass Valerie so viel lernt.
4. Es genügt nicht, dass du alles weißt, was du ins Heft geschrieben hast.
5. Es ist wichtig, dass er das E-Mail morgen erhält.
6. Es kann sein, dass wir heute Abend daheim bleiben wollen.
7. Wir bedauern, dass Sie nicht in unser Hotel kommen.
8. Seine Eltern schätzen es, dass er ehrlich ist.
9. Sie haben verlangt, dass wir unsere Arbeit in zwei Tagen beenden.
10. Wir erlauben Ihnen, dass Ihre Kunden am Samstag unseren Parkplatz benützen.
11. Es ist besser, dass ihr die Arbeit auf dem Computer schreibt.
12. Ich schlage vor, dass wir das Problem gemeinsam diskutieren.

Den *subjonctif passé* verwendet man, wenn das Verb im Hauptsatz im *présent*, in einer Zeit der Vergangenheit, im *futur* oder im *conditionnel présent* steht und das **Geschehen des Gliedsatzes vor dem des Hauptsatzes** abläuft.

*Je regrette/J'ai regretté **que Marianne soit partie** si tôt.*
Ich bedauere/bedauerte, dass Marianne so bald abgereist ist/war.

F INDIKATIV ODER *SUBJONCTIF*

Ist der **Inhalt des Gliedsatzes sicher oder sehr wahrscheinlich** (egal, ob er nun objektive Wirklichkeit ist oder nicht!), verwendest du den **Indikativ**.
Ist der **Inhalt unwahrscheinlich** oder eben **nur möglich**, ist der ***subjonctif*** am Platz.

Indikativ	*subjonctif*
je crois, je trouve	*je ne crois/trouve pas, crois-tu …*
je pense, il me semble	*je ne pense pas, il semble*
j'ai l'impression	*je n'ai pas l'impression*
je suppose, j'imagine	*imagine/suppose* (stell dir vor)
je jure	*je ne jurerais pas*
***Je crois qu'il vient** à l'heure.* Ich glaube, dass er pünktlich kommt.	*Je ne crois pas qu'il vienne à l'heure.* Ich glaube nicht, dass er pünktlich kommt. *Crois-tu qu'il vienne à l'heure?* Glaubst du, dass er pünktlich kommt?

G DER *SUBJONCTIF* NACH ADJEKTIVEN, PARTIZIPIEN UND UNPERSÖNLICHEN AUSDRÜCKEN

- nach **Adjektiven und Partizipien**, die ein **Gefühl**, einen **Wunsch**, eine **Meinung**, ein **Urteil** etc. ausdrücken: *je suis choqué, content, désolé, étonné, fâché, fier, heureux, mécontent, ravi, surpris, triste que …*
- nach **unpersönlichen Ausdrücken** wie: ***il est/c'est** amusant, agréable, bête, bien, bizarre, drôle, étrange, faux, important, impossible, intéressant, inutile, juste, logique, nécessaire, normal, possible, rare, super, surprenant, terrible, triste que*
- **nach der Wendung** «***je trouve** amusant, agréable, bête, bien que …*»

E

278

Verwende die richtige Form des *subjonctif* (*présent* oder *passé*).

1. Il a l'air content. Il se peut qu'il … (vendre) un de ses tableaux.
2. Je désire qu'il … (déjà atteindre) son but.
3. Il fallait que tu … (rentrer) avant tes parents.
4. Je regrette que mon père … (ne plus voir) ma nouvelle maison.
5. Il semble que nos voisins … (partir) déjà en vacances.
6. J'accepte que tu … (ne pas pouvoir) m'aider plus souvent.
7. Elle empêche que sa mère et sa belle-mère … (se rencontrer).
8. Le professeur ne tolère pas que les élèves … (faire) tant de bruit.
9. Elle a peur que les enfants … (ne pas se lever) à l'heure.
10. Il vaut mieux que nous … (ne plus parler) de cette affaire.
11. Il est temps que tu … (sortir) de ta chambre pour aider ta mère.

279

Indikativ oder *subjonctif?*

1. Ma mère suppose que ma sœur (souffrir) … d'anorexie.
2. Crois-tu que nos parents (revenir) … avant minuit?
3. Ma nièce annonce qu'elle (se marier) … en août.
4. Il ne croit pas que ses élèves (apprendre) … assez.
5. Il suffit que tu (se rendre) … compte de tes fautes.
6. Je suis sûr que j(e) (mettre) … le livre sur la table.
7. Je ne crois pas que nous (prendre) … la bonne route.
8. Mémé ne jurerait pas que Pépé (ne pas perdre) … son argent aux courses.
9. Monique n'a pas l'impression que son chef (apprécier) … son travail.
10. Cela me déplaît que les petites (ne pas pouvoir) … se concentrer.
11. Je pense que je (être) … là à l'heure.
12. Elle suppose que vous lui (mentir) … .
13. Il est possible que nous (avoir besoin) … de toi dimanche.
14. Vous ne pensez pas que ce prof (être) … assez injuste envers moi?
15. En regardant par la fenêtre, il constate qu'il (faire) … beau temps.
16. La petite fille dit que sa mère (aller la chercher) … tout de suite.
17. Imaginez que mon grand-père (se marier) … encore une fois!
18. Nous ne trouvons pas que Chicago (être) … un lieu de vacances idéales.

280

Setze die Infinitive in die richtige Verbform (*subjonctif présent* oder *subjonctif passé;* manchmal beides möglich).

1. Je suis heureux que mon frère (trouver) … une femme.
2. Nous trouvons dommage que vous (ne pas vouloir) … nous accompagner.
3. Le gouvernement propose que nous (faire) … plus d'économies d'énergie.
4. Annie a demandé que nous (aller) … au marché ensemble.
5. Les voisins ont raconté à mes parents que nous (danser) … toute la nuit.
6. Le pompier a empêché que le désespéré (sauter) … du pont.
7. C'est bien que Véronique (décider) … de passer ses vacances avec nous.
8. Notre prof trouve important que nous (se taire) … quand il parle.
9. Il est nécessaire qu'il (répondre) … à cette lettre avant la fin du mois.
10. Elle est ravie que Bob (aller) … dîner avec elle.

H INFINITIVKONSTRUKTION ODER *SUBJONCTIF?*

Den ***subjonctif*** verwendet man in vielen Fällen nur dann, wenn der **Haupt- und der Nebensatz unterschiedliche Subjekte** haben.
Haben sie **dasselbe Subjekt**, kommt die **Infinitivkonstruktion** zum Zug.
(Vgl. Seite 84 ff.)

***Je** regrette que **Marianne** soit partie.*	***Je** regrette de **devoir partir**.*
Ich bedaure, dass **Marianne** abgereist ist.	**Ich** bedaure, dass **ich** abreisen muss. (Ich bedaure, abreisen zu müssen.)
***Je** suis heureux que **tu** saches tout.*	***Tu** es heureux de tout savoir.*
Ich bin glücklich, dass **du** alles weißt.	**Du** bist glücklich, dass **du** alles weißt.
Übrigens wird bei einigen dieser Verben **auch dann der Infinitiv** verwendet, wenn **das Subjekt des Gliedsatzes** schon als ***objet* im Hauptsatz** vorkommt!	
***Je** propose que **vous** veniez à l'heure.*	*Je **leur** propose **de venir** à l'heure.*
Ich schlage vor, dass ihr pünktlich kommt.	Ich schlage ihnen vor, pünktlich zu kommen.
***Il** faut que **tu** dises la vérité.*	*Il **me** faut **dire** la vérité.*
***Il** suffit qu'**il** apprenne l'essentiel.*	*Il **lui** suffit **d'apprendre** l'essentiel.*

I DER *SUBJONCTIF* NACH BESTIMMTEN KONJUNKTIONEN (BINDEWÖRTERN)

avant que (bevor)	*Je m'en vais avant qu'il revienne.*
jusqu'à ce que (bis)	*Il attend jusqu'à ce que je revienne.*
Ce n'est pas que (nicht etwa, dass)	*Ce n'est pas que je sois fâché, mais ...*
afin que (damit)	*Viens demain afin que je puisse t'aider.*
pour que (damit)	*Elle vient pour que je puisse l'aider.*
sans que (ohne dass)	*Il est parti sans que je sache pourquoi.*
pourvu que (vorausgesetzt, dass)	*J'arrive pourvu que tu sois déjà là.*
à condition que (unter der Bedingung, dass)	*A condition que tu viennes à l'heure, je te prépare un bon dîner.*
bien que, quoique, malgré que (obwohl, auch wenn)	*Je t'aime bien que (quoique, malgré que) tu m'énerves souvent.*
autant que (soweit)	*Autant que je sache, il est en vacances.*

J *SUBJONCTIF* ODER INFINITIV?

verschiedene Subjekte	dasselbe Subjekt
avant que	*avant de*
***Je** pars avant que **tu** reviennes.*	***Je** pars **avant de** te revoir.*
Ich reise ab, bevor **du** zurückkommst.	**Ich** reise ab, bevor **ich** dich wiedersehe.
pour que (afin que)	*pour (afin de)*
***Je** t'aide pour que **tu** sois content.*	***Tu** arrives pour parler avec moi.*
Ich helfe dir, damit **du** zufrieden bist.	**Du** kommst, um mit mir zu sprechen.
sans que	*sans*
***Tu** pars sans que **je** le sache.*	*Tu pars **sans** me le dire.*
Du reist ab, ohne dass **ich** es weiß.	**Du** reist ab, ohne dass **du** es mir sagst.

281

Infinitivkonstruktion oder *subjonctif?*

exemple: *Juliette est heureuse / elle a passé son examen* ▶
... Juliette est heureuse d'avoir passé son examen ...

1. Elle est persuadée / elle a perdu son porte-monnaie au marché
2. L'Etat exige / les troupes se retirent
3. Agnès est désolée / son père ne peut pas assister à son mariage
4. Fabienne est fière / son fils a gagné un prix à un concours de peinture
5. Robert est fâché / il a oublié son ordinateur portable dans le métro
6. Nous regrettons vivement / nous ne sommes pas invités chez des voisins
7. Jarek est surpris / Martin sait parler cinq langues
8. Ma mère nous interdit / nous voulons sortir avec Luc et Jean
9. Madame Chaumon exige / elle est au courant des bêtises de son fils
10. Elle est satisfaite / son mari lui a envoyé plusieurs e-mails chaque jour
11. Il trouve bizarre / il n'est pas invité à la fête de son meilleur ami

282

Übersetze.

1. Wir zeigen euch das Zimmer sofort, damit ihr wisst, ob ihr hier bleiben wollt. Ihr könnt bei uns wohnen, bis wir das Zimmer selbst brauchen.
2. Soweit ich informiert bin, hat er sein Geld im Casino verloren.
3. Du wirst mich nicht verlassen, ohne dass ich den Grund erfahre!
4. Obwohl das Hotel nur über wenige Zimmer verfügt, ist es nicht ausgebucht.
5. Heute war ihr 25. Hochzeitstag, ohne dass sie daran gedacht hat.
6. Unter der Bedingung, dass deine Noten gut sind, erlaube ich dir, dass du mit Etienne nach Paris fährst.
7. Obwohl ihr das Kleid nicht sehr gefällt, kauft sie es. Verstehst du das?

J
283

Infinitivkonstruktion oder *subjonctif?*

exemple: *Michel prend la voiture de son père / son père ne le sait pas (sans)* ▶
... Michel prend la voiture de son père sans que son père (celui-ci) le sache ...

1. Je suis allé voir Séverine / je ne savais pas si elle était à la maison (sans)
2. Martine va garder mon fils toute la nuit / je peux rester au bal aussi longtemps que je veux (pour)
3. Elle travaille comme fille au pair / elle apprend couramment le français (pour)
4. Elle a nettoyé toute la maison / son mari est rentré avec son chef (avant)
5. Il a quitté la maison / il ne lui a même pas dit au revoir (sans)
6. Elle a enlevé ton assiette / tu n'avais pas le temps de dire non (avant)
7. Marcel est rentré à New York / je ne l'ai plus vu (sans)
8. Il a acheté un plan de la ville / nous trouvons les monuments (afin)
9. La mère a déjà préparé un repas le soir / les enfants peuvent le prendre en rentrant (pour)

K DER *SUBJONCTIF* IM RELATIVSATZ

- Wenn dieser als **hypothetisch betrachtet** wird (zB nach **Verben des Wünschens**, nach **Fragen**, **Verneinungen** oder in **Bedingungssätzen**)

  *Jeanne aimerait vivre dans un pays **où** il n'y **ait** pas de vent.*
  ***Si** tu trouves un pays **où** il n'y **ait** pas de vent, dis-le-lui.*
  (... wo es keinen Wind gibt.)

- Wenn **im Hauptsatz Ausdrücke mit Ausschließlichkeitscharakter** (*le seul, le dernier, le premier* ...) bzw. **Superlative** vorkommen.

  *Jeanne est **la seule femme qui** ne **soit** jamais contente.*
  (... die einzige Frau, die nie zufrieden ist.)

  *Ma mère est la femme **la plus gentille** que je **connaisse**.*
  (... die netteste Frau, die ich kenne.)

L DER *SUBJONCTIF* IN SELBSTSTÄNDIGEN SÄTZEN

Es sind dies zB Ausrufe, die eine Art Befehl, Wunsch oder Bitte beinhalten.
Es gibt sie **mit *que* oder ohne *que***, und es sind **häufig feste Wendungen**.

Que personne ne sorte!	Niemand verlässt den Raum!
Que tous fassent leur devoir!	Alle machen ihre Aufgabe!
Vive la France!	Es lebe Frankreich!

K **284**

Subjonctif oder Indikativ?

1. Je n'ai jamais lu un livre qui … (être) si mal écrit que le sien.
2. Je connais les romans de cet auteur qui … (vivre) en France depuis un an.
3. C'est le seul vin qu'elle … (pouvoir) boire sans avoir mal à la tête après.
4. Tu sais encore le nom du premier homme qui … (mettre) les pieds sur la lune?
5. Il n'y a pas de famille où il n'y … (avoir) aucun problème.
6. C'est un homme qui … (tenir) ses promesses.
7. Je suis le dernier homme qui … (trahir) un secret.
8. Cette région est le seul endroit où nous … (pouvoir) vivre toute la vie.
9. Elle a adressé la parole à la femme qui … (sembler) être gentille.
10. J'aimerais rencontrer des gens qui … (ne pas avoir) de préjugés.
11. Est-ce que tu as vu le film français qui … (avoir) de très bonnes critiques?

285

Subjonctif oder Indikativ?

1. Avant que tu … (sortir), je dois te donner la clé.
2. Mes filles sont les seules qui … (savoir) jouer pendant des heures sans se disputer.
3. Crois-tu aussi que … (il ne pas y avoir) de princes charmants pour nous?
4. Je ne pense pas que cet élève … (apprendre) tous les mots.
5. Notre oncle attrape toutes les maladies bien qu'il … (faire) toujours attention.
6. Je suis sûr qu'il … (venir) me voir.
7. La grand-mère ne croit pas que son grand-fils … (venir) la voir.
8. Sa mère exige strictement qu'elle … (dire) où elle va le soir.
9. Il a dit qu'il … (prendre) l'avion pour aller en vacances.
10. Ma mère pense que les jeunes qui … (avoir) des piercings ne sont pas normaux.
11. Le vélo est le seul sport que nous … (ne pas pratiquer).
12. Elle m'a raconté qu'elle … (voir) un fantôme la nuit dernière.
13. Il faut que vous … (apprendre) beaucoup si vous voulez passer le bac.

286

Befehle, Wünsche, Bitten ausdrücken. Forme die Sätze nach folgendem Muster um.

exemple: *Les enfants aimeraient faire du ski le week-end.* ►
… Qu'ils en fassent! …

1. Elle désire rencontrer sa correspondante.
2. Nous voulons terminer la leçon.
3. J'aimerais sortir avec Alain.
4. Ils voudraient savoir la vérité.
5. J'aimerais manger des tas d'éclairs.
6. Elle veut rendre visite aux Indiens.
7. Nous aimerions écrire un roman.
8. Elles voudraient aller au bal.

STICHWORTVERZEICHNIS